SCHRIFTENREIHE WIRTSCHAFTSDIDAKTIK
Berufsbildung u. Konsumentenerziehung
Herausgegeben von Univ.-Prof. Dr. Ulrich Pleiß
Band 11

Industrielle Arbeit und Bildung

Gegenseitige Abhängigkeiten, Gestaltungskriterien und Entwicklungstendenzen

Von

Manfred Becker

Pädagogischer Verlag Burgbücherei Schneider GmbH

CIP-Titelaufnahme der Deutschen Bibliothek

Becker, Manfred:
Industrielle Arbeit und Bildung: gegenseitige Abhängigkeiten, Gestaltungskriterien u.
Entwicklungstendenzen / von Manfred Becker. –
Baltmannsweiler: Pädag. Verl. Burgbücherei Schneider, 1988
    (Schriftenreihe Wirtschaftsdidaktik, Berufsbildung und Konsumentenerziehung;
    Bd. 11)
    ISBN 3-87116-613-8

NE: GT

© Pädagogischer Verlag Burgbücherei Schneider GmbH, Baltmannsweiler, 1988. – Printed in
Germany – Druck: Wilhelm Jungmann, Göppingen

Inhaltsverzeichnis

Sucht aber der erste mit keuschem und treuem Sinn die Erfahrung, und sucht der letzte mit selbsttätiger freier Denkkraft das Gesetz, so kann es gar nicht fehlen, daß nicht beide einander auf halbem Wege begegnen werden.

Schiller an Goethe

Vorwort

Arbeit und Bildung bedingen einander; Arbeit bleibt ohne Bildung ebenso unmöglich, wie Bildung ohne Arbeit nicht gelingen kann. Diese Interdependenz besteht seit es arbeitende und vorsorgende Menschen gibt. In Zukunft wird es erforderlich werden, den Zusammenhang von Arbeiten und Lernen wieder stärker zu beachten und erziehungswissenschaftlich zu durchdringen. Es gilt, die Menschen in lebenslangen Lernprozessen auf veränderte Bedingungen, Inhalte und Ziele industrieller Arbeit vorzubereiten. Die persönliche Existenz des einzelnen, der Bestand der Unternehmen und der gesellschaftliche Wohlstand hängen vom Willen und von der Fähigkeit zu lebenslangem Lernen ab. Produktzyklen und Planungszeiträume schrumpfen auf wenige Jahre zusammen. Im Wettbewerb um Märkte und Kunden muß in immer kürzeren Zeiträumen immer mehr verwertbares Wissen und Können vermittelt, angewandt und neu gelernt werden. Gleichzeitig ist dafür Sorge zu tragen, daß der Mensch die Arbeitsszene beherrscht und nicht von Technik und Computer beherrscht wird.

Unternehmen und Mitarbeiter können den Wettlauf zwischen Veränderungen in der Arbeit und notwendiger Bildung zur kompetenten Leistung der Arbeit nicht durch eine Enzyklopädisierung der Bildung gewinnen. Orientierung und Anpassung an veränderte Arbeit gelingt nur durch erziehungswissenschaftlich begründete Rückbesinnung auf elementare Prinzipien von Arbeit und Bildung.

Das Kernthema dieses Buches lautet folgerichtig: Welche Arbeit und Bildung leitenden Prinzipien sind in Zukunft wieder stärker zu beachten, damit die Menschen angstfrei und erfolgreich ihrer Arbeit nachgehen können? Arbeit und Bildung grundlegend und dauerhaft leitende Prinzipien, wie Individualität, Begegnung, Freiheit, Verantwortung, Totalität, Universalität, Aktualität, Aktivität, Autorität und Sozialität bestimmen das wissenschaftliche Erkenntnisinteresse dieser Arbeit mit dem Ziel, praktische Hilfen für die Gestaltung von Arbeit und Bildung in den Betrieben anzubieten. Die Erörterung dieser Prinzipien erfolgt im Rahmen der Wissenschaftsdisziplin Wirtschaftspädagogik aus der Sichtweise der Erziehungswissenschaft. Die Erkenntnisse gründen dabei im Erfahrungsbereich Wirtschaft, konkret in den Erfordernissen und Gegebenheiten industrieller Arbeit in den Betrieben. Ohne Bezug zu den Wirtschaftswissenschaften war die Analyse deshalb nicht zu leisten.

Pädagogik ist – und so auch Wirtschaftspädagogik – immer normative Wissenschaft. Norm muß die durch Bildung erreichbare höchstmögliche Förderung der Persönlichkeit sein und bleiben. Alle pädagogische Reflexion hat dem humanen Ziel der Emporbildung der Persönlichkeit zu dienen. Pädagogik als Wissenschaft ist Wissenschaft von Menschen und für den Menschen. Damit die zur Persönlichkeitsbildung notwendigen Gestaltungs- und Brückenprinzipien nicht der Hektik des praktischen Arbeitsvollzuges anheimfallen, muß die Pädagogik Gestaltungsmöglichkeiten der

Zukunft erarbeiten und deren praktische Bewährung wissenschaftlich begleiten. In dieser Arbeit wird im Anschluß an die Erörterung von Arbeit und Bildung leitender Prinzipien und Gestaltungskriterien mit drei Szenarien versucht, denkbare künftige Entwicklungspfade von Arbeit und Bildung aufzuzeigen.

Ohne Hilfe hätte diese Arbeit nicht entstehen können. Allen, die mir mit Rat und Tat geholfen haben, möchte ich dafür herzlich danken. Herr Professor Dr. Joachim Peege hat die Arbeit von Anfang an sehr wohlwollend begleitet und betreut; ihm verdanke ich viele Anregungen. Herrn Professor Dr. Gerhard P. Bunk danke ich für die Erstellung seines Gutachtens.

Allen Damen, die sich durch „zahlreiche Generationen von Manuskripten" hindurch-gekämpft haben, danke ich für ihre Geduld und stete Hilfsbereitschaft. Die Bürde des Habilitant-Seins lastet vor allem schwer auf der Familie. Meiner Frau Roswitha, meinen Kindern Andreas, Christian und Simone ist diese Arbeit gewidmet.

Die Arbeit wurde vom Fachbereich Rechts- und Wirtschaftswissenschaften der Johannes Gutenberg-Universität Mainz als Habilitationsschrift angenommen.

Mainz, im Januar 1988   Manfred Becker

1. Ausgangslage

1.1 Das Mängelwesen Mensch

Lernen ist dem Mängelwesen Mensch wesensimmanent. Einerseits von der Natur unfertig in die Welt gestellt, andererseits neugierig und weltoffen, ist der Mensch gezwungen und auch befähigt, sein Dasein lernend zu gestalten. Weiterentwicklung und Weiterbildung sind den einzelnen und den menschlichen Gemeinschaften als dauernde Aufgabe und zugleich bleibende Möglichkeit aufgegeben. Lernend sucht der Mensch Möglichkeiten zur humanen Gestaltung des persönlichen und gemein-schaftlichen Lebens.

Für den einzelnen liegt hierin der Auftrag, sich je nach den Möglichkeiten seiner Veranlagung und den Gegebenheiten in Umwelt und Zeit das an Wissen und Können anzueignen, was zu erfüllter Lebensweise gehört. Für menschliche Gemeinschaften – etwa die Mitarbeiter eines Betriebes – ergibt sich hieraus, das Zusammenleben und die betriebliche Arbeit so zu organisieren, daß Lernen Arbeit ermöglicht und erleichtert und ständige Weiterbildung die Entfaltung dieser Gemeinschaft begün-stigt.[1]

Beide Formen menschlicher Entfaltung, individuelles Lernen und kollektiv-kulturelle Weiterentwicklung, erfahren Dynamik und Fortschritt aus der Erkenntnis, daß Natur und Technik nur dann dem Menschen sinnvoll zu dienen vermögen, wenn er sich durch Wissen und Können die in lebenserleichternden Hilfsmitteln, z. B. in Grund-stoffveredelung und Werkzeugfertigung, liegenden potentiellen Möglichkeiten erschließt. Solche Nutzung von Natur und Welt geschieht lernend.

1.2 Der homo educandus

Um Lernen in allen Lebensbereichen zu optimieren, bedarf es kontinuierlichen Erforschens der personal-individuellen und gesellschaftlich-kulturellen Gesetzmäßig-keiten, Bedingungen, Prinzipien, Vorlieben und Verfahren menschlicher Bildung und Weiterentwicklung. Zwecke und Ziele, Mittel und Inhalte, Formen des Lehrens und Lernens sind aus dem jeweiligen Erfahrungsbereich in pädagogischen Erkennt-nisfragen zu transformieren, systematisch zu untersuchen, in ihren Ergebnissen aufzuzeigen und dann erneut praktischer Bewährung zu unterziehen.

Betriebliche Bildung soll in Betrieb und Beruf die personale Entwicklung der Menschen begünstigen. Sie unterstützt durch anwendbare Aussagen über Inhalte und Methoden den arbeitenden Menschen in seinem Bemühen um lernende Anpassung an die sich immer schneller verändernden betrieblichen Strukturen und Arbeitsab-läufe.[2]

---

[1] Daß subjektive Wünsche nach Entfaltung nicht mit den Zielen betrieblicher Bildung iden-tisch sein müssen, kennzeichnet jenen wichtigen Aspekt, der hier dargelegt werden soll.

[2] Wenn allerdings, sagt Krasensky (1978, S. 167), Arbeitsteilung die Arbeit sinnentleert, dann läßt sie sich „wegen des Mangels an erzieherischem Gehalt nicht mehr zur Wirtschaftspäd-agogik zählen". Erfreulich klar hatte dazu bereits 25 Jahre zuvor Willareth betont: „Die

1.3 Fortschritt – Sauerteig der Wirtschaft

Dem technischen, sozialen, ökonomischen, somit insgesamt dem gesellschaftlich-kulturellen Wandel liegt als Gestaltungsprinzip die marktwirtschaftliche Ordnung zugrunde. Auf der Absatzseite zwingen Konkurrenten und Kunden die Unternehmen zu stets neuen, besseren und ausgereifteren Produkten. Von der Kostenseite her verlangen knappe Rohstoffe und hohe Rohstoffpreise, Auflagen des Umweltschutzes, ebenfalls die in hohem Maße steigenden Personalkosten, rationellere Fertigungsweisen und sparsamere Ressourcenverwendung.[3]

Wandel ist gewollt, Fortschritt ist der Sauerteig der Marktwirtschaft. Wandel und Fortschritt können jedoch nur von den in den Betrieben arbeitenden Menschen eingeleitet und vollzogen werden. Die Qualifikationen der Mitarbeiter entscheiden über die Fähigkeit eines Unternehmens, sich innerhalb und außerhalb der Werktore immer erneut verändernden Situationen anzupassen. Alle in diesen Betrieben Tätigen müssen zuvor die sozialen, technischen und ökonomischen Veränderungen selbst lernend ermöglichen und bewältigen. Befähigung zum Wandel ist dem Vollzug sozialer, technischer, ökonomischer und kultureller Veränderungen imperativ vorausgesetzt. Damit gewinnt betriebliche Bildungsarbeit Gestaltungscharakter für eine wettbewerbsfähige und humane betriebliche Zukunft. Die Bereitschaft zu lebenslangem Lernen ist bei den Mitarbeitern in hohem Maße vorhanden. Der Bildungswille der Gegenwart steht damit im Gegensatz zu dem Pessimismus, den Wirth 1969 gegenüber dem Bildungswesen der Unternehmen festgestellt hatte.[4]

Wirtschaften als Erfahrungs- und Handlungsbereich des Produzierens und Konsumierens bezeichnet den kulturellen Teilbereich zweckorientierter, sozialgebundener, daseinsfördernder Nützlichkeit. Der wirtschaftende Mensch fragt nach der Verwertbarkeit seines Wissens; „zweckfreies Wissen wird ihm zum Ballast",[5] hat Spranger für den reinen ökonomisch orientierten Typus formuliert. Dem Menschen in seiner umfassenden Humanität ist Wirtschaften allerdings niemals nur Mittel zum Zweck. Er sieht Arbeit als daseinsgewährend und daseinsfördernd, stets auch als Zweck an sich. Ihr Wert für den Menschen[6] erwächst aus der Freude an Arbeit und den Früchten aus Arbeit.[7]

Wirtschafts- und Betriebspädagogik ist jedoch fest verwurzelt in der allgemeinen Betriebswirtschaftslehre, ohne deren genaue Kenntnis sie gar nicht denkbar ist" (1953, S. 43).

[3] Wirtschaft ist nicht vorrangig als lediglich Erfahrungs- und Wissenschaftsbereich rationaler Input-Output-Beziehungen und deren Optimierung durch Wissenschaftssystematik zu sehen. Wirtschaften bedeutet volkswirtschaftlich, „das Spannungsverhältnis zwischen Bedürfnissen und knappen Mitteln so weit wie möglich zu verringern" (Bartling und Luzius 1983, S. 4), und für die Wirtschaftspädagogik kommt es darauf an, die positiven erzieherischen Werte im ökonomischen Bereich herauszustellen" (Urbschat 1967b, S. 45). Wirkung (Mittel zum Zweck) und Wert (Selbstzweck) wirtschaftlichen Handelns gehören zusammen.

[4] Trotz steigender Freizeit und wachsender Bildungsmöglichkeiten sei – so Wirth (1969, S. 98) – „kein spürbarer Bildungsdrang zu verzeichnen".

[5] Spranger 1921, S. 133. Die „Lebensformen" kamen zwischen 1914 und 1983 in teils erweiterten und teils gekürzten Neuauflagen heraus; hier sei jener „berühmt gewordenen Fassung" von 1921 (Löffelholz 1979, S. 259) gefolgt.

[6] Der Wert liegt zum einen in der Tätigkeit selbst, zum anderen im Ergebnis, auf das sie zielt.

1.4 Der Auftrag der Wirtschaftspädagogik

Die Wirtschaftspädagogik erforscht als pädagogische Wissenschaft in ihren Teilbereichen Betriebspädagogik, wirtschaftsberufliche Schulpädagogik, Andragogik und Lehre von den wirtschaftsberuflichen Institutionen diese Zusammenhänge beruflicher Bildung. Als pädagogische Disziplin greift sie dabei auf Erkenntnisse der allgemeinen Erziehungswissenschaft zurück,[8] und als in die Wirtschaftswissenschaften delegierte Erziehungswissenschaft[9] hat sie Grundbedingungen, Zwecke, Ziele, Inhalte und Mittel der Wirtschaftswissenschaften, insbesondere der Betriebswirtschaftslehre,[10] in das Bildungsgeschehen zu integrieren.

Der Wirtschaftspädagogik kommt die Aufgabe zu, Grundlagen, Ziele und Zwecke, Inhalte und Mittel wirtschaftlicher Vorgänge in der Absicht zu klären, dem Menschen den Eintritt ins Berufsleben zu erleichtern und dann personale Entwicklung durch Ausbildung und Weiterbildung zu ermöglichen. Die Betriebspädagogik, die Löbner als „einen immer bedeutsamer werdenden Teil der Wirtschaftspädagogik"[11] einstuft, hat dazu allgemeingültige Aussagen zu finden. Ohne die Betriebspädagogik, sagt Hax, ist der Ausbau der sozialen Betriebslehre „nicht möglich", und er nennt deshalb „als weitere unentbehrliche Hilfswissenschaften" der Betriebswirtschaftslehre u. a. die Pädagogik.[12]

Wirtschaftliches Handeln und die solches Handeln bedingenden wirtschaftsorientierten Lehr- und Lernvorgänge gründen stets im wirtschaftlichen Gesamt eines Volkes, einer Kultur, einer Epoche und den dort jeweils gegebenen Strukturen und Bedingungen wirtschaftlicher Vorgänge. Diese Realität hat jedes wissenschaftliche Aussagesystem zur Gestaltung der wirtschaftsorientierten Lehr- und Lernvorgänge wahrzunehmen und aufzuarbeiten. Deshalb ist pädagogische Theorie der betrieblichen Bildung zugleich Situationstheorie.

Der Betriebswirtschaftler August Marx betont den Wertbezug (1958, S. 8): „Wir sagen, jede menschliche Tätigkeit ist wertbezogen; somit auch das gesamte Wirken des Menschen im wirtschaftlichen Bereich".

[7] Beides zusammen deckt sich mit dem im Angelsächsischen bevorzugten Begriff der Arbeitszufriedenheit, in dem Hetzler (1975, Sp. 456) job satisfaction und work satisfaction vereinigt sieht.

[8] Zabeck hält die Grundkategorien der mit Erziehung befaßten wissenschaftlichen Ansätze für „nicht differenzierbar; um sie muß in einer umfassenden metasprachlichen ‚Allgemeinen Pädagogik' gerungen werden" (1970, S. 122).

[9] Vgl. Dörschel 1975a, S. 36.

[10] Bunk sagt darüber hinaus (1982, S. 16) „Durchdringung aller volkswirtschaftlichen, betriebswirtschaftlichen und hauswirtschaftlichen Lernprozesse". Lenels Kritik von 1962 (S. 461), es sei „leider ... noch vielfach üblich", Betriebswirtschaftslehre und Volkswirtschaftslehre als getrennt selbständige Wissenschaften anzusehen, gilt – zwar gemildert – auch heute noch.

[11] Löbner 1963, S. 278.

[12] Hax 1969, S. 17 und 14 (2 Zitate).

1.5 Gang der Untersuchung

Die hier vorgelegte Untersuchung zielt im Hauptteil auf das Herausarbeiten der konstitutiven Aspekte sinnvoller und humaner industrieller Arbeit sowie auf Besinnung über die den Menschen zu solchem Verhalten hinführenden Bildungsprinzipien. Die Wirtschafts- und Berufspädagogik, zugleich in den Wirtschaftswissenschaften und in den Erziehungswissenschaften verwurzelt, erscheint für Überlegungen dieser Art als der angemessene wissenschaftliche Standort.

Als „Ausgangslage" steht (Kapitel 1), um im Vorfeld der eigenen Gedanken nicht gewissermaßen die Sichtweise aller Autoren der einzubeziehenden Teildisziplinen darlegen zu müssen, der bewußt knapp gehaltene Versuch, zum Thema mit Kernsätzen über die Notwendigkeit menschlichen Lernens, über betriebliche Bildung und über fortschrittsgerechte Einstellungen der arbeitenden Menschen hinzuführen. Dabei klingt bereits die sich dann durch alle weiteren Kapitel ziehende Auffassung an, wie stark im Raum der betrieblichen Personalwirtschaft die Wirtschafts- und Berufspädagogik und die Betriebswirtschaftslehre inhaltlich und personell als Schwesterdisziplinen wirken.

Das Kapitel 2, „Wertannahmen und Zwecksetzung", dient der Klärung, daß Bildung und Bildungspropädeutik stets als wertsetzend zu verstehen sind, auch die auf betriebliche Arbeit gerichtete Bildung. Dort umschließt Wertbezug drei ineinander verzahnte Wertbereiche: die Wertsysteme der einzelnen Mitarbeiter, die Wertgemeinschaft Betrieb, die gesellschaftliche Wertorientierung.

Ebenfalls noch im Vorfeld des eigentlichen Anliegens ist die „wissenschaftstheoretische Positionsbestimmung" zu beschreiben (Kapitel 3). Auch wer theoretisch über betriebliche Bildung nachdenkt, kann sich nicht von dem starken Praxisbezug lösen, den Wirtschafts- und Berufspädagogik gerade auf diesem Sektor benötigt. Ein ausschließlich idealtypisches wissenschaftliches Aussagesystem bringt genau so wenig an Erkenntnissen, wie die mitunter anzutreffende Theorieabstinenz betriebspädagogischen Handelns. Hier wird deshalb für ein mittleres Abstraktionsniveau der Theorie betrieblicher Arbeit und Bildung plädiert.

Nun schließen die beiden Hauptkapitel an. Als „Aspekte betrieblicher Arbeit und Bildung" (Kapitel 4) ist nach einleitender Explikation des Begriffes Arbeit herausgestellt, was Arbeit normativ umgreift: Sinnerfüllung, humanes Tätigsein, sozialer Auftrag, zweckbestimmte Leistung. In welchen Formen, mit welchen Inhalten, in welcher gesellschaftlichen Situation und – schließlich – in welcher organisatorischen Gestaltung tritt diese industrielle Arbeit auf? Will Wirtschafts- und Berufspädagogik für Ausbildung und Weiterbildung Aussagen zur Interdependenz zwischen Arbeit und Bildung formulieren, dann muß sie beide Seiten einbeziehen: Arbeit in industrieller Form als Ziel, Bildung dorthin als Weg. Weil es unabdingbar umfassende Bildung ist, spannt sich der Bogen im Kapitel 5 über 10 Prinzipien der auf industrielle Arbeit gerichteten Bildung: Individualität, Begegnung, Freiheit, Verantwortung, Totalität, Universalität, Aktivität, Aktualität, Autorität, Sozialität.

Besinnung auf diese Werte der Arbeitsvollzüge und auf diese Grundannahmen der die Bildung leitenden Prinzipien bringt es mit sich, daß nicht alles, was zu sagen ist, jetzt erstmals entdeckt wird. So manche Stimme, die sich schon vor Jahrzehnten von der Wirtschafts- und Berufspädagogik sowie der Betriebswirtschaftslehre und weiteren Wirtschaftsdisziplinen her mühte, betriebliche Bildung zum Maßstab für eine menschengerechte Arbeitswelt auszubauen, war in der in letzter Zeit konsumorientierten Lebensweise zu schnell verhallt. Es ist Hauptanliegen der hier vorgelegten Gedanken, als Zusammenhang von Arbeit und Bildung aufzuzeigen, daß der Mensch ohne Arbeit persönlich Schaden nimmt, daß Arbeit Bildung voraussetzt und daß Bildung nicht ohne Arbeit möglich ist.

Das ist auch dem Versuch vorgegeben, abschließend mittels drei Szenarien in denkbare künftige Gestaltungen von Arbeit und Bildung hineinzublicken (Kapitel 6). Weiterhin bleiben Arbeit und Bildung die zwei Seiten humaner Lebensweise, dem Menschen originär und unabdingbar aufgegeben. Sie sind Axiome seines Denkens überhaupt.

2.Wertannahmen und Zwecksetzung

2.1 Explikation des Begriffes Bildung

Bildung bedeutet sowohl in operativer Bedeutung (bilden) als auch im Ergebnis der Bildungsprozesse (Bildung) wertgebundenes menschliches Handeln bzw. wertbestimmtes menschliches Sein. Sie kann in keiner personalen Denk- bzw. Seinsweise, auch nicht in objektivierender Wissenschaft, als wertfreies Tun oder Sein gelten. Durch Bildung und in Bildung erwarten Menschen Werte für die eigene Person, wenn auch die Ziele, die Menschen durch Bildung zu erreichen suchen, verschieden bleiben.

Neben der kasuistischen Einschätzung der Bildung durch Individuen steht fest, daß Bildung in objektiver Geltung einen axiologischen humanen Wert an sich darstellt. Damit gewinnt sie den von Spranger formulierten objektiven Charakter einer Wertwesenheit [13] und ist ein von zeitlich-räumlich-individueller Wertverwirklichung losgelöster Wert an sich. Wertwesenheit als abstraktes Denkkonstrukt konkretisiert sich in der individuellen Wertverwirklichung als individueller und kultureller Bildungsstand; sie gestaltet sich stets als graduelle Resubjektivierung eines objektiv geltenden Wertes im Werterleben eines einzelnen (gebildete Persönlichkeit) und im Grad des Bildungsniveaus eines Volkes (Entwicklungsgrad einer Gemeinschaft).

2.2 Grundannahmen und Grundbedingungen einer Bildungspropädeutik

Hier wird versucht, einen Beitrag zur theoretischen Grundlegung der betrieblichen Arbeit und Bildung zu leisten. Dabei ist das erkenntnisleitende Interesse auf die Konstruktion solcher Aussagen gerichtet, die – in mittlerer Reichweite – zeitliche, inhaltliche, personale und organisatorische Bezüge zu einem System von Aussagen vereinigen, dem über den Einzelfall hinaus Gültigkeit zukommt. Als Bausteine dieser Bildungspropädeutik [14] stehen Grundbedingungen: Axiome und Prinzipien, Ziele und Inhalte, vor allem anthropologische, soziale und gesellschaftlich-kulturelle Implikationen.

Jedes menschliche Tun, auch die Vorbereitung und Durchführung betrieblicher Bildung, gründet bewußt oder unbewußt in einem dieses Handeln leitenden analytischen Instrumentarium. Menschliches Tun verläuft theoriegeleitet. Informationen gewinnt der einzelne aus Erfahrungen der Vergangenheit und aus Annahmen über

---

[13] Vgl. Spranger 1921, S. 282 ff. Doch „moderne" Pädagogen sind damit nicht einverstanden. In Sprangers Sprache würden Begriffe dominieren, „die im Metaphysischen festgemacht und damit jeglicher Kritik entzogen" seien (Heinisch 1970, S. 157).

[14] Die Beschränkung auf eine Bildungspropädeutik bringt Vorteile und Nachteile mit sich (vgl. Böhme 1976, S. 7 f.):
- Nachteile liegen in der „Vorläufigkeit" gefundener Ergebnisse und in der Beschränkung auf Ausschnitte eines eigentlichen Ganzen, z.B. der betrieblichen oder beruflichen Bildung als pädagogische Einheit.
- Vorteile sind im Beschränken auf wesentliche, den Kern pädagogischer Anliegen der Bildung herausstellende Aspekte und damit in der Überschaubarkeit gegeben.

die Zukunft. Lehr- und Lernhandeln erfolgen im Bereich der betrieblichen Bildung aus einem diesem Handeln bereits immanenten Sinn und Zweck und zielen auf einen transitiven bzw. transzendentalen Sinn als künftig zu erreichendem Ergebnis dieses Tuns.

Bildung setzt begründet und zielorientiert an. Die a priori genau und bewußt formulierten und die ungenau und unbewußt empfundenen Vorstellungen über Ziele und Zwecke der betrieblichen Bildung sind in ihrem Kern zu erfassen. Dazu werden die vielfältigen praktischen Ausprägungen, Grundlagen und Begründungen betrieblicher Bildungsarbeit – durchgeführt zum Wohl von Mitarbeitern, Betrieb und Gesellschaft – auf nachvollziehbare, objektiv gegebene oder normativ gesetzte Grundbedingungen und Grundannahmen zurückgeführt. Deren Gültigkeit ist dann darzulegen.

Schließlich erfahren die aufgefundenen Grundbedingungen und Grundannahmen durch Bezüge zur aktuellen Bildungspraxis zusätzlich zu ihrer analytisch-theoretischen Ableitung (konditional-hypothetischer Beleg) vorläufige empirische Bestätigung (situational-praktischer Beleg).

Kernpunkte bleiben das Auffinden, das Zusammenfügen und der Nachweis von Beziehungen allgemeingültiger grundlegender Arbeits- und Bildungsfaktoren durch Bezugnahme auf die in das Bildungs- und Arbeitsgeschehen einbezogenen Personen. Diese Faktoren, in den Zielen der Bildung formuliert, bestimmen die zielfördernden Inhalte und Verfahren der Arbeit. In der Diskussion der geltenden Bildungsaxiome und -prinzipien ist der normative Bezug des theoretischen Aussagesystems explizit gegeben.

2.3 Erkenntnisse aus pädagogischen Hilfswissenschaften

Zur Erreichung dieser Zielsetzung sind in pluralistischer wissenschaftsmethodischer Bezugnahme die bereits vorliegenden wissenschaftlichen Erkenntnisse aus Anthropologie, Lehr- und Lernpsychologie, Erziehungssoziologie, Arbeits- und Organisationswissenschaften, Wirtschaftswissenschaften und Wirtschaftspädagogik zu einem Aussagesystem zusammenzufügen.[15] Versteht sich Betriebspädagogik mit Baumgardt als offenes wissenschaftliches System, dann tritt die Konsequenz „verstärkter interdisziplinärer Problemforschung"[16] zutage.

Betriebliche Bildung ist in Zielen und Inhalten in hohem Maß an den Erfordernissen des jeweiligen Betriebes orientiert. Ziel, Umfang und Inhalt leiten sich aus den zur Erstellung der betrieblichen Leistung zukünftig benötigten Qualifikationen der Mitarbeiter ab. Folglich bestimmt die zu leistende Arbeit die Bildung wesentlich mit. Menschen sind zu Bildungsanstrengungen um so eher bereit, je höher sie den Sinn größerer Bildung und erweiterter Arbeitsinhalte einschätzen. Der Nachweis solcher

---

[15] Die Reihe der Wissenschaften, die einer Wissenschaft Hilfswissenschaft sein kann, ist endlos; hier als Beispiel die Wissenschaft von der Politik: Der Satz von Friedrich, daß ihr Wert von allgemeingültiger objektiver Bedeutung „nicht gegeben, wohl aber aufgegeben sind" (1961, S. 13), steht auch für die Wirtschaftspädagogik.

[16] Baumgardt 1975, Sp. 645.

bildungsimmanenter Werte und deren Einordnung in das individuelle Sinngefüge erfolgen allerdings nicht zwangsläufig. Vielmehr wirkt der in der Praxis betrieblicher Bildung häufig unmittelbar nur schwach erkennbare Sinnbezug als nicht geringe Motivationsbremse.

2.4 Analyse geltender Werte in Arbeit und Bildung

Das Ziel der nachstehenden Ausführungen liegt in dem Versuch, die individuellen, betrieblichen und gesellschaftlichen Werte betrieblicher Arbeit darzulegen.[17] Da der Sinn betrieblicher Arbeit nicht bereits originär vorhanden ist und sich offensichtlich erst aus den geforderten Leistungsstandards der Arbeit ergibt, Sinn und Zweck betrieblicher Arbeit also erst aus einer Vielzahl wertender Akte resultieren, ist der Frage nachzuspüren, welche generellen Faktoren Arbeit wertvoll machen[18] und welche Motive Mitarbeiter zur Ausbildung und Weiterbildung bewegen.

Eine solche Analyse hat zu beachten, daß Zweck und zwecksetzendes menschliches Werten stets als Denkakte den aus ihnen beschlossenen Handlungen vorausgesetzt sind. Dabei vollzieht sich jene die Handlung vorbestimmende denkende Zwecksetzung nicht immer in bewußter Reflexion auf die Zwecke, Folgen und Nebenfolgen wahrzunehmender Bildung.[19] Vielmehr bleibt wissenschaftliche Aufbereitung der Entscheidungsmuster auf zweckrationales und nachvollziehbares subjektives, betriebliches und gesellschaftliches Bildungsplanen beschränkt.

Gelingen kann diese Analyse dann, wenn – wie Spranger formuliert – „auch das Werten einer Gesetzlichkeit"[20] unterliegt, wenn nur jene Werte echt und gültig sind, die mit dieser Wertgesetzlichkeit übereinstimmen. Da der objektive Wert der Bildung empirisch weder als stochastisch subjektive noch als stochastisch kollektive Erscheinung auffindbar ist, muß der Wertmaßstab betrieblicher Bildung denkend a priori gesetzt werden: Was an einer Kultur objektiv wertvoll ist, wird als Erfüllung von Wertungsnormen formuliert, „als Resultat einer Wertungsgesetzlichkeit, die dem individuellen Bewußtsein als Forderung gegenübertritt, wenn es ihr nicht von selbst gemäß ist".[21]

---

[17] Diese Vorgehensweise entspricht dem Verständnis normativ-kritischer Wissenschaftsauffassung, wie sie Braun auch für die Betriebswirtschaftslehre fordert (1978, S. 193): „Sie ist normativ, insofern sie die Zwecke des Handelns selbst beurteilt, und kritisch, insofern sie diese Beurteilung in einen gesamtgesellschaftlichen Kontext stellt. Sie ist also ihrem Verständnis nach weder ethisch ‚blind‘ noch realistisch ‚kurzsichtig‘."

[18] Was für die Technik breit erörtert wird (Beispiel: Steinbuch 1980), hat Schlieper für die Wirtschaft formuliert (1967b, S. 63): „Der wirtschaftende Mensch muß sich bei seiner Arbeit stets des Sinnes der Wirtschaft bewußt bleiben, sonst besteht die Gefahr, daß er sich durch sinnwidriges Tun als Mensch entwertet."

[19] Motivation zur beruflichen Bildung ist mit Lüscher (1968, S. 59) individuell „als antizipatorische Identifikation" mit dem durch Bildung angestrebten personalen Sein aufzufassen.

[20] Spranger 1921, S. 15.

[21] Ebenda, S. 16.

2.4.1 Individuelles Wertsystem

Für den, der sich bildet, gründet das Zielsystem bzw. die Zweckorganisation betrieblicher Bildung im individuellen Wertsystem. Als konstitutive Elemente des subjektiven Wertebewußtseins stehen im Sinn normativer Vorgaben [22] der bereits erreichte Bildungsstand, die Betriebsverfassung, die gültigen Wirtschaftsprinzipien und das Gesellschaftssystem mit seinen Spielregeln. Alle Teilsysteme (personale und institutionale Verfassung) fordern bestimmte Verhaltensweisen, setzen der Bildungsmotivation und der Durchführung betrieblicher Bildung Wertimperative. Dieses Apriori bewertet das Individuum auch für sich selbst als gut und versucht, sie durch Ausbildung und Weiterbildung lernend zum eigenen Wohle und zum Wohle anderer anzuwenden.

Der Eintritt in solche Bildungsmöglichkeiten erfolgt in personaler Freiheit. Gilt der Wert einer betrieblichen Bildungsmaßnahme als gering, wird sie nicht wahrgenommen. [23]

Das Zielsystem bzw. die Zweckorganisation jener, die sich an Bildung beteiligen, formiert sich aus dem individuellen Wertsystem bzw. dem individuellen Wertganzen der jeweiligen Persönlichkeit. Die „Bedeutung" [24] personaler Bildung bestimmt der mit ihr erreichbare Wert. Gilt Bildung als Wert an sich (Selbstzweck) und als Vorbereitung auf Leistung, Aufstieg, Integration und Anerkennung (Instrumentzweck), entsteht bereits personales Streben nach Bildung. Die teleologische Dimension als wertgeleitetes Bestimmen der Bildungsziele ist person- und betriebsbezogen zu beachten.

2.4.2 Wertgemeinschaft Betrieb

Jede Nutzenbetrachtung eines Bildung initiierenden und Bildungsbereitschaft der Mitarbeiter nachfragenden Betriebes gründet in dessen Unternehmensphilosophie, in den Unternehmenszielen, Führungs- und Kooperationsgrundsätzen. Inhalte und Formen betrieblicher Bildung sind an den Interessen der Mitarbeiter und an den Zielen des Betriebes orientiert. Betriebliche Bildung verläuft um so effizienter, je kongruenter die Erwartungen der Mitarbeiter zu den Zielen des Betriebes stehen. [25]

---

[22] In der Absicht, die betriebliche Arbeit künftig weniger nach ihrer technischen Effizienz und mehr nach ihrem humanen Ertrag zu beurteilen, hat Weinstock formuliert (1954, S. 125): „Nur wenn der Arbeiter sich dessen bewußt wird, was sich mit ihm tut und was er selbst tut und worum es damit im Einzelnen wie im Ganzen geht, kommt doch das humanisierende Wechselspiel von Denken und Tun, Tun und Denken in Gang."

[23] Bildungsziele sind als integrative Zielsetzungen aufzufassen. Sie schließen sowohl personale Ziele als auch Systemziele ein. „Hinsichtlich des Zusammenhanges zwischen personenbezogenen und leistungsbezogenen Zielen liegen unzureichende wissenschaftliche Antworten vor" (Thiele 1982, S. 2).

[24] „Wertdeutung ist als Vergleich der wahrgenommenen Werte (der Bildungsgüter) mit der Motivstruktur des Lernenden anzusehen. Motive sind dabei die persongewollten Entwicklungszustände" (Becker 1982, S. 51).

[25] Vgl. Hölterhoff und Becker 1984, S. 15.

Sie unterteilt sich nach Kerschensteiner in zwei Zwecke, den beruflichen und den sozialen Zweck.[26] Bildung ist damit auf die daseinserhaltenden Zwecke (Erwerb des Lebensunterhalts, Arbeit als geistige Erfüllung) und auf soziale Zwecke (Integration in eine Gemeinschaft, Beitrag zu Gemeinschaften) gerichtet. Mit ihr verfolgt der Mensch stets beide Zwecke, einseitige Überbetonung schadet der Entfaltung der autonomen Persönlichkeit.

Die Verwirklichung der teleologischen Dimension beruflicher Bildung ist an drei Voraussetzungen gebunden,[27]
– die nach Entwicklung strebende Person,
– die durch unbedingt geltende Werte verbundene Wertgemeinschaft,
– das sittlich-ethische Empfinden der Gesellschaftsmitglieder.

Dieser Zusammenhang weist das Bildungsgeschehen auf Axiome und Prinzipien zurück. Es ist für eine Theorie der betrieblichen Bildung unerläßlich, die axiomatische und die prinzipielle Seite des Bildungsgeschehens zu beleuchten.

Ein Nachweis auch empirischer Gültigkeit der theoretisch herausgearbeiteten Grundbedingungen, Ziele und Zwecke, Methoden und Inhalte kann endgültig nur in der Praxis geschehen. Dabei fällt auf die zeitbedingten betrieblichen und gesellschaftlichen Rahmenbedingungen, vor allem auf das Bildungsklima sowie das Entwicklungstempo der sozialen und technischen Gestaltung, besondere Bedeutung. Obwohl diese bildungspraktische Evaluierung hier nicht im Mittelpunkt steht, ist es doch notwendig, dann auf reale Erscheinungsformen betrieblicher Bildung Bezug zu nehmen, wenn diese für die theoretisch formulierten Annahmen konsekutive oder gar konstitutive Belege geben. Offensichtliche Einseitigkeiten der betrieblichen Bildung und sinnentstellende inhumane Praktiken sind als Irrwege der Bildungspraxis aufzuzeigen.

Die Realität der betrieblichen Bildung, „so wie sie ist", erhält ihre Gestalt einerseits aus den normativen und teleologischen Apriori voraussetzungsgebunden, und andererseits wird die jeweils vorfindbare historische Realität der betrieblichen Bildung als Gestaltungsbeitrag in die Konstruktion künftiger Bildung eingebracht. Bildung, „so wie sie sein soll", gewinnt damit insoweit Impulse aus der Bildungsrealität, als Gestaltungskriterien der Gegenwart auch für die Zukunft anerkannt bleiben.

2.4.3 Gesellschaftliche Wertorientierung

Eine gerechte Verteilung der knapper werdenden Arbeit wird in den Industriestaaten in der Zukunft die Bildung verändern. Neue Arbeitszeiten und -formen, gewandelte Sichtweisen über Führung und Zusammenarbeit im Betrieb verlangen große Anstrengungen auf allen Gebieten der betrieblichen Bildung. Die Menschen sind auf sich wandelnde Prozesse und Strukturen, auf andere Arbeitsinhalte und -umfänge lernend vorzubereiten. Nur bleibende bzw. wiederzuerlangende Arbeitsfreude bietet Gewähr, daß der Mensch innerlich, als Person angesprochen und gefordert, tätig ist.[28]

---

[26] Vgl. Kerschensteiner 1926, S. 39 ff.
[27] Vgl. ebenda, S. 46.
[28] Vgl. Antony 1958, S. 60.

10

Unternehmen leisten ihren Produktions- bzw. Dienstleistungsauftrag als Sozialgebilde der Gesellschaft. Wertewandel – oder besser formuliert –, veränderte Einstellung der Menschen zu Werten, erfaßt die Unternehmen von außen her. Bisher als wertvoll erachtete Tugenden verlieren im Zeitablauf an Bedeutung, neue Wertorientierungen gewinnen an Bedeutung. Selbstentfaltung, Kreativität, Eigeninitiative, Verantwortungsbewußtsein, Kooperation und Kommunikation nennen Werte erhöhter Selbsttätigkeit, Eigenverantwortung und größerer Selbstverwirklichung in Arbeit und Bildung. Traditionelle, puritanische Tugenden sehen die Zeitgenossen gegenwärtig als Entfaltung hemmende Wertbezüge in der Arbeit an. Aus den gesellschaftlich vorherrschenden Wertemustern bildet sich die jeweilige Arbeitsmoral der Menschen. Versäumen es die Unternehmen, Regularien, Organisation und Führung den sich ändernden Wertevorstellungen der Menschen anzupassen, dann sind Konflikte aus inkongruenten Werterwartungen der Mitarbeiter mit dem betrieblichen Normengefüge zwangsläufige Folge. Der gesellschaftliche Wertewandel muß seinen sinnfälligen Ausdruck in veränderten Arbeitsinhalten, Arbeitsstrukturen, Führungs- und Mitbestimmungsprinzipien finden. Die evolutionäre Entwicklung individueller, betrieblicher und gesellschaftlicher Wertbezüge ist durch verhaltensorientierte Bildung zu begünstigen. Solche ·Bildung schafft eine Unternehmenskultur, in der Information, Kommunikation, Identifikation, partizipative Entscheidungs- und Führungsstrukturen ebenso wenig Fremdworte sind wie Leistungsbereitschaft, Innovationsfreude und Prosperität des Unternehmens insgesamt.

2.5 Wandel in Arbeit und Bildung

Technische Neuerungen in Produktion, Verteilung und Verwaltung revolutionieren die Bildung der Zukunft. Mit dem Wegfall repititiver und atomisierter Tätigkeiten korrespondiert eine rapide Zunahme gestaltenden, ganzheitlichen und verantwortungsvollen Handelns. Neue Informations- und Kommunikationssysteme, neue Fertigungsverfahren und neue Produkte muß der arbeitende Mensch lernend bewältigen. Die Zeit dafür wird immer knapper, der Umfang der Anpassungsprozesse und das zu erwartende Tempo werden dagegen größer.

Zunehmende Einführung mikroelektronisch gesteuerter flexibler Fertigungssysteme mit weitgehender Substitution der direkt am Arbeitsplatz eingesetzten menschlichen Intelligenz durch in Maschinen programmierte intelligente menschliche Vorleistungen bewirkt über die Wirtschaftsbetriebe hinaus einen revolutionären Strukturwandel aller Lebensbereiche. Freigesetzte Mitarbeiter sind durch Weiterbildung auf die Übernahme anderer Tätigkeiten vorzubereiten. Solche Freisetzungs- und Anpassungsprozesse werden sich für immer mehr Menschen im Lauf des Berufslebens einmal oder mehrere Male wiederholen.

Der Einsatz flexibler und intelligenter Arbeitsverfahren bietet für individuelle, zeitlich und räumlich entkoppelte Arbeitsgestaltung große Chancen. Arbeitszeiten verringern sich durch Maschineneinsatz, die Arbeitsleistung kann sich als vorbereitendes und kontrollierendes Tun unabhängig vom tatsächlichen Produktionsort – z.B. im eigenen Wohn- oder Arbeitszimmer – vollziehen. Seine zeitliche Einteilung bestimmt dort der einzelne selbst; nicht die physische Verfügbarkeit, sondern das Ergebnis seiner Leistung wird Grundlage seiner Entlohnung.

Um solche humanen Chancen neuer Techniken verantwortungsvoll bewußt nutzen zu können, wird ein Schwerpunkt künftiger Bildungsarbeit auf die dazu bei den Mitarbeitern erforderlichen Einstellungen gerichtet sein. Technische Neuerungen gefährden die humane Selbstverwirklichung in und durch Arbeit allerdings dann nicht, wenn sie zum Wohl des Menschen erfolgen. Zur Bestimmung, was und wieviel an technischer Neuerung humaner Selbstverwirklichung dienlich ist, bedarf es kontinuierlicher und intensiver Wertdiskussion.[29]

Anliegen künftiger Bildung muß es sein, dem arbeitenden Menschen zu helfen, technische Entwicklungen und deren Nutzen als Wert für sich, den Betrieb und die Gesellschaft erkennen und beurteilen zu können. Es bleibt der Mensch, der Art und Inhalt, Tempo und Umfang technischer und sozialer Veränderungen wollen muß und zu bewältigen weiß. Aus sozialer Verantwortung ist dem Beschäftigten nur so viel an Veränderungen zumutbar, wie er denkend bewältigen kann. Bildung muß ihn vor aus technischer und sozialer Überforderung aufkommender Furcht schützen. Soll betriebliche Bildung dies leisten, müssen die Strukturen künftiger Arbeit in humaner Weiterbildungsabsicht diskutiert werden.

---

[29] Eindringlich weist darauf Stiefel hin (1983, S. 67): „Die Zunahme der Öko-Sensibilität der Belegschaft in Unternehmen verschiedener Branchen wird in Zukunft dazu führen müssen, daß die Wertfrage bei den gesamten Trainingsansätzen einen neuen Stellenwert erhält. Die Weiterbildungsarbeit muß verstärkt Wertklärungsprozesse enthalten."

3. Wissenschaftstheoretische Positionsbestimmung

3.1 Starke Praxisorientierung als Faktum

Das Schrifttum über betriebliche Bildung zeigt starke Praxisbezüge und folgt nicht selten ohne weitreichende theoretische Reflexion dem Bemühen, den Praktikern in den Betrieben konkret verwertbare und unmittelbar anwendbare inhaltliche und methodische Handlungshilfen, nicht selten auch Handlungsanweisungen zu geben.[30] Theoriebezüge als pädagogische Legitimation des Bildungshandelns sind selten zu finden. Die meisten Äußerungen, z.B. zur betrieblichen Weiterbildung, setzen implizit diejenige Wert- und Wissenschaftsposition voraus, die der eigenen Unternehmensphilosophie entlehnt ist, den unternehmerischen Zielen dient und denselben Regeln wie alle anderen Handlungen unterliegt.

3.2 Notwendigkeit theoretischer Fundierung

Wissenschaftlich-systematisches Wissen beginnt mit dem theoretischen Erschließen des jeweils ausgewählten Erfahrungsbereichs. Das durch wissenschaftliche Aussagen abgesteckte Gebiet des Erklärens und Verstehens betrieblicher Bildung weitet sich, je mehr es gelingt, die Vielzahl der konkreten, realitäts- und betriebsgebundenen Erscheinungen des Bildungshandelns aus der Situationsgebundenheit herauszulösen und in die den einzelnen Erklärungs- und Erfahrungsbereichen gemeinsamen allgemeinen Phänomene in analytischer Abstraktion nachvollziehbar einzuarbeiten.

Eine Theorie der betrieblichen Bildung[31] hat das Bildungsgeschehen aus der Zufälligkeit praxisgebundener Vollzüge in ein allgemeingültiges System von Aussagen zu überführen. Grundsätzlich sind wissenschafts-methodisch zwei Wege beschreitbar:
- empirisch-induktives Vorgehen, d.h. das Auffinden empirisch überprüfbarer Wahrheiten aus Arbeitshypothesen,
- normativ-deduktives Vorgehen, d.h. das Setzen von Wertprämissen, Axiomen, Prinzipien und Maximen und die nachvollziehbare Begründung ihrer Geltung.

3.2.1 Empirie als leitendes Verfahren

Der empirisch-induktive Weg zur Klärung der grundlegenden Fragen der betrieblichen Bildung wird deshalb hier nicht beschritten, weil das Erforschen der betriebli-

---

[30] Die Instrumentfunktion der betrieblichen Bildung als unmittelbare Zweck-Mittel-Relation zwischen obersten Unternehmenszielen, Zielen der betrieblichen Personalarbeit und Mitarbeiterqualifizierung ist in der Versicherungswirtschaft postuliert (Berufsbildungswerk 1981, S. 24): „Das oberste Ziel der Personalwirtschaft besteht darin, dem Unternehmen jederzeit genügend ausreichend qualifizierte Arbeitskräfte zur Verfügung zu stellen. Alle weiteren personalwirtschaftlichen Zielsetzungen sind nur Mittel zum Zwecke dieses obersten Zieles."

[31] Es ist darauf hinzuweisen, daß der vorliegende Entwurf einer Theorie der betrieblichen Bildung notwendigerweise nur als Propädeutik anzusehen ist. Als pädagogische Propädeutik muß sich Bildung Grenzen auferlegen, „die zwar als Beschränkung auf Wesentliches verstanden sein wollen, aber doch nicht ganz sicher sein können, wirklich alles Wesentliche überhaupt getroffen zu haben" (Böhme 1976, S. 7).

chen Bildung als reale Gegebenheit mit der Fragestellung, „wie geschieht betriebliche Bildung wirklich?", aposteriorisch erfolgt.[32] Die aufzufindenden Aussagen können für die künftige grundlegende Gestaltung der betrieblichen Bildung nur Teilantworten liefern; was als gut erkannt worden ist, soll auch künftig das Bildungsgeschehen leiten, was als korrekturbedürftig anzusehen ist, soll – aus empirischen Befunden legitimiert – verändert werden. Dennoch bleibt eine noch so grundlegende Tatsachenermittlung situationsgebunden. Empirische Ergebnisse haben weithin lediglich historische Bedeutung. Zudem dokumentiert jede noch so erfahrungsorientierte Wissenschaft, sei es als gewollte wissenschaftsmethodische Prämisse formuliert oder implizit im Forschungsprozeß wirksam, ein schon vorhandenes Problembewußtsein und ein daraus vom Forscher abgeleitetes Erkenntnisinteresse.

3.2.2 Hypothesen und Werturteile als Ausgangspunkt

Der hier gewählte Weg, um zu einer Theorie betrieblicher Arbeit und Bildung zu gelangen, versucht allgemeingültige Aussagen zu gewinnen, indem über die Analyse der konkreten Arbeits- und Bildungssituation hinaus Hypothesen formuliert und Werturteile eingebracht werden, die sich zu einem normativen System von Aussagen zusammenfügen.[33] Dieses System intersubjektiv nachprüfbarer allgemeiner Aussagen formuliert im Bereich der Bildung Antworten auf die Frage, „wie soll betriebliche Bildung sein?"

3.2.3 Strukturell-funktionaler Zusammenhang betrieblicher Arbeit und Bildung

Die Fragenkomplexe beziehen in ihr Aussagesystem die anthropologisch-personale Perspektive, die teleologisch-inhaltliche Seite und den sozio-kulturellen Bezug ein. Eine dem Vorhaben adäquate Nomenklatur mit Explikationen der zu untersuchenden Phänomene leitet zum Erkenntnisprozeß über. Aus Annahmen, wie sich künftig Organisation, Inhalte und Bewußtseinslagen betrieblicher Arbeit darbieten, resultiert der strukturell-funktionale Zusammenhang der betrieblichen Bildung. Für dieses Aussagesystem mit normativem Charakter sind Werturteile in doppelter Weise,
– prinzipiell als Wertwesenheit der einzubringenden Theoriebausteine,
– individuell als Verwirklichung in Wertungsakten,
gegeben. Der erstgenannte Bezug erkennt den Ideen, Gedanken, Beziehungen und Sachen Eigenwert zu; der andere erläutert die ihnen durch wertende Urteile beigemessene Bedeutung. Sollvorgaben der Bildung sind nur unter explizit formulierten oder implizit individuell unterstellten betrieblichen, sozialen und kulturellen Bedingungen gültig.

---

[32] Vgl. Peege 1967b, S. 151.
[33] „Alle Theorien menschlicher Selbstverwirklichung setzen normative Begriffe voraus" (Neumann 1976, S. 31).

14

3.2.4 Werturteil und Begründung

Die Wertwesenheit von Arbeit und Bildung prägt die realen Erscheinungen betrieblicher Bildung nur insoweit, wie dies individuell und kollektiv prinzipiell gewollt ist. Jede Hereinnahme von Gestaltungsvorgaben in ein Aussagesystem entstammt dem Werturteil desjenigen, der die Auswahl trifft. Diese subjektive Wertung muß begründet erfolgen, sie kann niemals geleugnet werden. Unabhängig von der Unmöglichkeit, als Mensch wissenschaftliche Aussagen rein kognitiv-rational formulieren zu können, fordert gerade die gegenwärtige wirtschaftliche Situation zu bewußt wertbezogener Diskussion betrieblicher Arbeit und betrieblicher Bildung heraus. Rasche Veränderungen der Arbeitsbedingungen und -inhalte, Differenzierungen und Segmentierungen der Arbeit, technische Innovationen, Substitutionen von Arbeit durch Technik, neue Formen des betrieblichen Miteinanders und der Führung geben betrieblichem Tun einen veränderten Sinn. Der Mensch vermag ihn – der Satz ist wichtig genug, ihn zu wiederholen – nur lernend zu bewältigen.

Für die Vorbereitung der Mitarbeiter auf sich permanent verändernde Arbeitsstrukturen und -inhalte trägt Bildung die Verantwortung. Sie muß einerseits wie bisher auch künftig qualifizieren, andererseits jedoch in Zukunft mehr an Orientierungshilfen bieten und Sinnfragen der Arbeit deutlicher beantworten. Erst wertende und urteilende Reflexion befähigt den arbeitenden Menschen, die humanen Impulse zukunftsorientierter Arbeit zu verstärken und inhumane Elemente entschieden zurückzuweisen. Weil normative Vorgaben und Werturteile diese Reflexion bestimmen, sind solche Gestaltungselemente in das hier vorgelegte System der Aussagen aufgenommen.

Die Gestaltungsvorschläge legen apriorisch – allerdings in hohem Maße hypothetisch – fest, wie betriebliche Arbeit und Bildung in Zukunft verlaufen sollen. Es wird nicht lediglich als Ist-Aufnahme der Praxis das Hier und Jetzt von Arbeit und Bildung in die Zukunft hinein fortgeschrieben, sondern erst die Befreiung der wissenschaftlichen Analyse aus kasuistisch strukturierten und ideologisch motivierten Gegebenheiten betrieblicher Bildungspraxis verspricht zukunftsweisende Impulse zu besserer Gestaltung dieses für den arbeitenden Menschen so außerordentlich wichtigen Feldes.

3.2.5 Prinzipien als Bausteine einer Situationstheorie

Eine Theorie über die Handlungsbereiche des Menschen kann Gestaltungshinweise nicht ohne explizite Bezugnahme auf den Menschen selbst darlegen.[34] Jedes wissenschaftliche Arbeiten erfolgt in der Absicht, dem Menschen zu dienen. Human- und sozialbestimmte Prinzipien bilden als Grundlage zukunftorientierter betrieblicher Bildung Bausteine der Theorie. In der Diskussion über anthropologisch-personale Prinzipien gewinnt deren Positionscharakter an Bedeutung. Normative Aussagen zur

---

[34] Späth formuliert den Gegenstand seiner anthropologisch-berufspädagogischen Problemgeschichte wie folgt (1981, S. 9): „Es sind diejenigen anthropologischen Aspekte zu ermitteln, unter denen die Berufspädagogik als Wissenschaft von der Berufserziehung ihren Anteil an unserem Wissen vom Menschen beiträgt." Die Zitatstelle verweist auf Schlieper 1963, S. 11ff. und Schmiel 1976, S. 3ff.

Verbesserung der Bedingungen arbeitender Menschen durch Bildung sind Vorgaben für die zu setzenden und zu befolgenden Bildungsprinzipien. Bildung soll den Menschen befähigen, sein Sach- und Selbstverständnis zu verbessern, seine Sozialkompetenz zu erhöhen, seine Handlungen situationsgerecht einordnen und bewältigen zu können. Weil für menschliches Tun stets anerkannt bleibt, daß in allen Lebensbereichen und für alle Lebensweisen Wollen, Denken und Handeln eine ganzheitliche Einheit darstellen, darf Bildung nicht einseitig qualifizieren. Eine normativ geleitete Theorie betrieblicher Arbeit und Bildung – auch die hier vorgelegte – bezieht in ihr Aussagesystem das Prinzip der Ganzheitlichkeit ein und erhebt es als Wertprämisse zur Maxime des Lehr- und Lernhandelns und des Arbeitens.

3.2.6 Zweck an sich und zu setzender Zweck

Bildung besitzt in anthropologisch-personaler wie objektiv-kultureller Betrachtung den axiomatischen Charakter einer „Wertwesenheit",[35] sie ist stets ein Wert an sich. Ohne Bildung bleibt dem Menschen wesensgemäßes Sein versagt. Bildung vollzieht sich als Werterlebnis, als ein jeweils wertender Akt, in dem eine Wertwesenheit gegenwärtig ist. Mit dieser Zweckimmanenz jeder Bildung und damit auch der betrieblichen Bildung korrespondiert als bewußte Zwecksetzung der teleologische Bezug der Bildung.

Als Zielkomponente sind die vom Mitarbeiter selbst gesetzten Zwecke und die an sein Bildungshandeln von außen gerichteten Forderungen systematisch aufzuarbeiten. Dabei sind sowohl die Rangskala der Werte als auch die Zweck-Mittel-Beziehungen der Werte untereinander und das Verhältnis der zwecksetzenden Instanzen – Mitarbeiter, Betrieb, Umwelt – darzustellen. Bildung ist ebenso als Mittel zum Erreichen anderer Zwecke legitim. Dieser Nützlichkeitswert der Bildung mag insbesondere im Bereich betrieblicher Bildung sogar so vordergründig erscheinen, als ob ein Überbetonen der Utilität gegeben sei. Es lohnt schon deshalb, diesen Aspekt aufzugreifen, weil alle Bildung – auch die betriebliche – pädagogisch zu begründen ist, darf doch Bildung nicht einseitig ausgenutzt werden, sondern hat allseitig zum Wohl des einzelnen und der Gemeinschaft zu erfolgen.[36]

Bildung zielt auf die Befähigung der Mitarbeiter, die Arbeit im Betrieb anforderungsgerecht leisten zu können. In Zukunft sind Arbeit und Beruf noch stärker als bisher von den humanen und sozial wichtigen Prinzipien, von Solidarität, Subsidiarität und Demokratie, geleitet. Ein wissenschaftstheoretisches Reflektieren über Sinn und

---

[35] Wertwesenheit verdeutlicht den objektiv gegebenen, den „von allen durch Raum, Zeit und Individualität bedingten Zufälligkeiten der ‚Wertperspektive'" befreiten Wert gemäß „ihrem adäquat und allgemein erfaßten Gehalt" (Spranger 1921, S. 282 und 285).

[36] Horkheimer spricht vom Nutzwert und vom Eigenwert der Bildung (1970, S. 59), und somit orientiert sich auch Berufserziehung nicht ausschließlich an Bedarfszielen des Betriebes und der Volkswirtschaft, sondern ist auf allgemeine Menschenbildung hin angelegt. Die Gefahr des Punktualismus, „zu dessen Trägern führende Männer der Verwaltung und der Wirtschaft selbst gehören", hat Welter (1953), S. 348) eindringlich warnend herausgestellt. Noch strenger urteilt Friedmann, der vom „Wahnwitz der zweckgerichteten Bildung" spricht (1953, S. 259).

Wert der zunehmend technisierter und komplexer werdenden Arbeit hat im Interesse erleichternder Komplexitätsreduktion axiomatisch und prinzipiengeleitet zu erfolgen. Die dann gefundenen Regeln dienen dem Verstehen und Bewältigen der komplexen Berufs- und Arbeitswelt.

3.2.7 Mittleres Abstraktionsniveau als Ziel

Das Gesamt der Hypothesen und Axiome, der Prinzipien und Maximen für pädagogisches Handeln bleibt in dieser Theorie betrieblicher Arbeit und Bildung als „Modell" auf die definierte zeitliche, räumliche, inhaltliche und personale Reichweite beschränkt und oszilliert auf einem mittleren Realitäts-Abstraktionsniveau.[37] Darin liegen Vorteile.

3.2.7.1 Geltungsreichtum und Inhaltsleere

Universell gültige Aussagen mögen zwar die Gesamtheit aller denkbaren Sachverhalte einschließen, leiden als idealtypische Aussagesysteme jedoch am fehlenden Praxisbezug. Geltungsreichtum korrespondiert mit Inhaltsarmut, und eine Theorie leistet zu wenig, wenn sie sich in der vielschichtigen Realität der betrieblichen Bildungspraxis verliert; dann korrespondiert der Inhaltsreichtum der Kasuistik mit Geltungsarmut der Theorie. Dagegen gewährleisten grundlegende Aussagen mittlerer Reichweite intersubjektiven Nachvollzug und erlauben die Anwendung des Theoriegefüges in ausreichend großer Bildungspraxis (Übersicht 1). Allgemeine Werturteile, Setzungen, Prinzipien und Maximen aus mehreren Grundwissenschaften sind in das Aussagesystem dieser normativen Theorie der betrieblichen Arbeit und Bildung zu integrieren.

Übersicht 1: Das Theorie-Praxis-Kontinuum betrieblicher Bildung

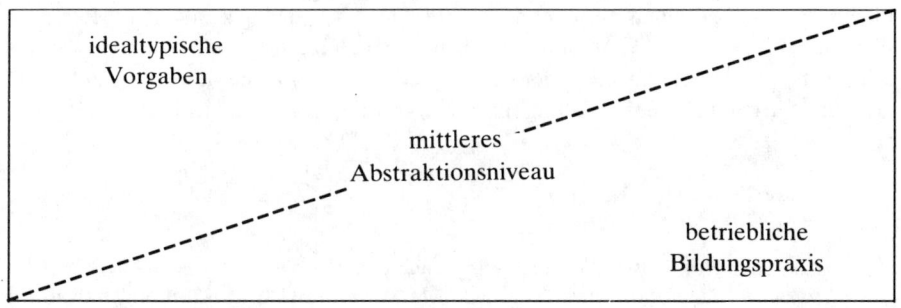

idealtypische
Vorgaben

mittleres
Abstraktionsniveau

betriebliche
Bildungspraxis

---

[37] „Modelle sind Gedankenexperimente, welche die Realität bestätigt (verifiziert) oder nicht (falsifiziert) ... Die Entscheidung für ein bestimmtes Denkmodell stellt einen normativen, also wertenden Akt dar" (Dörschel 1972, S. 21f.). Modelltheoretische Pädagogik nimmt bewußt den Zusammenhang von Tatsachen (Realität) und Entscheidungen (Normativität) methodologisch in ihr Aussagesystem auf und führt damit den pädagogisch-empirischen Erkenntnisprozeß mit der pädagogisch-normativen Wertung zusammen. Dies hat methodologisch begründet und in nachvollziehbarer Unterscheidung zwischen Tatsachenfeststellung und Werturteil zu erfolgen.

Im Lehr- und Lernhandeln der betrieblichen Bildung stecken bildungsrelevante Grundaussagen aus Philosophie, Anthropologie, Psychologie, Soziologie, Wirtschaftswissenschaften und aus der allgemeinen Erziehungswissenschaft. Die Gültigkeit der von dort übertragenen Werturteile, Prinzipien und Handlungsmaximen ist nun auch für den berufspädagogischen Raum nachzuweisen, und aus den allgemeinen Grundaussagen ist zu formulieren, was bildungsrelevant bedeutsam ist. Mithin bestimmen zwei Aspekte das Theoriegebäude: Tatsachen und Werturteile. Pädagogik und Arbeitswissenschaft als normative Wissenschaften vermitteln nicht nur Kenntnisse vom Arbeits- und Bildungsgeschehen (Tatsachenaspekt), sondern verlangen Einsicht in den Sinn und in das Verstehen des Zwecks von Arbeit und Bildung. Erst wenn von den Inhalten her der Bedeutungszusammenhang beider klar geworden ist, können Überlegungen folgen, wie Arbeit und Bildung diesem Sinngefüge entsprechend organisiert und durchgeführt werden sollen.[38]

3.2.7.2 Wissen als begründetes Wissen

Bildung führt den arbeitenden Menschen nicht nur in neue Bereiche des Wissens und Könnens, sondern auch des Verstehens. Für die Gegenwart mehren sich die Klagen, daß Bildung in Schule und Betrieb zwar immer mehr Faktenvorräte aufhäuft, die Frage, „Wem dient und wem nutzt Bildung?", jedoch nicht hinreichend beantwortet. Solche Forderungen nach Antworten auf die Sinnfrage der Arbeit und der Bildung werden sich künftig noch verstärken. Um in der komplizierten und wandlungsintensiven Berufswelt in Zukunft „richtige" Wege von „falschen" Wegen des individuellen und kollektiven Fortschreitens besser unterscheiden zu können, bedarf es zunehmend der kompetenten und intensiven Beschäftigung mit dem Humanwert der Arbeit.

Zur kognitiven Bewältigung von Welt muß die normativ-wertende Betrachtungsweise[39] zur Explikation von Betrieb und betrieblicher Bildung notwendigerweise hinzutreten. „Die Verarbeitung realer Normen führt zu einer wertfreien, diejenige idealer Normen zu einer wertenden Wissenschaft".[40] Pädagogik, als dem Menschen dienende Wissenschaft, kann und darf nicht lediglich realwissenschaftlich-positivistische Tatsachenforschung betreiben. Pädagogik muß für den Menschen und seine „richtige" Erziehung und Bildung Partei ergreifen. Das gilt nicht minder in der

---

[38] „Wissen realisiert sich als begründetes Wissen nur, wenn es sich als notwendig dartun, d. h. aus Prinzipien rechtfertigen kann. Da die logische Norm ein Relationsbegriff ist, hat sie ihren Sinn nicht in sich selbst; vielmehr kann sie als Norm allererst in der ‚Anwendung', im Verhältnis zu demjenigen, für das sie Norm ist, begriffen werden" (Pieper 1973b, S. 1014).

[39] Staehle sieht die Notwendigkeit normativ-wertender Wissenschaft für den Bereich der Organisation und Führung von Betrieben und definiert (1973, S. 3): „Unter normativem Vorgehen verstehen wir das Einbeziehen einer normativ-wertenden Betrachtungsweise, die im Gegensatz zur praktisch-normativen aus einer philosophischen Wertlehre (hier: dem sozialen Personalismus) Sondernormen für den Bereich der Organisation und Führung soziotechnischer Systeme ableitet."

[40] Meyer 1978, S. 3.

Betriebspädagogik[41] und in der Arbeitspädagogik.[42] Anerkennung des Normativen als begründende Ableitung von Bildungszielen aus generellen humanen Werten hat in der Pädagogik Tradition, „auch in der Wirtschaftspädagogik stand am Anfang die Zielforschung".[43]

Langeveld wendet die Einheit von Normativem und Empirischem – die Norm und das, wofür sie Norm ist – ins Pädagogische, weil „die Einheit der Tatsachenfeststellung und der Richtungsbestimmung ... gerade für das, was man eine ‚praktische Wirtschaft' nennt, wesentlich"[44] ist. Dabei gewinnt für ihn die Einschränkung auf nur das Bereitstellen von Möglichkeiten zu weiterer Entfaltung der Person Bedeutung, indem pädagogische Normen nicht sanktionsbewährte Imperative,[45] sondern der freiwilligen Annahme überlassene Angebote bedeuten. Solche Bildungsmöglichkeit nimmt der Mitarbeiter nach Beurteilung der individuellen und betrieblichen Zwecke freiwillig an oder lehnt sie als für ihn nicht sinnvoll ab.

3.2.8 Dialektik zwischen Tradition und Restrukturierung

Normen, die absolut formuliert sind, würden demgegenüber dem Prinzip der Freiheit keinen Spielraum lassen, um in pflichtbewußtem Abwägen so zu handeln, wie der einzelne handeln will. Den hohen Stellenwert von Normen als Maßstäbe pädagogischen Handelns hat auch Bokelmann anerkannt. Er betont das Sowohl-als-auch idealgesetzter und tatsächlich vorgefundener Normen für das Erziehungsgeschehen: „Pädagogische Normen sind solche, ... die eine ‚ideale' Einstellung zur Erziehung ausdrücken, und solche, die in der Erziehung tatsächlich vorgefunden werden".[46] Solche Sinn-Normen und Sach-Normen, wie er sie nennt, schließen als „gemeinsam anerkannte Maximen"[47] das denkende Apriori und das sich vollziehende konkrete Bildungshandeln im Sinn einer pädagogischen Situationstheorie[48] in den wissenschaftlichen Erklärungsprozeß ein.

---

[41] „Das geschieht mit Hilfe normativer Forschung ... auch für die Betriebspädagogik" (Dörschel 1975b, S. 53).

[42] Es ist „über die Möglichkeit der Freiheit in der Arbeit des Menschen mehr Klarheit" zu schaffen (Dörschel 1972, S. 88).

[43] Peege 1967b, S. 151. Hierfür gibt es in großer Zahl zustimmende Äußerungen, z.B. Röhrs: „Erzieherische Wirkungszusammenhänge sind immer ausgerichtet auf Ziele und getragen von Wertvorstellungen" (1973, S. 47).

[44] Langeveld 1966, S. 165.

[45] „Wer sie nicht befolgt, setzt sich ... unerfreulicher Ermahnungen aus" (Lorenzen 1978, S. 27).

[46] Bokelmann 1965, S. 32.

[47] Lorenzen 1978, S. 26.

[48] In eine pädagogische Situationstheorie fließen die „empirisch bestätigten Hypothesen über die Zusammenhänge zwischen Entscheidungssituation, Gestaltungsalternativen und Gestaltungskonsequenzen" ein, es „werden innovative Entscheidungen erforderlich" (Staehle 1973, S. 64).

Übersicht 2: Zusammenhang normativer und empirischer Erkenntnisprozesse

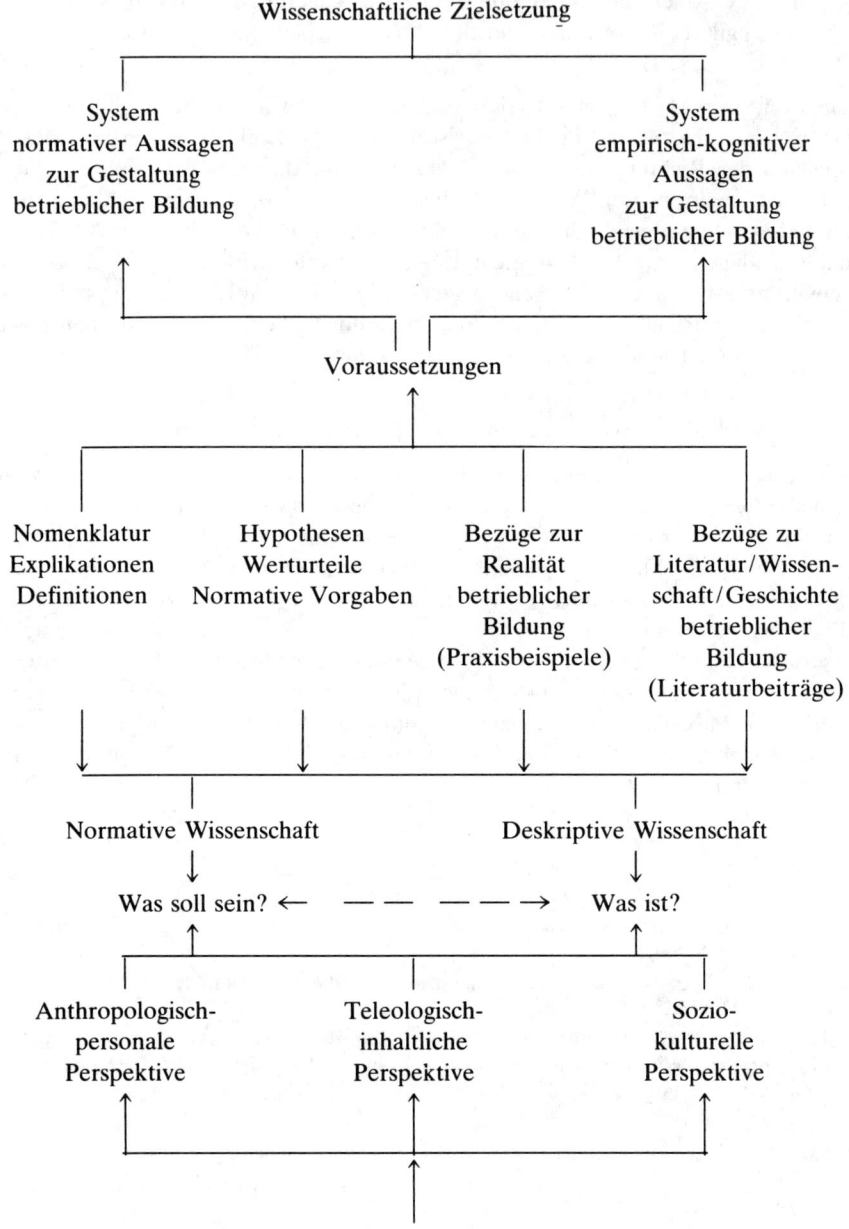

Die Berücksichtigung beider Konstruktionskriterien stellt das Bildungsgeschehen in den jeweiligen historisch-kulturell gegebenen pädagogischen Handlungszusammenhang (Tradition) und ermöglicht in konstruktiv denkender Reflexion die Restrukturierung pädagogischer Direktiven.[49] Dieses wissenschaftsmethodische Arbeitsprinzip der Dialektik zwischen Tatsachen und Werturteilen, zwischen Konkretem und Abstraktem ist nachstehend auch hier aus der Übersetzung heraus anerkannt, daß nicht Verzicht auf Werturteile, sondern bewußtes Beurteilen der Möglichkeiten und der Realität der Wissenschaft Fortschritte bringt (Übersicht 2). Es ist Bokelmann zuzustimmen: Pädagogische Normen sind „nie stimmig gegeben", pädagogisches Handeln hat „an sich selbst eine konflikthafte Struktur, die notwendig zu permanenten Reformen zwingt".[50]

---

[49] Zusammenschau des Normativen und des Empirischen ist als wissenschaftliches Vorgehen nicht unumstritten, ähnlich der Zusammenschau von Politischem und Sozialem: „Viele Sozialwissenschaftler ... wittern in ihr eine Widerspiegelung jener Konfusion von Tatsachen und Werten, dem Empirischen und dem Normativen, die die wissenschaftliche Fortentwicklung des Studiums von Gesellschaft und Politik angeblich behindert hat" (Bernstein 1979, S. 25).

[50] Bokelmann 1965, S. 37 (2 Zitate).

4. Aspekte betrieblicher Arbeit und Bildung

4.1 Explikation des Begriffes Arbeit

Arbeit kennzeichnet ein dem Menschen ureigenes Phänomen. Ohne Arbeit wäre er – gleich anderen Lebewesen – in seiner Lebensweise vorherbestimmt. Erst Arbeit als bewußtes transzendierendes Planen und Ausführen lebenserfüllender Tätigkeiten[51] hebt den Menschen in sein humanes So-sein und entbindet ihn von der Fessel ausschließlich artspezifischer Anlage und Prägung.

Trotz dieser dem menschlichen Wesen eigenen Grundbefindlichkeit des Arbeitens hat es der Mensch zu keiner Zeit leicht gehabt zu bestimmen, ob für ihn Arbeit gut ist und damit Segen bedeutet oder ob Arbeit Fluch und deshalb schlecht ist. Die Inhalte des Begriffes Arbeit sind im Lauf der Entwicklung der Menschheit immer wieder umgedeutet worden. Obwohl Arbeit, sagt Riedel, in gewisser Weise das Fundament der menschlichen Kulturen darstellt, „obwohl der Mensch also immer schon erfahren hat und erfährt, was sie ist, haben die zahlreichen Versuche, zu einer einsichtigen begrifflichen Gliederung zu gelangen, wenig Klarheit gebracht".[52]

Hier soll zur begrifflichen Vielfalt kein weiterer Erklärungsversuch hinzutreten. Doch eine genauere Vorstellung vom gegenwärtigen und eine hinreichend genaue Annahme über den zukünftigen Inhalt dessen, was Arbeit ist, worauf folglich betriebliche Bildung vorbereitet, bleibt ein wichtiger Baustein jeder Theorie betrieblicher Arbeit und Bildung. Die Kapitelüberschriften deuten bereits auf das unauflösbare Interdependenzverhältnis von Arbeit und Bildung hin. Arbeit ist als lernender Vollzug instrumentale Voraussetzung von Bildung, wie umgekehrt brauchbare Arbeit stets den schon gebildeten Menschen als Vollbringer voraussetzt. Das Verhältnis ist unauflösbar gegeben, daher auch analytisch nicht leicht trennbar. Der wortspielartige Wechsel der Dominanz von zunächst Arbeit (Kapitel 4) und dann Bildung (Kapitel 5) verweist auf die realiter nicht lösbare Bindung der beiden Phänomene.

4.1.1 Arbeiten „dürfen" und arbeiten „müssen"

In der Arbeit liegt, das zeigen etymologische Untersuchungen,[53] für den Menschen durch alle Zeiten und alle Kulturen hindurch eine ambivalente und oft antagonistische, eine dauerhaft gegebene Aufgabe. Wie ein roter Faden zieht sich das Spannungsverhältnis zwischen „arbeiten müssen" und „arbeiten dürfen" durch die menschliche Geschichte. Gegensätzliche Standpunkte bestimmen in hohem Maß auch die gegenwärtige Diskussion um Arbeit und Arbeitslosigkeit.[54] Die Gesellschaft der Gegenwart ist aus dieser Sicht in zwei Klassen geteilt, jene ohne und jene mit Arbeit. Der Zugang zu betrieblicher Arbeit ist vielen verwehrt, ohne daß damit

---

[51] Ähnlich hat Abraham (1966, S. 122) für die Berufserziehung Jugendlicher Beruf und Arbeit transzendental verknüpft.

[52] Riedel 1973, S. 126.

[53] Vgl. Weinstock 1954, S. 7–33 und S. 80–104.

[54] Vgl. z. B. aus der Sicht des DGB Engelen-Kefer 1983, S. 9–13; aus der Sicht der Arbeitgeber Fischer 1983, S. 15.

zugleich das elementare menschliche Bedürfnis nach Selbstverwirklichung durch Arbeit schwindet. Arbeitsfähige Menschen, die ohne Arbeit bleiben, leiden darunter, weil ihnen eine wesensmäßige Chance zu humaner Daseinsgestaltung fehlt. Diese Lücke weitet sich, wenn keine Gelegenheit zu nichtbetrieblicher Arbeit, zur Eigenarbeit besteht, zu einem allgemeinen Empfinden. Ein solcher Mangel aus versagter Arbeit ist – weil wesensmäßig – allen betroffenen Menschen gemein, unabhängig von der Offensichtlichkeit der Entzugserscheinungen wie Alkohol und Drogen, Vandalismus und Jähzorn, Apathie und Aggression.

Ohne Arbeit nimmt der Mensch Schaden an Herz, Hand und Verstand.[55] Es ist ein gehöriger Trugschluß, Sublimierung versagter Arbeit sei durch Beschäftigung möglich. Beschäftigungen fehlt der der Arbeit eigene transzendierende Sinn, Arbeit vollbringt der Mensch um der ihr innewohnenden und um der gesetzten Zwecke willen. Beschäftigung dagegen genügt sich selbst. Sie erfolgt ohne die über sie hinausweisende Zwecksetzung,[56] sie endet, „wenn die Lust zum Tun aufhört, gleichgültig, ob ... die Aufgabe erfüllt ist oder nicht".[57] Arbeit weist stets auf den Menschen zurück. Er erfährt sie als mühevolles Tun zur Sicherung seiner materiellen Existenz, schafft sich mit Arbeit darüber hinaus jedoch den Freiraum zur Verwirklichung seines potentiellen Seins im Dasein.

Daher geht es im Bildungsprozeß „um den Erwerb von Kenntnissen und Fertigkeiten, die jeden einzelnen in den Vollbesitz seiner Kräfte gelangen lassen";[58] wer alle ihm möglichen Gelegenheiten zum Erwerb von Befähigung nutzt, erlangt die ihm angemessene Bildung.

4.1.2 Humaner Zweck der Arbeit

Arbeit ist dem Menschen stets existentieller Teil des Lebens. Es darf deshalb kein Eingrenzen dieser humanes Dasein ermöglichenden Betätigung auf lediglich Erwerbsarbeit geben.[59] Vielmehr muß Arbeit so organisiert sein, daß sie einerseits zum humanen Zweck an sich wird und andererseits bewußt auch außerhalb des Tätigseins gesetzte Zwecke erreichbar macht. Arbeit erfaßt den Menschen ganz. Sie bedarf, um sinnvoll vollzogen zu werden, der Aktivierung der Seinsbereiche des Wollens, Denkens und Handelns in ganzheitlicher Lebensäußerung. Arbeit verlangt motorische, kognitive und affektive Leistung.

Aus solcher ganzheitlichen Auffassung menschlicher Daseinsführung heraus ist die von Schmale gegebene Definition für Arbeit zu unterstreichen; er nennt Arbeit die

---

[55] Der Mensch wird dann „erfahrungsgemäß auch an Leib und Seele verkümmern" (Weddigen 1951, S. 74).

[56] Beschäftigungstherapie meint Arbeitstherapie; ansonsten könnten Kranke, denen es an Selbstwertgefühl mangelt, etwa aus fehlender Anerkennung in der Arbeit und nachfolgendem Leistungsabfall mit Statusverlust heraus, arbeitend und dabei sinnentdeckend nicht gesunden.

[57] Schlieper u. a. 1964, S. 29.

[58] Ballauff 1970, S. 9.

[59] Vgl. Marx 1962, S. 142.

„vom Menschen bewußt intendierte Veränderung der Natur zum Zwecke der Schaffung optimaler Lebensbedingungen unter Einsatz psycho-physischer Kräfte und unter Zuhilfenahme technologischer Energien und Mittel".[60]

Dieser Definition zufolge nimmt der Mensch die Welt so wahr, wie sie ist (Informationsaufnahme), und er denkt die künftige Welt so, wie er sie haben will (Informationsverarbeitung); er gestaltet sie schließlich so um, wie sie seinen Zwecken entspricht (Informationsabgabe). Diese Trias des Wollens, Denkens und Handelns bildet in ganzheitlicher Auffassung vom Menschen die Einheit, der auch die Arbeit – besser: gerade sie – in humaner Absicht gehorchen muß: Das Arbeiten, so hat Weinstock mit Recht gefolgert, „darf also nicht ‚blind‘ geschehen, sondern muß sich selbst begreifen, wenn es den Menschen humanisieren soll".[61]

4.1.3 Arbeit als Selbsterfahrung

In der Arbeit und durch die Arbeit erfährt der Mensch seine umfangreiche Humanität des Seins: Existenz, Identität, Prädikation. Er durchlebt arbeitend immer wieder erneut die Sorge und das physische und psychische Dasein. Fortgesetzt bemüht er sich um sein Wohlbefinden in der Arbeit und durch sie. Angst als existentielle Kategorie grasiert in der Gegenwart als beklemmendes Gefühl drohender Arbeitslosigkeit und manifestiert sich bei vielen Menschen zur konkreten Furcht vor dem Verlust des Arbeitsplatzes und vor den damit verbundenen negativen Folgen. Die jeweils historisch konkreten Gegebenheiten der Berufs- und Arbeitswelt wirken auf den Menschen ein, sie erzeugen Angst und Hoffnung, Freude und Ratlosigkeit, Zustimmung und Ablehnung, Aktivität und Passivität. Über Freude oder Unlust, Angst oder Zuversicht in der Arbeit entscheiden die jeweils individuelle Arbeitslage, der Zugang, der Vollzug und die persönliche Bewertung der Arbeit.

Der einzelne gewinnt aus der Besonderheit des eigenen Seins und der Einmaligkeit seines Strebens die individuelle Daseinsform, die Freiheit und Verantwortung, nach eigenem Wollen und Können zu arbeiten. Deshalb gehören über Kenntnisse und Fertigkeiten hinaus eigene Arbeitserfahrungen zum Bildungsgehalt von Arbeit.[62] Im individuellen Arbeitsvollzug entäußert sich das Dasein zum konkreten So-sein. Es ist die Arbeit, die als Prädikation Auskunft über den seelischen, geistigen und körperlichen Zustand des Arbeitenden gibt. Das Ergebnis, die geleistete Arbeit, zeichnet den Menschen dann als Fachmann, Meister, Organisationstalent, Führer aus.

4.1.4 Wandel in der Arbeit

Bewertungen von Arbeitsvollzug und Arbeitsergebnis wandeln sich im Zeitablauf; diese gewinnen an Wert, jene büßen ihren individuellen Wert und ihr gesellschaftliches Ansehen ein. Arbeit ist vom Bewußtsein, von Ratio geleitetes Tun, „ein Spezialfall geplanten (‚überlegten‘, ‚gewollten‘) Handelns".[63] Wenn der Mensch seine

[60] Schmale 1983, S. 47.
[61] Weinstock 1954, S. 124.
[62] Vgl. Bunk 1982, S. 15.
[63] Riedel 1973, S. 138.

Arbeit bewußt plant und ausführt, schließt sie auch stets Selbständigkeit im Sinn von Michel ein: Niemand will „von der rationalen Übermittlung der ‚höheren Zusammenhänge‘ her den Sinn für seine Tätigkeit empfangen, sondern als Auftrag einer Gemeinschaft aus Fleisch und Blut, deren Glied er ist".[64] In personaler Freiheit seine Arbeit als Beitrag zur gemeinschaftlichen Leistung vollbringen, das gibt der Arbeit ihren großen Wert. Betriebliche Arbeitsorganisation hat diese anthropologischen und sozialen Grundbedingungen der Selbständigkeit, der personalen Freiheit und der Bezugnahme auf die Mitmenschen zu berücksichtigen.

Arbeit würde, rein ergonomisch betrachtet, aus falsch verstandenem Ökonomismus[65] zum bloßen Produktionsfaktor degradieren, sie wäre lediglich Input in ein oft undurchschaubares System der Produktion und Verteilung von Gütern und Diensten. Der „Wert" solcher Arbeit besteht im bewerteten Verzehr des Faktors Arbeit zur Erstellung betrieblicher Leistungen als nur ökonomischer Wert, als Ergebnis zwischen Arbeitseinsatz und Arbeitsertrag. In einem solchen streng ökonomischen Sinn ist Arbeit zwar als optimale Veränderung der Natur zum Wohle des Menschen notwendig, bleibt jedoch einseitig und inhuman.[66] Im umfassenderen Sinn umschließt Arbeit die über die wirtschaftlich notwendige Erwerbstätigkeit hinausreichende gestaltende Auseinandersetzung des Menschen mit Natur und Technik. Der Mensch bringt sich in den Arbeitsprozeß als Individuum ein, er erkennt im Ergebnis seiner Arbeit seine Individualität wieder.

Nur dann führt Arbeit zur Humanität, wenn die Prinzipien und Axiome humanen Daseins in und durch Arbeit anerkannt und durch Bildung in ihr Recht gesetzt werden. Weder gibt es Arbeit ohne Bildung noch Bildung ohne Arbeit. Will der Mensch Humanität erhalten und sie für sich erweitern, muß er sich lernend intensiv um eine humane Arbeitswelt bemühen.[67]

---

[64] Michel 1953, S. 234.
[65] Vgl. Ökonomismus als z. B. angewandte Betriebswirtschaftslehre (H. Hax) oder als Theorie rationalen Wirtschaftens (T. W. Hutchison). Beide sehen die Zielsetzung ökonomischen Handelns nicht in außerhalb der Wirtschaftswissenschaft gesetzten Zielen, sondern die Verfechter des Ökonomismus wollen „nach autonom ökonomischen Normen Ziele des wirtschaftlichen Handelns setzen und bewerten". Damit sind der homo oeconomicus idealtypisch postuliert sowie eine Separierung und Sequenzierung menschlicher Lebensäußerung proklamiert. Diese Einschränkung ist allerdings aus zwei Gründen unzulässig: Erstens denkt und handelt der Mensch stets ganzheitlich, niemals einseitig; zweitens wirtschaftet der Mensch nicht aus bloßer wirtschaftlicher Absicht, sondern in hohem Maße, um außerwirtschaftliche, z. B. kulturelle Ziele zu erreichen (Katterle 1964, S. 37); vgl. auch die dort zahlreich genannte Literatur.
[66] Es sei nochmals an Hax erinnert (1961, S. 658): „Nun ist es aber nicht so, daß der arbeitende Mensch im Betrieb lediglich Mittel für fremde Zwecke ist. Der Arbeiter dient mit dem Einsatz seiner Arbeitskraft doch auch seinen eigenen Zwecken, und je mehr Möglichkeiten man ihm in dieser Richtung eröffnet, desto ‚menschlicher‘ wird die Atmosphäre des Betriebes".
[67] „Arbeit bildet und läßt Bildung erlangen" (Ballauff 1970, S. 9).

4.1.5 Arbeit und Muße

Arbeiten entstammt dem wesensimmanenten menschlichen Bedürfnis nach Tätigsein; sie ist dem Leben Zweck an sich. Als planvolles und zielgerichtetes Handeln ist Arbeit stets auch dem Menschen Mittel zum Erreichen der von ihm gesetzten Zwecke. Demnach ist Arbeit dem Menschen zweifach bedeutsam,[68] als „am Werk sein" (prozessualer Bezug) und als „fertiges Werk" (finaler Bezug). Arbeiten als zweckerfüllendes und zweckerfülltes Tun sind die beiden bildungsrelevanten Aspekte der Arbeit, die Schmale als gewissermaßen die zwei Seiten einer Medaille gekennzeichnet hat.[69]

Der Mensch arbeitet auch, um Muße zu haben. Er ist in der Arbeit aktiv und tätig, in der Muße auf sich bezogen, zurückhaltend und nachdenklich. Muße ist notwendig, um die zahllosen Eindrücke des Arbeitsalltags in ordnendem Nachdenken, in sinnvollem Bedenken für sich und die eigene Persönlichkeit reflektieren zu können. Muße ist „ein Privileg unbeengten Lebens"[70] und nicht auf wirtschaftliche oder andere nützliche Ziele gerichtet, sie ist in sich genügsam, sie hilft dem Arbeitenden, sich und sein Menschsein als Ziel an sich zu sehen und dazu in Gedanken und Gesprächen festzuhalten, was die bereits getane und die nachfolgende Arbeit zu diesem Selbstfindungs- und Selbstverwirklichungsprozeß beitragen.

Muße schützt den Menschen vor der Gefahr körperlicher, geistiger und psychischer Überforderungen aus Arbeit. In Muße, Arbeit und Bildung steckt eine Trias elementarer Lebensbedürfnisse. Würde Bildung zum Büttel der Arbeit, zerstörte Arbeit die Muße. Die Gegenwart sieht diese Zusammenhänge zu wenig, sie neigt zu Extremen statt zu gedeihlichem Miteinander der das Leben erhöhenden Elemente Muße, Bildung und Arbeit; Muße trägt zur Versöhnung von Arbeit und Bildung bei.[71]

Diskussionen um eine weitere Kürzung der Wochenarbeitszeit müssen die Notwendigkeit berücksichtigen, daß Lebensverbesserung erst erreicht ist, wenn die von einem Stück Arbeitszeit entbundenen Menschen den gewonnenen Freiraum als sinnbestimmten und werterfüllten, als kontemplativen und aktiven Nutzungsraum begreifen. Werden bisher arbeitende Menschen in ein sinnleeres Vakuum zusätzlicher Freizeit entlassen, wird ihre persönliche Freiheit kleiner statt größer. Freizeitproduzenten füllen das Beschäftigungsvakuum schnell mit Pauschalangeboten aller Art, denn „der Passive ist ohne die anderen, die für ihn agieren, undenkbar".[72] Befehle, Regularien, Tabus und Bevormundung solcher Massenfreizeit entfremdet den Menschen ebenso stark von sich selbst, wie zuvor eine monotone und unerfüllte Arbeit Selbstfindung verhindert hatte. Der Unterschied zwischen beiden Übeln liegt

---

[68] „Der Mensch kann nur als tätiges, werdendes Wesen verstanden werden" (Sperber 1981, S. 79).

[69] Vgl. Schmale 1983, S. 36.

[70] Adorno 1973, S. 33.

[71] Vgl. Weinstock 1954, S. 137; später sagt er (S. 139): „Den Sinn für die Heilsamkeit der Muße hat aber der moderne Mensch in demselben Maße verloren, als seine Arbeit ihren Sinn aufgegeben hat."

lediglich darin, daß für Fern-Reisen und Fern-Sehen bezahlt werden muß, während monotone und stumpfsinnige Arbeit bezahlt worden ist.

Es sind also neue Einsichten und Verhaltensweisen, neue Formen und Inhalte der Arbeit notwendig, um Freizeit und Arbeit in Zukunft sinnvoll zu gestalten. Friedmann spricht von „la double formation, humaine et technique".[73] Als falsche Fragestellung bezeichnet von Hentig dagegen die Suche, „wie man die abnehmende gesellschaftliche Tätigkeit, genannt ‚Beruf‘, durch einen zunehmenden Aufwand an privater Tätigkeit, genannt ‚Freizeitverhalten‘, ersetzt".[74]

4.1.6 Arbeit als Privileg

Die enge Verbindung von Arbeit und Bildung bewirkt zweierlei: Bildung (Ausbildung, Weiterbildung) entscheidet in zunehmendem Maß über individuellen Zugang und individuelles Fortkommen im Beruf. Sicherheit des Arbeitsplatzes verlangt künftig mehr als bisher, immer wieder die Inhalte der aktuellen Tätigkeit durch Weiterbildung zu aktualisieren und zu erweitern. Mitarbeiter, die auf Weiterbildung verzichten – diese Freiheit bleibt dem einzelnen unbenommen –, werden häufiger als in der Vergangenheit ihren Arbeitsplatz verlieren. Damit wird Weiterbildung zur Markscheide zwischen den bereits genannten zwei Klassen: jenen Menschen, die dank ihrer Qualifikation arbeiten dürfen, und jene, die es aufgrund fehlender Qualifizierung nicht dürfen.

Arbeit erhält bei den sich fortsetzenden technischen Neuerungen und bei weiterschreitender Rationalisierung aller Arbeitsbereiche Privilegierungsrang für einen immer kleiner werdenden Bevölkerungsteil. Das System der Arbeitsgesellschaft schafft sich selbst ab. Als totalen Erfolg bezeichnet Dahrendorf ironisch die Verkehrung der Fronten als sichtbar werdendes Ergebnis der Entwicklung: „Die früher nicht arbeiten mußten, sind nun zu denen geworden, die noch arbeiten dürfen, während die, die früher arbeiten mußten, nicht mehr arbeiten können".[75]

Arbeit als Erwerbstätigkeit wird einer wachsenden Zahl Menschen verwehrt. Im Sprachgebrauch der Gegenwart sind sie arbeitslos. Der Erwerb wird zur Alimentation derer, die keine Arbeit mehr haben, durch jene, die noch in Arbeit stehen. Die Arbeitslosen – so die einen – seien im sozialen Netz weich abgefedert, Arbeitslosigkeit – so andere – würde die Betroffenen in ein Freigehege bezahlter Untätigkeit sperren. Arbeitslosigkeit als versagte Erwerbstätigkeit ist ein unmenschlicher Zustand gesellschaftlich verordneter Muße. Muße ohne Arbeit markiert als „Arbeitsgesellschaft in Liquidation" unerfülltes Dasein.

---

[72] Sperber 1981, S. 233.
[73] Friedmann 1950, S. 277. Die Übersetzung durch Lutz als „Forderung nach einer doppelten, allgemeinmenschlichen und technischen Bildung" (Friedmann 1953, S. 235) entspricht der von Abraham für die zwischen education und formation: Education bedeutet dem Franzosen zweckfreie Erziehung, formation eine Erziehung, die zugleich Bildungs- und Nützlichkeitswert anstrebt (Abraham 1970, S. 19).
[74] von Hentig 1973, S. 161.
[75] Dahrendorf 1982, S. 44.

Demgegenüber ist festzuhalten: Arbeit bleibt für das menschliche Leben grundlegend, unauflöslich ist sie mit dem Leben verbunden, und zwar durch das gesamte Leben hindurch.[76] An dieser das Dasein bestimmenden Bedeutung von Arbeit vermag auch gesellschaftliche Verweigerung von Erwerbsarbeit nichts zu ändern. Jenes elementare Bedürfnis ist dem Menschen konstitutiv und unauflöslich gegeben.

Arbeit zielt als humanes Tätigsein auf zweckbestimmte Leistung, ist final bestimmt. In ihrem Vollzug begegnet der Mensch den Mitmenschen, Arbeit läuft stets um anderer Menschen willen ab, sie ist sozial bestimmt.[77] Diese grundlegenden Momente der Arbeit sind in ihrer Bildungsrelevanz zu beleuchten.

4.2 Arbeit als Sinnerfüllung

Weinstock hat als Kernfrage für humane Arbeitswelt die Sinnfrage gestellt: „Hat die mechanisierte, rationalisierte, abstrahierte Arbeit unserer Zeit überhaupt einen Sinn, oder ist sie völlig sinnlos?"[78] Er formulierte aus der Sicht von 1954 die Antwort positiv: Die moderne Form von Arbeit stellt das Geistvollste dar, was Menschen bisher erdacht haben.

4.2.1 Die Einheit von Theorie und Praxis

Zur sinnvollen Arbeit in humanem Verständnis gehören die Einheit von Begriff und Anschauung sowie das Zusammenspiel von Erkenntnis und Erfahrung. Begriffe müssen den erfahrenen Lebensbereich Arbeit im Bewußtsein sinnvoll erschließen, damit er für die handelnde Person wirksam und fördernd werden kann. Lediglich Sinn theoretisch andienen, das genügt für humanes Tätigsein ebenso wenig wie bloße Anschauung. Der als dispositiver Zweck in Organisation und Technik versteckte Sinn von Arbeit muß den Beschäftigten wieder als Erkenntnis zugänglich werden, indem sich die mit dem Vollzug der Arbeit mögliche Erfahrung über deren operativen Zweck in inhaltsreicher, verantwortungsvoller und selbständiger Tätigkeit offenbart. Mittels Einsicht und Erfahrung in den Sinn und Zweck des Tuns soll sich den Beschäftigten ihre Arbeit wieder zum humanen Sinnganzen gestalten, denn erst Arbeit gibt dem Menschsein Gehalt.

Arbeit als humanes Tätigsein umschließt sowohl motorisches Streben nach Betätigung als auch intellektuelles Streben nach Erkenntnis. Streben ist von wertender Erfahrung geleitet,[79] Arbeit ist stets moralisch bewertet, und jeder Mensch hat

---

[76] Psalm 90: „Wenn's köstlich gewesen, so ist's Mühe und Arbeit gewesen."

[77] Vgl. Weinert 1981, S. 79f. Dieser Arbeitsbezug verringert sich jedoch, so beklagt Lempert, mit weiterschreitender technischer Entwicklung, deren Hauptmerkmal „Substitution sozialer durch technische Arbeitskontakte" sei (1971, S. 15).

[78] Weinstock 1954, S. 105; Arbeit lebt aus Sinnimmanenz und Sinntransparenz: Falls Sinn wirksam werden soll, muß er „einem Seinsbestand oder -bezug immer schon einwohnen, will indes vom Menschen erst herausgebracht und dann verwirklicht werden" (ebenda).

[79] Zum Streben, sagt Höffe (1974, S. 1423), gehört begrifflich mehr als Vorstellung und

moralische Ansichten.[80] Es ist der Mensch, der will und denkt, er vollzieht und verantwortet seine Arbeit. Diese ganzheitliche Leistung muß er lernen.

4.2.2 Aktivität und Kontemplativität

Arbeit schließt inneres und äußeres Tätigsein ein (actio et contemplatio). Als humanes Anliegen zielt sie auf die harmonische Ausbildung der wertvollen Anlagen des Gemüts, der Vernunft und der Motorik. Herz, Hand und Verstand sollen zum Wohle des Individuums und der Gemeinschaft ausgebildet, weiterentwickelt und in Arbeit nutzbringend und daseinserhöhend eingesetzt werden. Nun beanspruchen jedoch die mit der Industrialisierung einhergehende Segmentierung, Differenzierung und Separierung betrieblicher Arbeit den Menschen einseitig und vereinzelt ihn. Das Vorbestimmtsein von Arbeit durch die technische Apparatur entleert die Tätigkeit vieler Menschen von Selbständigkeit, Kreativität, Verantwortung und sozialer Bezugnahme. „Welchen Einfluß", fragt Schelsky, „nehmen diese Vorgänge auf den Lebensstil der Menschen, auf die Schichtung und Struktur unseres Gesellschaftsgefüges"?[81] Vorgedachte, vorgefertigte und vorprogrammierte Arbeit verlangt lediglich Ergänzung dort, wo es an technischer Intelligenz noch mangelt oder wo es vom Kostendenken her billiger ist, menschlicher Arbeit den Vorzug zu lassen.

4.2.3 Axiome als unbedingte Forderungen an die Arbeit

Arbeit ist in ihrer Bedeutung für den Menschen dreifach axiologisch bestimmt: physikalisch, ethisch und logisch (Übersicht 3). Arbeit verlangt vom Menschen aktives Auseinandersetzen mit der Natur, der eigenen und der ihn umgebenden Welt der Dinge und Erscheinungen. Arbeit bringt ihm Erfahrung über die Natur und ihre Gesetze im Sinn subjektiven Arbeitens; Arbeit begegnet dem Menschen zudem als formale naturwissenschaftliche Gesetzmäßigkeit im Sinn objektiver Gültigkeit. In ihrer physikalischen Dimension bleibt Arbeit empirisch-operativ stets an Erfahrung gebunden. Grundlagen, Grundbegriffe und Verfahren zum Erfassen der durch Arbeit geschaffenen Erscheinungen, Zustände, Strukturen und Eigenschaften sowie der diese Veränderungen bewirkenden Kräfte sind in der experimentellen Physik als einer empirischen Wissenschaft gesammelt und erklärt.[82]

Interesse: „Man kann nicht konsistent behaupten, jemand strebe, obwohl er nicht die Kraft hat, sich auf den Weg nach dem Erstrebten zu machen."

[80] Vgl. Robinson 1971, S. 119. Deren klare Darlegung, fährt Robinson fort, „gehört zur Berufsehre des Wissenschaftlers".

[81] Schelsky 1957, S. 11. Die Antwort gab Schelsky damals in Anlehnung an Bednarik negativ: Zu viele Menschen entwickeln statt dann möglicher Individualität Ersatzindividualität (ebenda, S. 17).

[82] Wird Arbeit als pädagogische Kategorie betrachtet, verbietet es sich, ihre Erscheinungen und Erfahrungen als Maßstab für ihre Richtigkeit, Gültigkeit und Humanität zu wählen: „Die normative Kraft des Faktischen ist in der Pädagogik als Sollenswissenschaft methodisch unzulässig." Mit dieser Feststellung hat Heitger Wirklichkeit und Erfahrung nicht diskriminiert, denn „Erfahrung soll so ernst genommen werden, daß man nach ihrer Ordnung fragt, um erfahren ... zu können" (1965, S. 230, 2 Zitate).

Allerdings zeigt gerade die Entwicklung des bürgerlichen Positivismus eine verengte Sichtweise der Arbeit als bloße Möglichkeit des Verfügbarmachens der realen Wirklichkeit. Was ist, wird in der materialistischen Denkweise des Produzierens und Konsumierens „ihrer transzendenten Dimension beraubt".[83] Der Wert der Arbeit hängt für den Menschen aber immer entscheidend davon ab, was sie an Sinnerfüllung über das rein Utilitäre hinaus bietet.[84]

In ihrer ethischen Dimension erfährt Arbeit als handelnde Auseinandersetzung mit Natur und Welt ihre Rechtfertigung oder ihre Ablehnung. Ethik bestimmt imperativ, welche Arbeit gut ist und wie sie zur Erreichung der normativ gesetzten Zwecke erfolgen soll. Ethik stellt damit den durch die Gesetze der Freiheit begrenzten Überbau des Seinsollenden über das Seiende in der Arbeit dar.[85] Die tragenden Säulen der Arbeitsethik sind Werte. Arbeitsgesinnung und Arbeitsverhalten besetzen die oberen Plätze der Werthierarchie.

4.2.4 Arbeitsgesinnung und Arbeitsethik

Arbeitsgesinnung und Arbeitsverhalten entwickeln sich in freier Willensentscheidung zur Arbeitsethik. In der Arbeit, der Abschätzung der Zwecke, Folgen und Nebenfolgen, bleibt der Mensch in personaler und gattungsbezogener Freiheit für sein Handeln verantwortlich. Kant bezeichnet die Autonomie des Willens als oberstes Prinzip der Sittlichkeit, und er formuliert als Grundgesetz der reinen praktischen Vernunft: „Handle so, daß die Maxime deines Willens jederzeit zugleich als Prinzip einer allgemeinen Gesetzgebung gelten könne".[86] Doch dieses Arbeitsethos schwankt in der Geschichte, und, so urteilt Mellerowicz, „gerade die neueste Entwicklung kann kaum als positiv beurteilt werden".[87]

Ethisch bestimmte Arbeit verlangt ihren Wert aus der gewollten Wesensgleichheit subjektiver Maximen des Handelns mit objektiven Gesetzen. Von daher bringen Schlieper u. a. Arbeit in die Wirtschaftspädagogik nur als jenes menschliche Bemühen ein, das „der Schaffung eines objektiv wertvollen Werkes bzw. der Erfüllung einer objektiv wertvollen Aufgabe"[88] dient. Jede solche Handlung, „die mit der Autonomie des Willens zusammen bestehen kann, ist erlaubt; die nicht damit stimmt, ist unerlaubt ... Die objektive Notwendigkeit einer Handlung aus Verbindlichkeit heißt Pflicht".[89] Ethische Bestimmung der Arbeit verlangt, sie in der Autonomie des

---

[83] Reis 1984, S. 468.

[84] Deshalb erinnert Reis an „Rückbesinnung auf Philosophie und Theologie ... Wenn Arbeit und Religion nicht mehr getrennt, sondern in einem sehr schwierigen gegenseitigen Lernprozeß wieder zusammen gesehen werden" (ebenda), läßt sich sinnerfülltes Leben in und durch Arbeit zurückgewinnen.

[85] „Menschliche Freiheit ist Gebundensein" (Langeveld 1966, S. 52). Das gilt uneingeschränkt für die Arbeit.

[86] Kant 1982, S. 140.

[87] Mellorowicz 1976, S. 43.

[88] Schlieper u. a. 1964, S. 28.

[89] Kant 1982, S. 74.

Übersicht 3: Arbeit in ihrer Bestimmung für den Menschen

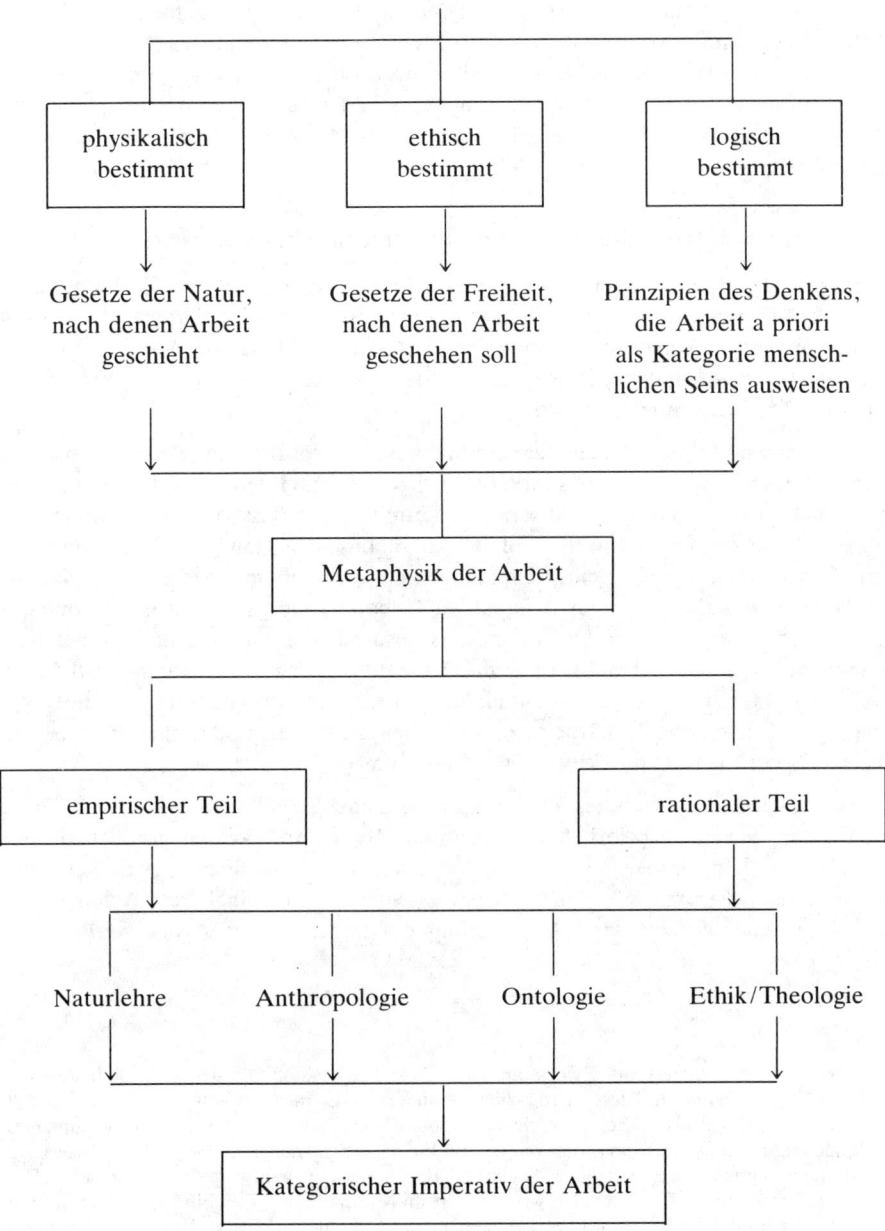

freien Willens auf „gute" Zwecke auszurichten. Wird personale Freiheit – Autonomie – in der Arbeit gewährt, dann verleiht sie dem Menschen die ihm gebührende Würde. Ethisch bestimmte Arbeit gebietet dem Menschen, Würde in der Arbeit anderer anzuerkennen und ermöglicht es jedem, würdevoll zu arbeiten. Damit ist Arbeit normativ davor zu bewahren, daß sich Menschen ihrer Arbeit schämen müssen. Arbeit muß die Würde des Menschen achten und die Achtung vor dem Menschen würdigen.[90]

4.2.5 Der hypothetische und der moralische Imperativ der Arbeit

Damit steht Arbeit unter einem zweifachen Imperativ, hypothetisch und moralisch. Der hypothetische Imperativ stellt Arbeit unter die praktische Forderung: „ich soll etwas tun darum, weil ich etwas anderes will".[91] Die Triebfeder zur Arbeit entstammt der Fülle latenter und virulenter Bedürfnisse des Menschen, die als Vorsorge des Daseins ihre Berechtigung haben.

Der moralische Imperativ gebietet dem Menschen kategorisch zu arbeiten, ohne sein Tun auf Zwecke außerhalb des Arbeitsvollzuges gerichtet zu haben. Er stellt Arbeit unter die objektive Forderung der reinen Vernunft: „Ich soll so oder so handeln, ob ich gleich nichts anderes wollte".[92] In der Anerkennung des kategorischen Imperativs erhält Arbeit die Qualität eines unabdingbaren allgemeinen Gesetzes. Individuelle und kollektive Arbeit gründen in objektiven Geboten freien menschlichen Verhaltens überhaupt. „Der kategorische Imperativ ist also nur ein einziger, und zwar dieser: handle nur nach derjenigen Maxime, durch die du zugleich wollen kannst, daß sie ein allgemeines Gesetz werde".[93] Arbeit als kategorische Forderung fragt nicht unbedingt nach dem Nutzen aus der Arbeit für den Arbeitenden selbst oder andere. Arbeit in kategorischer Sicht ist objektiv notwendiges Tun.

Arbeit als solches generelles Prinzip des Denkens, Arbeit als logische Kategorie menschlichen Seins a priori, hat axiomatische Bedeutung. Arbeit gründet in ihrer formal logischen Dimension in der rationalen Kraft menschlichen „Arbeiten-Müssens" und „Arbeiten-Könnens". Arbeit stellt ein unabdingbares Axiom jeder menschlichen Existenz dar. Diese rationale Dimension der Arbeit verleiht der

---

[90] Der Mensch „existiert als Zweck an sich selbst, nicht bloß als Mittel zum beliebigen Gebrauche für diesen oder jenen Willen, sondern muß in allen seinen ... Handlungen jederzeit zugleich als Zweck betrachtet werden" (Kant 1982, S. 59f.). Arbeit im humanen Sinne kann es nicht „jenseits von Freiheit und Würde" (Schirmacher 1984, S. 15) geben. Dies ist unabdingbar, auch wenn das Selbstbild des Menschen weltweit erschüttert ist: „Die Umweltzerstörung verbreitet sich wie die Pest im Mittelalter ... Der einstige Herr über die Erde verwandelt sich vor unseren Augen in einen Fehler, der das Biosystem bedroht" (ebenda).

[91] Kant 1982, S. 75.

[92] Ebenda, S. 75.

[93] Ebenda, S. 51.

ethischen und der physikalischen Kategorie Sinn.[94] Logik stellt die Arbeit unter die „Regierung der Vernunft".[95]

4.2.6 Metaphysik der Arbeit

Arbeit fügt sich in der systematisch-wissenschaftlichen Zusammenschau der Gesetze der Natur (Physik), der Gesetze der Freiheit (Ethik) und der Prinzipien des Denkens (Logik) als Vernunfterkenntnis[96] zur Metaphysik der Arbeit (Übersicht 4). In der Einheitlichkeit und Ganzheitlichkeit, in der Totalität der existentiellen Bedeutung der Arbeit fließen die empirische Erfahrung und die rationale Erkenntnis zusammen. Die erklärenden bzw. aufdeckenden und die erkennenden bzw. spekulierenden Wissenschaften befassen sich in der Einheit der Metaphysik der Arbeit sowohl a postriorisch (erklärend) als auch a priori (spekulierend) mit der menschlichen Seins-kategorie Arbeit (Übersicht 5). Hier sei nochmals Kant wegen seiner – wie Blankertz sagt – unvergleichlichen Formulierungen[97] zitiert: Es muß der gute Wille zur Arbeit[98] das Tun bestimmen, soll die Arbeit die Menschen wirklich glücklich machen. Arbeit muß aus freiem Willen heraus geleistet werden und vernunftbestimmt erfolgen.

4.2.7 Autonomie und Pflicht als Leitprinzipien

Autonomie und Pflicht[99] bestimmen nach Kant als Prinzipien den Vollzug und den Wert der Arbeit. Ein objektives Prinzip heißt „Gebot", deren Formel nennt Kant „Imperativ".[100] Würden die objektiven Gebote vernünftiger Arbeit dem subjektiven Willen zur Arbeit entsprechen, wäre ein Imperativ der Arbeit, weil Sollen und Wollen zusammenfielen, unnötig. Doch solche reine Vernunft ist dem Menschen selten gegeben. Spranger hat als Ergänzung zu Kant Beispiele gebracht, wie der Mensch „das, was er soll, auch will, ja vielleicht schon muß".[101] Nach solcher Vernunft soll und muß der Mensch streben, kann sie aber völlig niemals erreichen.

[94] Mit der logischen Dimension ist für die Arbeit zwar eine formale letzte objektive Kategorie ihres imperativen Charakters gegeben, nicht aber eine Letztbegründung im Sinne ihres wahren Logos erreicht.

[95] Kant 1981, S. 695.

[96] Vgl. Kant 1982, S. 11ff.

[97] Vgl. Blankertz 1982, S. 22.

[98] Vgl. Kant 1982, S. 41.

[99] „Sein Leben zu erhalten, ist Pflicht, und überdem hat jedermann dazu noch eine unmittelba-re Neigung" (Kant 1982, S. 23).

[100] Ebenda, S. 41.

[101] Spranger 1959, S. 101; dort sagt Spranger: Der Mensch muß und will und soll seine Kinder erziehen.

Übersicht 4: Zusammenhang menschlicher Vernunfterkenntnis nach Kant

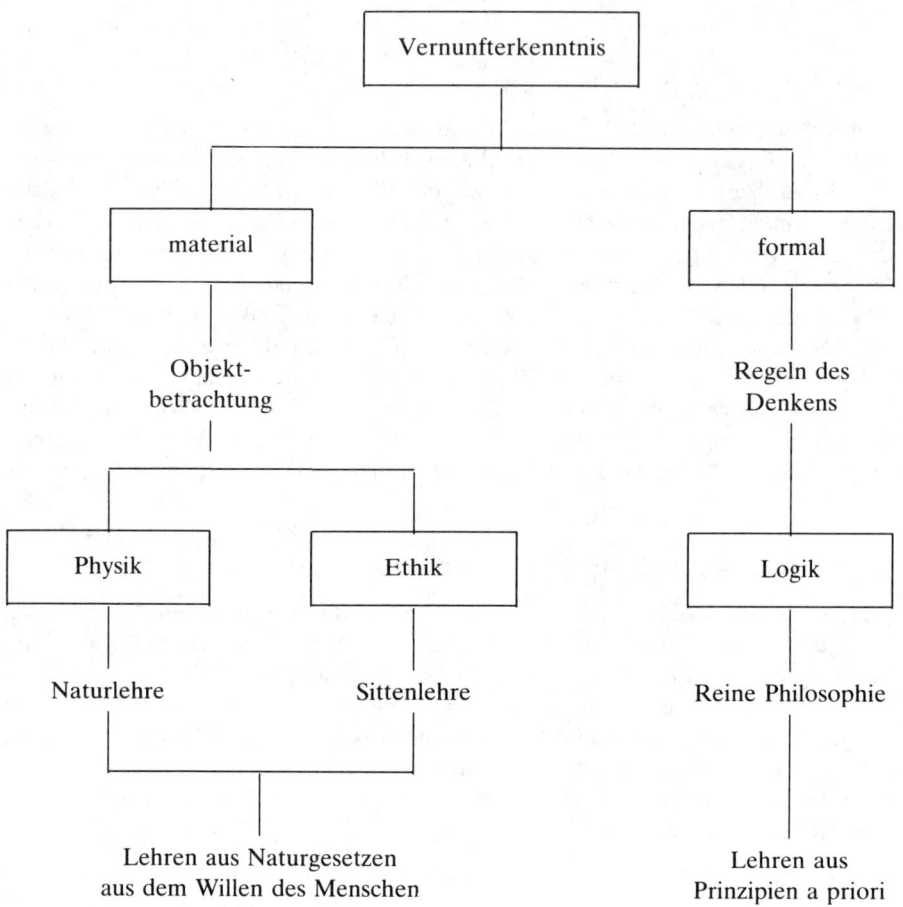

Da sich der Mensch in seiner Unvollkommenheit mit vorläufiger Wahrheit begnügen muß, stets nur unvollkommene Erkenntnis erlangt, bleibt das Dasein – und damit auch die Arbeit – dauerhaftes Bemühen um Angleichung des subjektiven Wollens an objektive Gesetze. Imperative verdeutlichen das jeweilige Verhältnis objektiver Gesetze des Wollens zur subjektiven Unvollkommenheit des Willens als Bemühen, diesen zu genügen.[102]

---

[102] Kant kennzeichnet die subjektive Unvollkommenheit des Willens auch als empirisch-situative Glückseligkeit, die allerdings nicht dazu taugt, moralische Gesetze zu begründen (vgl. 1982, S. 76f.).

Übersicht 5: Metaphysik der Natur und der Sitten nach Kant

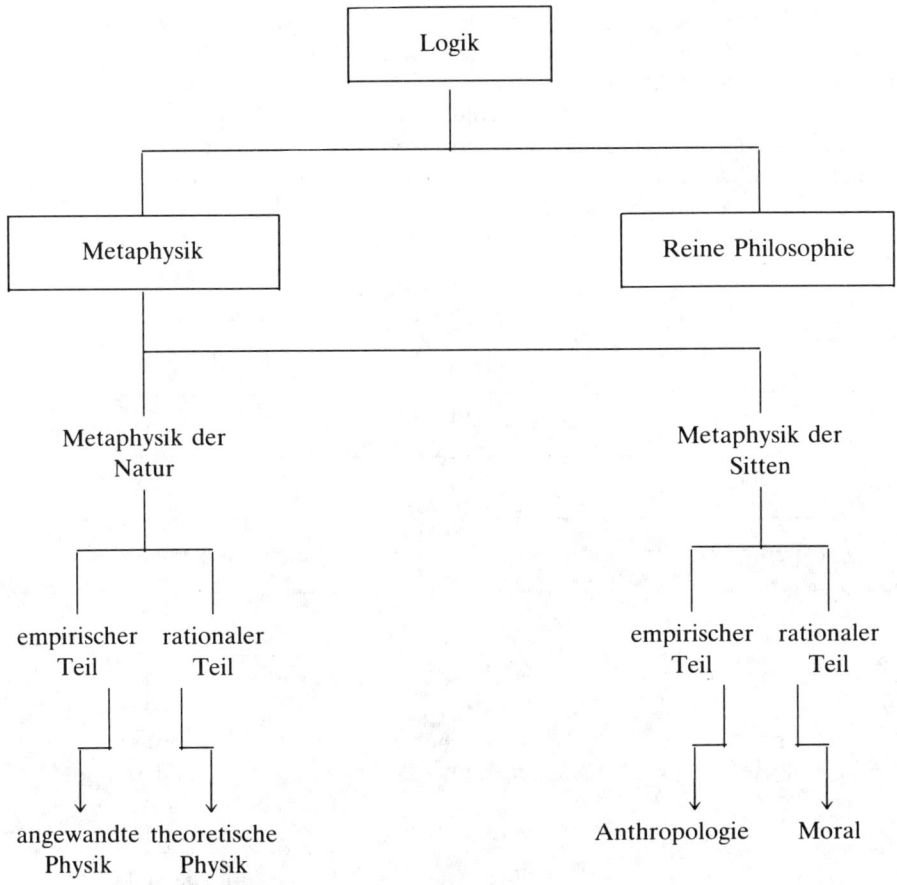

4.2.8 Der kategorische Imperativ der Arbeit

Zur Unterscheidung der beiden konstitutiven Elemente, Zweck und Selbstzweck der Arbeit, werden nach Kant die Forderungen aus ihr in einen hypothetischen und einen kategorischen Imperativ unterteilt. Hypothetische Imperative stellen Forderungen dar, Handlungen als Mittel zum Erreichen von Zwecken zu wollen. Diese Imperative kennzeichnen das konstitutive Element Zweck in der Arbeit als Aufforderung, um des Ergebnisses willen zu handeln. Kategorische Imperative bedeuten dagegen Gebote, Handlungen als an sich objektiv notwendig zu wollen (Übersicht 6). Weil wir Menschen sind, arbeiten wir.[103]

---

[103] „Wenn nun die Handlung bloß wozu anderes, als Mittel, gut sein würde, so ist der Imperativ hypothetisch; wird sie als an sich gut vorgestellt, mithin als notwendig in einem an sich der Vernunft gemäßen Willen, als Prinzip desselben, so ist er kategorisch" (Kant 1982, S. 43).

Kategorische und hypothetische Imperative sind zweifach miteinander verbunden. Einerseits sind hypothetische Sollens-Forderungen stets kategorisch begründet, technische und pragmatische Vorgaben des Handelns daher Relativierungen kategorisch vorgegebener absoluter Gesetze des Handelns und des Verhaltens. Andererseits treten moralische Imperative in Konventionen, Traditionen und Institutionen, in den gewordenen Formen des Denkens in positiv-pragmatischen Konkretionen auf. Assertorische (axiomatische) Postulate der Sittlichkeit sind daher zwar dauerhafte objektive und bewußtseins-transzendente Seinskategorien, sie erscheinen aber auch in stets sich erneuernden Erkenntniskategorien subjektiven Denkens.

Übersicht 6

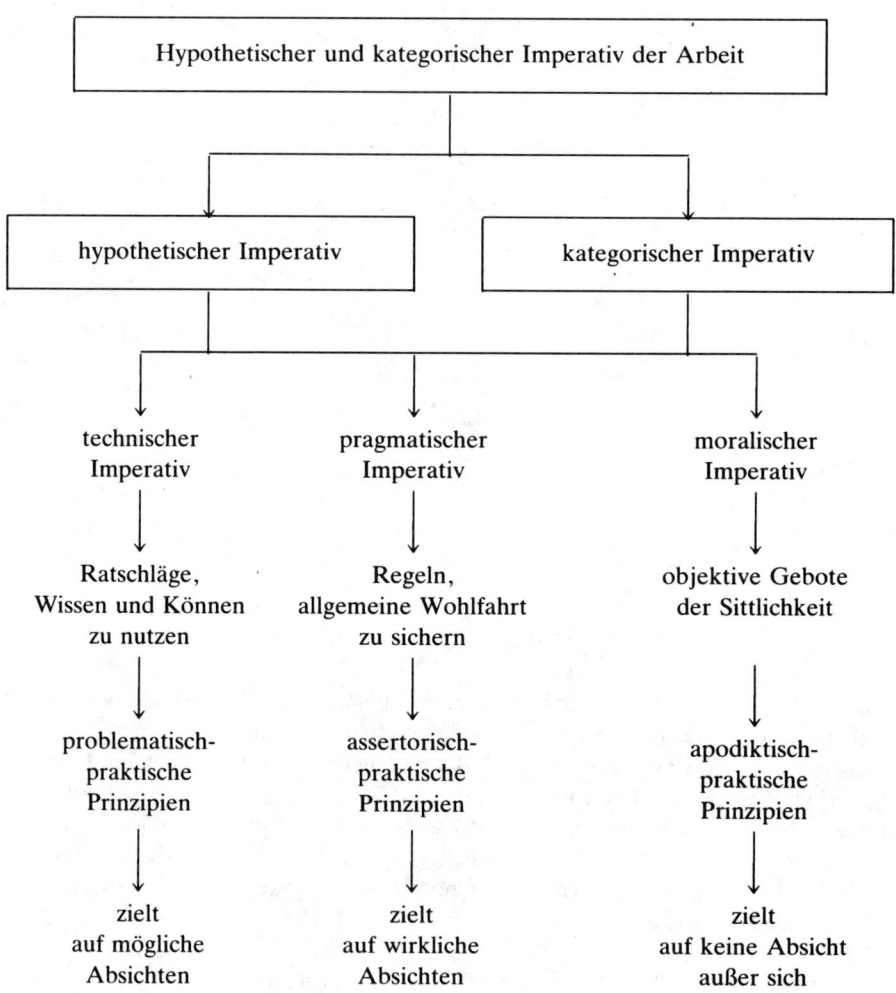

Im Vorgriff des Seienden auf die Ideale objektiver Gebote des Soseins (Wesen) und im Rückgriff auf die subjektiven Regeln und Ratschläge des Daseins (Existenz) vollzieht sich vernünftiges Leben. In diesem Prozeß wird Wahrnehmung kategorisch in Erkenntnis transformiert.

Der kategorische Imperativ der Arbeit verlangt als Tatimperativ: Tue etwas! Weil der Mensch zur Wesensverwirklichung der Arbeit bedarf, muß er arbeiten. Diese Forderung ist ihm als unabdingbar auferlegt. Der Zweckimperativ der Arbeit stellt als finales Element die menschliche Tätigkeit unter heteronome Ziele. Art, Umfang, Intensität, Ort und Zeit der Arbeit werden im Hinblick auf erwartete Ergebnisse subjektiv gewählt. Es ist keinem Menschen freigestellt, ob er arbeitet, aber jedem Menschen steht frei, was er arbeitet.[104] Wird Arbeit in materialistisch-positiver Sicht auf energetische Veränderung verkürzt, so korrespondiert dem Tatimperativ und dem Zweckimperativ ein energetischer Imperativ.

Zum Begriffspaar „Tatimperativ" und „Zweckimperativ" stellt Lorenzen fest: Wer sein Handeln an Zweckimperativen ausrichtet, „von dem sagen wir, daß der generell-bedingte Imperativ eine seiner Maximen sei ... In einer Menschengruppe gemeinsam anerkannte Maximen heißen ‚Normen'".[105] Sie sind nicht statisch als Soll-Ist-Vergleich der geltenden Imperative zu den Handlungen der Menschen aufzufassen. Im Sinn konstruktiver Wissenschaftstheorie geht es darum, zusätzlich zur Feststellung der faktischen Normen der jeweiligen Gegenwart „in transsubjektiver Weise Normen vor anderen auszuzeichnen, so daß Vorschläge zur Änderung von Normen formuliert werden können".[106] Das Reale muß sich vor dem Potentialen bewähren, um Bestand zu haben (Tradition), und das Potentiale muß sich gegenüber dem Realen durchsetzen können (Entwicklung). Guardini faßt die Innerlichkeit des Menschen als Ebene des Handelns und des Schaffens auf: „Die Gegebenheiten der Wahrnehmung und Schätzung werden zum Ausgangspunkt genommen, um aus den Stoffen der ersten Welt eine zweite, aus der Naturwelt eine Werk- und Tatwelt aufzubauen".[107] Die Sinngebung des Tuns „zeigt sich am reinsten in jener Leistung, deren Absicht darauf geht, etwas hinzustellen, damit es sei. Nicht um einen Zweck zu erreichen, sondern um Sinn zu offenbaren".[108]

Arbeiten als schaffendes Tun und Arbeit als erzeugende Leistung kennzeichnen mithin die in Bewußtheit und Freiheit arbeitende Person auch bei Guardini.[109]

[104] Diese ideale Sichtweise darf nicht zu der Annahme verleiten, Arbeit könne frei von personalen Zuständen und frei von kollektiven Regeln willkürlich abbedungen oder gewollt werden. Den wesensgemäßen Imperativen und den existentiellen Forderungen sind die subjektiven Maximen des Handelns und die kollektiven Verbindlichkeiten der Institutionen (Gesetze) als ihrerseits ethische Instanzen und Instanzen ethischer Vermittlung auf imperativ niedrigeren Stufen als Pflicht vor sich selbst und vor anderen zugegeben.

[105] Lorenzen 1978, S. 26f.

[106] Ebenda, S. 27.

[107] Guardini 1965a, S. 7.

[108] Ebenda, S. 7.

[109] Guardini weist über die Ebenen Vollzug und Leistung noch auf die Ebene der reinen Tat hin, „deren Sinn nicht darauf geht, Zwecke zu erreichen, sondern zu tun, was um seiner selbst willen getan werden soll" (ebenda, S. 7).

Die Einführung eines solchen kategorienzentrierten Imperativs kann sich als klärend erweisen, indem durch die Bezugnahme auf Kategorien[110] die Wahrnehmung des Seienden (das Positive) zur Erkenntnis des Seinsollenden (das Wahre) wird. Den Zusammenhang zwischen Tat- und Zweckimperativ der Arbeit zeigt Übersicht 7 auf. Der kategorische Imperativ verdeutlicht sehr klar die grundlegende Verbindung von Arbeit und Bildung. Arbeit bedarf in ihrem Vollzug der Bildung, Bildung bleibt ohne Arbeit unmöglich (Übersicht 8).

Übersicht 7

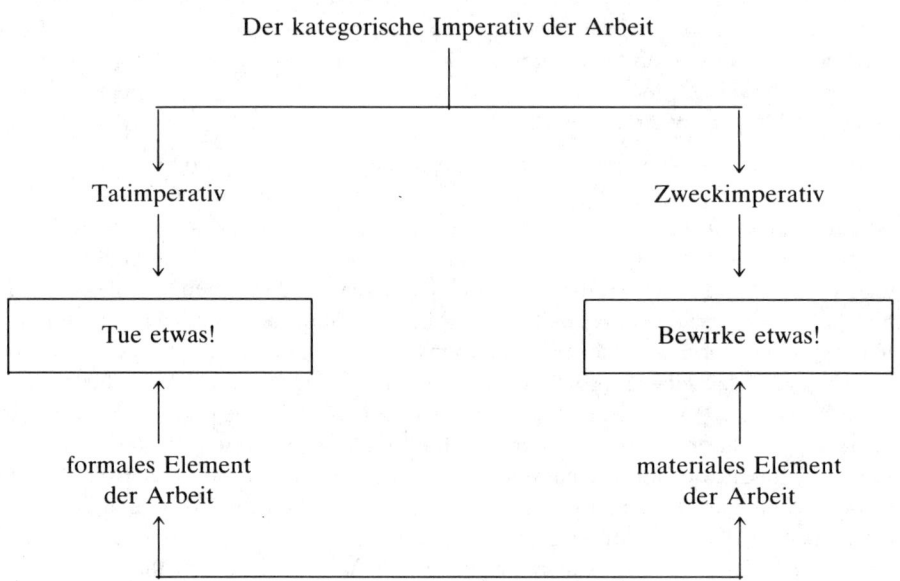

Übersicht 8: Die Verbindung von Arbeit und Bildung

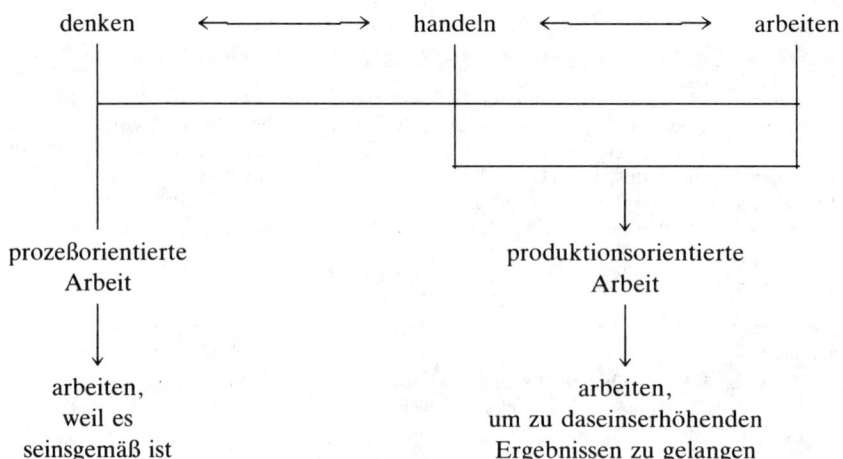

---

[110] Nach Kant verleihen Kategorien der bloßen Wahrnehmung Erkenntnischarakter (vgl. Schischkoff 1974, S. 329).

4.2.9 Veränderung der Arbeit aus der Kraft der Ratio

Fichte stellt alles menschliche Handeln unter den Primat der Veränderung: „Nach dem Künftigen und Bessern strömt unaufhaltsam hin mein ganzes Leben".[111] Er fragt beim Erörtern der Zwecke, die zu Handlungen führen, nach der Möglichkeit, handeln zu können, „ohne einen Zweck außer dem Handeln im Auge zu haben".[112] Fichte verneint die Handeln bewußtseinstranszendental als logische Kategorie menschlichen Seins a priori bestimmende axiologische Dimension. Für ihn bestimmen Gebote, insbesondere Gebote der Vernunft, die Entwicklungsgeschichte, denn von Vernunft geprägte Werke können nicht verloren gehen.

Die Möglichkeiten der Ratio sieht Fichte geradezu euphorisch. Dank Wissenschaft und Erfindungen wird die Natur „bis in ihr geheimstes Innere" durchschaubarer, und was dem Menschen an Arbeit verbleibt, „soll aufhören, Last zu sein; – denn das vernünftige Wesen ist nicht zum Lastträger bestimmt".[113] Fichte betont gleich Kant die aktive Rolle des Subjekts im Erkenntnisprozeß; Aktivität mündet bei ihm stets in Handeln, er glaubt an ständigen Fortschritt im Erkenntnisprozeß.

Doch Arbeit bleibt nur dann für den Menschen bildend und zufriedenstellend, wenn in ihr denkendes und organisierendes Tun graduell fortbesteht. Der Mensch findet sich selbst und seinen Mitmenschen erst in freier und damit selbstverantworteter Tätigkeit; dort vermag er Ziel, Inhalte und Formen seiner Arbeit in sozialer Bindung zu Kollegen und Vorgesetzten mitzutragen. Werden solche Reflexion seiner selbst und der Bezug zur Umwelt von der anonymen Autorität technischer Apparaturen zerstört, fällt der Mensch in Unfreiheit, sieht seine Individualität technischen Vorgängen gleichgeschaltet und seinen sozialen Bezug aufgehoben. Sein Menschsein nimmt großen Schaden. Diese Gedankengänge Fichtes haben Krasensky bewogen, dessen Sozialpädagogik der Betriebspädagogik zuzurechnen.[114]

Solche unseligen Zustände sind in vielen Bereichen betrieblicher Arbeit erkennbar. Sie sind aber Menschenwerk, deshalb können auch Hoffnung und Abhilfe vom Menschen ausgehen. Der arbeitende Mensch ist nicht nur passiv Betroffener inhumaner Arbeitsplätze und geisttötender sowie verantwortungsenthobener Tätigkeiten, er steht gleichzeitig als deren Erfinder und Betreiber da. In hohem Maße ist er ein verantwortlicher Produzent der Umstände in dem unentrinnbaren dialektischen Verhältnis von Individuum und Gemeinschaft.

Arbeit steht im Streben nach Selbstverwirklichung als Grundkategorie einer Theorie der humanen Lebensweise und gehört somit für Höffe „zum Kreis jener Begriffe, die, latent oder manifest, der Selbstidentifikation und Selbstverständigung des Menschen als Gattungswesen dienen".[115] Sie verkörpert axiomatisch gesehen ein dem Menschen wesensgemäßes Streben nach Sinnerfüllung und Glück, steht als individuelles Han-

---

[111] Fichte 1980, S. 97.
[112] Ebenda, S. 95; Antwort: „Nimmermehr!" (ebenda).
[113] Ebenda, S. 99f. (2 Zitate).
[114] Vgl. Krasensky 1952, S. 8.
[115] Höffe 1974, S. 1425.

deln im Zusammenhang von Zeit und Kultur. Mit der Bindung an den Zeitgeist gewinnt Arbeit ihre ethisch-normative Qualität.[116] Tradition, gesetzliche und gesellschaftliche Vorgaben, betriebliche und allgemeingültige zwischenmenschliche Regeln geben der Arbeit ihren prinzipiellen, sozial-institutionalen Charakter. Ihre graduelle Wertschätzung erwächst aus der zeit- und kulturbedingten Geltung der sie leitenden Prinzipien. Mit veränderten gesellschaftlichen Zuständen ändern sich vorherrschende Verhaltensweisen, erstrebenswerte Güter, Sitten, Gebräuche, und damit verlagert sich der Wert von Arbeit. Einzelne Tätigkeiten werden im Zeitablauf geringer eingestuft, tabuisiert und schließlich nicht mehr ausgeübt; anderen wächst Wert zu, sie entwickeln sich zu geachtetem, hoch bezahltem und begehrtem Tun.

Den Prozeß einer sich ändernden Wertdeutung und der nachfolgenden inhaltlichen bzw. methodischen Veränderungen der individuellen und kollektiven Arbeit bereitet Bildung begleitend und – wenn nötig – bremsend vor.[117] Auch die betriebliche Bildung hat die in der Gesellschaft vorherrschenden Wertvorstellungen zu beachten, die Werte- und Verhaltensrichtungen des Betriebes und die individuellen Wertvorstellungen der Mitarbeiter bildungsrelevant aufzunehmen. Dabei ist Bildungsarbeit sowohl auf das Begünstigen gewollter Verhaltensweisen, Zustände und Konventionen als auch darauf gerichtet, unerwünschte Verhaltensweisen, Zustände und Konventionen abzuwehren bzw. abzubauen.[118] Individuelles und kollektives Werterleben bestimmen Richtung und Intensität, Inhalt und Methoden der betrieblichen Bildung. Der Wille zur Arbeit, die Autonomie in der Arbeit und die Verantwortung aus der Arbeit bestimmen den individuellen Wert und den objektiven Gehalt betrieblicher Arbeit. Die jeweils graduelle Ausprägung des subjektiven Wertbewußtseins und die kollektive Offenheit für die Autonomie des einzelnen in der Arbeit kennzeichnen einen Betrieb und die Gesellschaft insgesamt als entweder rückständig und verkrustet oder als fortschrittlich und dynamisch.

Es läßt sich zusammenfassen: Das Dasein des Menschen in der Welt bedeutet Arbeit. Sie hebt den Menschen, „das Lebewesen, welches Logos hat",[119] als besonderen Spezie aus der übrigen Kreatur heraus. Menschliche Existenz wird durch Arbeit begründet, menschliche Existenz ist Arbeit.[120]

---

[116] Die Bildung des homo sapiens zum homo humanus kommt, so hat Weinstock treffend formuliert (1954, S. 139), erst in Gang, wenn es der Mensch gelernt hat, sich von seinem Tun „derart ergreifen zu lassen, daß er das Vergängliche als Gleichnis von Ewigem" spürt.

[117] Werte werden im Zeitablauf subjektiv und kollektiv unterschiedlich erlebt. Bildung hat solche Strömungen zum Wohl der arbeitenden Menschen aufzudecken, um sie zu befähigen, Veränderungen zu bewirken (vgl. Becker 1982, S. 48ff.). Die Analogie zur Betriebswirtschaftslehre liegt nahe; dort spricht Sandig für die Zielbestimmung der Betriebswirtschaftspolitik vom Gegenspiel zwischen Treiber und Bremser: „In der gegenseitigen Ergänzung ... liegt die schöpferische Leistung" (1966, S. 92).

[118] Baumgardt (1975, Sp. 651) betont die „‚Erziehung gegen den Betrieb', d. h. als Qualifizierung gegen dem Menschen im Betrieb drohende Gefahren".

[119] Riedel 1973, S. 138.

[120] „Die Gattung Mensch ist die einzige, die planmäßig verändernd auf ... ihre eigene Natur einwirkt. Das Mittel dieser Einwirkung ist die Arbeit. Indem der Mensch die Natur also verändert, verändert er sich selbst" (Sperber 1981, S. 78 f.).

4.3 Arbeit als humanes Tätigsein

Humanes Tätigsein kennzeichnet die prozessuale Bedeutung der Arbeit, denn arbeitend betätigt sich der Mensch eigenverantwortlich in der ihm jeweils gemäßen Weise mit dem Ziel, Verbesserung seiner Lebensbedingungen zu erreichen. Arbeit ist als Prozeß wesentlich durch 3 Momente gekennzeichnet: Aktivität, Finalität, Verantwortung (Übersicht 9). Sie bestimmen das die Arbeit vorbereitende Bildungsgeschehen, und dieses verläuft ebenfalls als Arbeit. Deshalb gehört das Erörtern dieser Zusammenhänge in eine Theorie der betrieblichen Bildung.

4.3.1 Aktivität

Als Aktivität ist das selbständige Streben nach Anwendung, Erprobung, Erhöhung und Verbesserung der seelisch-geistig-körperlichen Kräfte angesprochen. Es drängt den Menschen zur Tat. In der Arbeit ist er stets primär motiviert: Er befriedigt sein angeborenes Explorations- und Wissensbedürfnis, er stillt durch entdeckende Arbeit seine Neugier. Arbeit bietet ihm die Möglichkeit, organische, soziale und kulturelle Bedürfnisse über triebgebundenes Appetenzverhalten hinaus in bewußtem, zielorientiertem Streben zu befriedigen. Aktivität dynamisiert das Leben. In der Dynamik des Tuns vollzieht sich Arbeit aktuell und konkret. Die jeweilige Realität zeigt den teleologischen, zweckimmanenten Sinn der Arbeit. Aktivität in der Arbeit ist auch immer sich selbst Zweck.

Übersicht 9

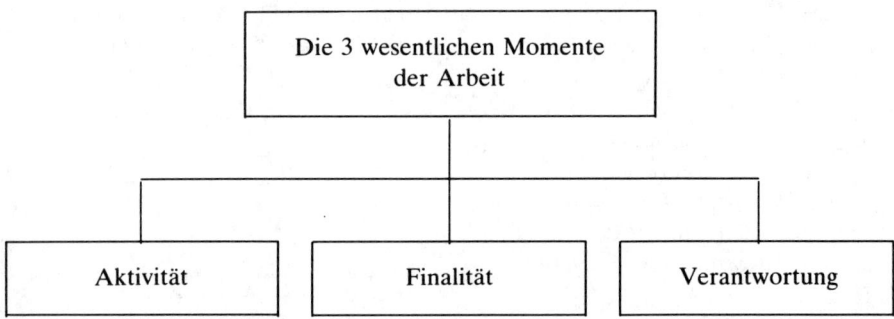

4.3.2 Finalität

Finalität tritt in der ursächlich anthropologischen Bestimmtheit der Arbeit zur notwendigen Unterscheidung zwischen Arbeit und Beschäftigung als zweites konstitutives Moment hinzu. Über die kausal determinierte Aktivität mündet Arbeit in ihrer finalen Bestimmung in Ziele und Zwecke. Finalität entspringt bewußtem – Aktivität unbewußtem – humanem Streben nach Selbständigkeit. Finalität und Aktivität sind im Arbeitsvollzug ursächlich miteinander verwoben. In der täglichen Arbeit führt diese Dualität zu steter Notwendigkeit des Ausgleichens. So mag der Unternehmer final vornehmlich am hohen Leistungsniveau interessiert sein, und die

Mitarbeiter tragen an Art, Inhalt und Organisation der Arbeit ein aktiv handlungsorientiertes Anspruchsniveau heran.

4.3.3 Verantwortung

Verantwortung, das dritte Moment des Arbeitsprozesses, entsteht aus diesem Anspruchsniveau der individuell erlebten Momente Aktivität und Finalität. Indem der arbeitende Mensch seine Leistung einem bestimmten qualitativen Standard unterstellt (Anspruchsniveau), handelt er verantwortlich. Er mißt sie am selbst- oder fremdgesetzten Leistungsstandard. Arbeit ist erfolgreich, wenn die erbrachte Leistung der erwarteten entspricht. Mißerfolg wird empfunden, wenn die gesetzten Standards in Menge oder Qualität unerreicht geblieben sind. Die Zieldiskrepanz wird als persönliches Versagen erlebt und – normalerweise – auch verantwortet. Doch zu dieser Verantwortung ist der einzelne nur bei ihm bekannten und von ihm akzeptierten Arbeitsbedingungen, etwa hinsichtlich realistischer Leistungserwartungen bereit. Ohne hinreichend genaue Beschreibung der Arbeitssituation, der Ziele, Inhalte und Organisationsformen wird Verantwortung nicht eingesehen und nicht getragen.

Befunde der Arbeitspsychologie und der Motivationsforschung belegen eindeutig die intrapersonale Dynamik bei Erfolgs- und Mißerfolgserlebnissen. Wer sich selbst zu viel zumutet bzw. fortgesetzt unangemessen hohe Leistung erbringen soll – wenn also Anspruchs- und Leistungsniveau im Mißverhältnis stehen –, der versagt letztendlich. Arbeit und Arbeitserfolg gehören zusammen. Freude an der Arbeit, Kraft aus getragener Verantwortung, Hilfe aus der Begegnung mit den Kollegen und Anerkennung durch die Vorgesetzten folgen aus dem relativ richtigen Maß individuell verantwortlicher Arbeit. Verantwortliche Arbeit ist Pflicht, aktives Verantworten zeigt sich nirgends deutlicher als in der Arbeit.[121] Dieses „Officium laborarum" ist dem Menschen dreifach,
– gegenüber seiner eigenen Person,
  als Verantwortung für sich selbst,
– gegenüber den Mitmenschen,
  als Verantwortung für andere,
– gegenüber dem Objekt der Arbeit,
  als Verantwortung für die Natur
aufgegeben.[122]

Ein solches Bündel von Verantwortungen kann aber nur als Symbiose von Verantwortung und Autonomie bestehen. Der Mensch vermag Arbeit in Abfolge und

---

[121] Verantwortung trägt der Mensch „für die Welt, in der er lebt, mag dies die Welt der Familie, des Betriebs, der Gemeinde, der Politik oder welche auch immer sein" (Schwartländer 1973, S. 1581). Somit ist der Mensch persönlich für seine Lebensverhältnisse und die Menschheit ist universal für die Geschehnisse in der Welt verantwortlich. Verantwortung berührt den einzelnen wie die Gattung existentiell, nicht lediglich als bloße Möglichkeit.

[122] In der Anerkennung einer göttlichen Autorität wächst dem Menschen als wohl größte Verantwortung zu, Arbeit aus Verantwortung vor Gott zum „laborare ad deum gloriam", zum Beitrag des Schöpferwillens werden zu lassen. Arbeit und Arbeitender preisen als Teil der Schöpfung den Herrn.

Inhalten, Zielen und Ergebnissen nur dann zu vertreten, wenn er sie in freier und bewußter Entscheidung mitbestimmt, plant und ausführt. Legt ein Vorgesetzter autoritär Ziele und Inhalte der Arbeit fest, bleibt lediglich die Ausführungsverantwortung unangetastet. Nur wer weiß, was und wozu er arbeitet, kann für das Ergebnis einstehen.

4.3.3.1 Organisation als Voraussetzung von Verantwortlichkeit

Der erste Schritt, Arbeit verantwortlich zuzuordnen, besteht in der organisatorischen Gliederung der konkreten Aufgaben eines Betriebes und der Zuweisung der Funktionen zu bestimmten Mitarbeitern. Die Gesamtaufgabe des Betriebes wird „portionsweise" Mitarbeitern anvertraut. Sie sind für Umfang und Inhalt, für zeitliche und finanzielle Abwicklung verantwortlich. Während Ausführungsverantwortung auf den Arbeitsplatz, auf nur das Erledigen partieller Tätigkeiten beschränkt bleibt, weitet sich in ganzheitlicher Aufgabenteilung und -ausführung Verantwortung zur betrieblichen Mitverantwortung aus. Die Mitarbeiter müssen jedoch erst lernen, ihre Arbeit als Beitrag zur Betriebsleistung insgesamt zu verstehen. Es wird in der Zukunft weit mehr als bisher erforderlich sein, in Gesamtsystemen und ganzheitlicher Verantwortung zu denken. Wachsende Komplexität der technischen Apparatur läßt sich nur durch Bildung, durch Lernen in Systemen bewältigen.

4.3.3.2 Reichweite individueller Verantwortlichkeit

Als „betrieblich" bezeichnete Arbeit eines jeden Mitarbeiters reicht stets über den Arbeitsplatz und den Betrieb hinaus. Das Ergebnis solcher betrieblicher Arbeit gelangt als Produkt zum Konsumenten, die betriebliche Verantwortung weitet sich zu gesellschaftlicher Verantwortung. In qualitativer Sicht mehrt sich das Verflochtensein noch: Wem dient dieses Produkt? Schafft es langfristig betrachtet nützliche Beiträge zur Lebensverbesserung, oder schädigt es Mensch und Natur? Betriebe erkennen zunehmend den unabdingbar gewordenen Wandel von der bloßen Sorge um ein reichhaltiges Angebot an Waren und Dienstleistungen zur qualitativen Verantwortung. So richtig ein Mitarbeiter an seinem Arbeitsplatz handeln mag, so wenig dienlich könnte das Ergebnis seiner Arbeit für die Benutzer, für die Gesellschaft sein. Mit-Gestalten und Mit-Verantworten verweisen – es sei wiederholt – auf zugleich die eigene Person, den Mitmenschen und die Natur. Im arbeitenden Miteinander zeigen sich diese Verantwortungen besonders deutlich, gründet doch in der Abhängigkeit des eigenen Mensch-Werdens vom Mensch-Sein anderer die soziale Verantwortung. Dennoch ist Verantwortung füreinander immer durch aufkommende Egoismen gefährdet. Es bedarf der vermittelnden Verantwortung zwischen den Menschen, die, wie Schwartländer sagt, „sich gegenseitig zum Mittel werden".[123]

Solche vermittelnden Instanzen sind als Normen und Regeln der Gesellschaft und des Betriebes, als moralisches Empfinden der Menschen gegeben. Sie verkörpern in den Vorgesetzten, deren Aufgabenbereich die Sorge um Gerechtigkeit, Ausgleich und Konfliktbewältigung einschließt, verantwortungsrelevante Maximen des Handelns.

---

[123] Schwartländer 1973, S. 1581.

Für verhaltensorientiertes Training zur Verdeutlichung und Bewältigung auferlegter Verantwortung hat die betriebliche Bildung zu sorgen.

4.3.3.3 Soziale Verantwortung

Verantwortung ist stets auf ein „Verhältnis" gerichtet, auf „das Verhältnis von sich ansprechenden und antwortenden Personen".[124] In bezug auf die Zweck-Mittel-Relation im Umgang der Menschen miteinander gilt weiterhin unabdingbar Kants axiomatische Bestimmung der Idee der Menschheit, derzufolge der Mensch, „und überhaupt jedes vernünftige Wesen, ... als Zweck an sich selbst, nicht bloß als Mittel zum beliebigen Gebrauche für diesen oder jenen Willen" existiert und „in allen seinen sowohl auf sich selbst als auch auf andere vernünftige Wesen gerichteten Handlungen jederzeit zugleich als Zweck"[125] zu sehen ist. Diesem praktischen Imperativ gemäß[126] können Menschen niemals zum bloßen Werkzeug, zum ausschließlichen Mittel für die Zwecke anderer werden. Hax sieht es als Aufgabe der Betriebswirtschaftslehre zu prüfen, wie Betriebe diese Kantsche Forderung realisieren können.[127]

Kants moralischer Imperativ setzt als Maxime des individuellen und kollektiven Handelns die Würde des Menschen als das für alle menschlichen Handlungen prinzipiell vor allen anderen Interessen leitende Vernunftgesetz.[128] Das denkende Bemühen eines jeden, sein Handeln nach objektiv richtigen Handlungsweisen auszurichten, entsteht aus dem Empfinden einer Pflicht oder Verantwortung sich selbst und den Mitmenschen gegenüber. Die axiomatischen Werte von Arbeit und Bildung – Arbeit als Selbstzweck und Bildung als Selbstzweck – bleiben leitende Gestaltungsprinzipien von Arbeit und Bildung.

Verantwortung nicht nur für sich selbst, sondern ebenso für andere und für seinen Teil des Ganzen zu tragen, muß den Arbeitenden gesellschaftlich vermittelt, muß von ihnen gelernt werden. Freilich ist Arbeit nur dann als humanes Tätigsein begreifbar und als pädagogischer Auftrag zu verstehen, wenn die an sie gerichteten humanen Ansprüche bekannt sind und prinzipiell Anerkennung finden. Arbeit steht als zugleich Möglichkeit, Wirklichkeit und Notwendigkeit vor dem Menschen. Die menschliche Entwicklung, Ziel und Ergebnis der Geltung dieser grundsätzlichen Kategorien, ist als dynamischer niemals abgeschlossener Prozeß aufzufassen, liegt doch in der Arbeit für den Menschen fortgesetzt die Möglichkeit zu Entfaltung und Entwicklung.

---

[124] Ebenda, S. 1586.

[125] Kant 1982, S. 59f. (2 Zitate). Bereits für die Berufswahlvorbereitung ist es notwendig, „die unterschiedliche Eingliederung junger Menschen in die gesellschaftlichen Institutionen auf bleibende Grundlagen hin zu überprüfen" (Becker 1979a, S. 70).

[126] „Handle so, daß du die Menschheit, sowohl in deiner Person als in der Person eines jeden andern, jederzeit zugleich als Zweck, niemals bloß als Mittel brauchest" (ebenda, S. 61).

[127] Vgl. Hax 1969, S. 45f.

[128] Kant (1982, S. 68): „Im Reich der Zwecke hat alles entweder einen Preis oder eine Würde."

4.3.3.4 Arbeit als verantwortete Möglichkeit und Wirklichkeit

Möglichkeit wandelt sich damit in stets neue Wirklichkeit der Berufs- und Arbeitswelt. Indem der Mensch arbeitend Natur und Welt umgestaltet, verändert er seine Existenz. Arbeit bleibt ihm niemals nur Möglichkeit; sie vollendet sich in der Wirklichkeit des Produktionsablaufs zum Produkt. Das konkrete Ergebnis der Arbeit zeigt in seiner Nützlichkeit auf die bleibende Notwendigkeit des Arbeitens zur Existenzsicherung. Da die Natur als Mutter des Reichtums gilt, steht die Arbeit als ihr Vater. Nur im harmonischen Verhältnis beider Wohlstandsquellen zueinander darf der Mensch tätig werden. Die Werkzeuge seiner Arbeit wurden im Lauf der Geschichte so weit perfektioniert, daß jetzt gedankenloser Gebrauch zur Umgestaltung der Welt die Natur schädigt, somit dem Menschen langfristig Möglichkeiten seiner Existenzsicherung nimmt. Es ist fast so, als ob „in unserer von Naturwissenschaft und Technik beherrschten Welt ... der Mensch sich selbst zu vergessen"[129] droht.

Wer mit einer Motorsäge gedankenlos den Urwald plündert, zerstört natürliche Quellen menschlicher Wohlfahrt. Das leuchtet unmittelbar ein. Weniger offensichtlich und kaum einleuchtend ist manchem die Tatsache, daß solche Schädigungen erst durch vermeintliche Helfer aus den Industrieländern eintreten. Ohne Produktion und Export jener Sägen – so läßt sich simplifiziert sagen – bliebe die Natur unangetastet. Produzenten- und Produkthaftung sehen derartige Zusammenhänge nicht als ahndungspflichtige Verstöße. Für die Schäden gegenwärtig überzogener Naturbelastung durch menschliche Arbeit und die sie bedingenden Ansprüche werden – bei reversiblen Schädigungen – künftige Generationen zu tragen haben. Vorangegangene Generationen berauben die nachfolgenden in egoistischer Weise um Möglichkeiten humanen Daseins. Künftige Wirklichkeit wird ärmer, als sie bei vernünftiger Wahrung des Verhältnisses von Natur und Arbeit sein müßte.

Natur und Arbeit dienen dem Menschen nur dann in gedeihlicher Symbiose, wenn der Mensch seine Autonomie und Freiheit zur Gestaltung von Welt dem Vernunftprinzip unterstellt. Deshalb ist einsichtiger Umgang mit den Dingen der Natur und den Möglichkeiten individueller und kollektiver Arbeit, da sowohl Natur als auch Arbeit für den Menschen unbedingt geltende Werte darstellen, notwendig. Will er sich selbst erhalten, muß er sich beide Quellen humaner Existenz bewahren – keine andere Lösung ist denkbar, weil menschliche Existenz unauflöslich mit Arbeit und Natur verbunden bleibt.

Weil Menschen ihr Dasein in Autonomie und Freiheit weltoffen arbeitend gestalten, sind die Arbeitsresultate „immer nur eine der möglichen Wirklichkeiten",[130] daher irrtumsanfällig und erforderlichenfalls korrigierbar. Der Mensch muß seine Vernunft bemühen, wie er die Wege zur Befriedigung seiner Bedürfnisse jeweils wählt, um die erkannten und gewollten aktuellen Notwendigkeiten des Lebens optimal so zu

---

[129] Lindenberg 1979, S. 180.
[130] Böhme 1976, S. 67.

befriedigen, daß die Folgen und Nebenfolgen potentieller Möglichkeiten mitbedacht sind. Erst dann arbeiten Menschen zweckrational.[131]

4.3.3.5 Selbstordnung und ordnende Prinzipien

Wenn es – ein Beispiel – gegenwärtig technisch möglich und sowohl politisch als auch moralisch erwünscht ist, in der Sahel-Zone zur Lebensrettung der Bewohner immer tiefere Brunnen zu bohren, so entspricht dieses Handeln der Notwendigkeit des Augenblicks. Langfristig mag sich herausstellen, daß infolge des Absenkens des Grundwassers Leben in der dortigen Region für immer unmöglich bleibt. Dennoch handelt Entwicklungshilfe zum Wohl der jetzt lebenden Menschen, und zwar zu Recht in der Hoffnung, daß wieder Zeiten mit ausreichendem Niederschlag folgen werden. Nicht immer liegen die Dinge so offen zutage, häufig entsteht über Alternativen heftiger Streit. Die Verkürzung der Lebens- bzw. Wochenarbeitszeit bietet dafür ein aktuelles Beispiel der Gegenwart mit unterschiedlich beurteilbaren kurz- und langfristigen Auswirkungen. Wenn jemand danach strebt, sein Einkommen in der Lebensarbeitsphase so zu gestalten, daß er sich mit 50 Jahren zur Ruhe setzen kann, dann widerspricht diese individuelle Einstellung zunächst nicht vernünftiger Lebens- und Arbeitsplanung. Häufig stellen solche Menschen später dann jedoch fest, Arbeit sei ihnen wichtiger als arbeitsloser Konsum. Sie korrigieren ihre frühere Entscheidung zugunsten der Arbeit.

Es steht auf gesellschaftlicher Ebene ebenfalls einem echten Verständnis von humaner Arbeit entgegen, wenn Ältere je nach Wirtschaftslage hier mit 65, dort mit 60 oder 58 Jahren willkürlich und gegen ihren Willen aus dem Arbeitsleben ausgewiesen werden. Jahrelang hatten sich Betrieb und Gesellschaft zuvor redlich bemüht, ihnen die angenehmen Seiten der Arbeit aufzuzeigen. Sie waren für gute Arbeitsleistungen gelobt worden, sie wurden weitergebildet. Nun ist es an einem bestimmten Tag vorzeitig zu Ende, und zwar aus keinem einsichtigeren Grund als dem, daß Politikern und Wirtschaftswissenschaftlern kein anderes Mittel gegen Arbeitslosigkeit einfällt. Der Verlust erfahrener und abgeklärter Mitarbeiter wird aus opportunen Gründen in Kauf genommen. Eine solche Regelung widerspricht dem hier aufgestellten Prinzip autonomer und freier Entfaltung und Entscheidung im Arbeitsprozeß. Arbeit bedarf zu sinnvollem Einsatz zweierlei Ordnungen: Die Selbstordnung der Persönlichkeit sowie die ordnenden Prinzipien von Freiheit und Individualität bestimmen in ihrem vernünftigen Gebrauch die Einsicht in die Möglichkeiten und die Grenzen der conditio humana.

4.3.3.6 Der irrende homo humanus

Der Mensch verfügt über „die Fähigkeit, seine Begrenztheit zu erkennen, die von ihm geschaffene Umwelt ... in ihrer Vorläufigkeit, in ihrer Vergänglichkeit, auch ihrer

---

[131] Zweckrational handelt nach Weber (1972, S. 13), wer „sowohl die Mittel gegen die Zwecke, wie die Zwecke gegen die Nebenfolgen, wie endlich auch die verschiedenen möglichen Zwecke gegeneinander rational abwägt: also jedenfalls weder affektuell (und insbesondere nicht emotional) noch traditional handelt".

Einseitigkeit ... zu durchschauen und sie zu verändern".[132] Ihm müssen seine Grenzen vor allem dort deutlich werden, wo er versucht sein könnte, sich und der Natur mit seiner Arbeit zu schaden. Diese Selbstbegrenzung kann nur gelingen, wenn er die Folgen seiner Arbeit, also die Finalität von Arbeit, verantwortungsbewußt kalkuliert.

Arbeit ist als gestaltendes und planvolles Handeln auf einen künftigen Zustand von Welt gerichtet.[133] Weltoffenheit als Zukunftsoffenheit ist „Feind der Stagnation, verhindert schlechterdings Stillstand".[134] Die Fähigkeit des Menschen, sein Tun transzendieren zu können, befreit ihn aus der Bindung an eine statische Umwelt, macht ihn zum freien und handelnden, aber auch zum irrenden homo humanus. Deshalb muß er, um die Welt als die seine zu erkennen, lernen, sie zu gestalten und für seine humanen Zwecke verfügbar zu machen. Er muß lernen, die Aneignung von Natur und Welt im Rahmen natürlicher und humaner Ordnungen zu vollziehen. Nur genaue Kenntnis der Naturgesetze verhindert Ausbeutung und Vernichtung der Natur durch menschliche Arbeit.

Kurzsichtige, egoistische und damit verantwortungslose Besitznahme von Welt und Natur schadet dem Menschen, führt nicht zu Arbeit zu seinem Wohl. Naturbeherrschung aus der Einsicht in die Regeln und Zusammenhänge natürlicher Zustände und Abläufe dient ihm. Arbeit, die an den Naturgesetzen orientiert abläuft, fördert menschliches Wohl.

Solche Einsichten gewinnt der Mensch nicht intuitiv. Es bedarf, um sie zu erlangen, anhaltender und intensiver Bildung, insbesondere steter technischer Weiterbildung der Arbeitenden. Der Lernprozeß zur dauerhaften menschlichen Gestaltung der Welt hat diese Zusammenhänge zu berücksichtigen: Das Begreifen der Natur als Einheit, das Verstehen des Menschen in seiner Totalität. Bildung hat in ganzheitlicher Sorge Wissen und Kenntnisse, Einsichten und das zur Lebensbewältigung sinnvolle Verhalten zu vermitteln.

4.4 Sozialer Bezug der Arbeit

Als wichtigste Frage im Betriebsleben bezeichnet Friedmann „die Frage nach der Zusammenarbeit für ein gemeinsames Ziel".[135] Es bedarf dazu, in das Vokabular der

---

[132] Böhme 1976, S. 89f.

[133] Planung umfaßt nach Heldmann (1973, S. 130) im pädagogischen Raum zielgerichtetes Tätigsein, vorgenommen zur Erstellung eines Gesamtzusammenhanges zwischen Handlungen sowie deren Zwecken, Wegen, Mitteln und Tätigkeiten. Diese Umschreibung leitet Heldmann zwar aus dem betriebswirtschaftlichen Schrifttum ab, betrachtet aber kaum die dort gesehenen Einschränkungen. So ist für Diederich Planen „als ein in die Zukunft gerichtetes geistiges Tätigsein ... in vollem Umfange der Unsicherheit unterworfen" (1979, S. 199), und nach Mellerowicz hat kontinuierliche „Feststellung der Abweichung des Erreichten vom Geplanten" (1976, S. 143) zu erfolgen. Planung ist somit nicht von Prognose zu trennen, die feststellt, was in Zukunft wahrscheinlich sein wird.

[134] Böhme 1976, S. 90.

[135] Friedmann 1953, S. 210, in der Übersetzung von Burkart Lutz. Im Original lautet die Textstelle (1950, S. 249): „La question primordiale que pose la vie à l'usine est celle de la cooperation à un but commun."

Gegenwart gekleidet, operationaler Ziele, systematischer Informationsvermittlung, durchschaubarer Organisation, steter zielorientierter Kommunikation, ausgeprägten Teamgeistes, eines guten Betriebsklimas, gelebter Demokratie, ausreichender Initiative, persönlicher Verantwortung, niemals nachlassender Originalität und Kreativität von Vorgesetzten und Mitarbeitern. Die Liste der Postulate ließe sich noch erweitern. Sie zeigt bereits bis hierher wesentliche Punkte sozialer Beziehungen im Betrieb, verdeutlicht jedoch auch deren gegenwärtige Strapazierung und läßt erkennen, daß mit der Realisierung all dieser an sich guten Zielsetzungen etwas nicht stimmt. Betriebliche Realität bleibt im Erfüllen der individuellen und betrieblichen Ansprüche, die diese Ziele verkörpern sollen, teilweise weit zurück.

4.4.1 Entfremdung und Verdinglichung in der Arbeit

Einige Positionen zur Erklärung mangelnder Verwirklichung human-sozialer Kriterien seien beispielhaft angeführt: Der betriebliche Alltag bietet sich nicht selten als ein Zustand der Entfremdung, der Verdinglichung dar; Arbeit ist als ein Verhältnis von Menschen charakterisierbar, die einander gleichgültig geworden sind.[136] Ein Absinken des Maßes an Lebensfreude aus der Arbeit heraus ist zu beobachten,[137] denn Arbeit ist in zahlreichen Betrieben körperlich auslaugend und seelisch destruktiv geworden,[138] durch gesellschaftliche Arbeitsteilung in Herrschaft und Beherrschte gespalten,[139] die abhängig Beschäftigten von den Bedingungen und Produkten ihres Tuns entfremdet.

Parallel dazu entsteht Entfremdung von der gesellschaftlichen Realität, und gerade dies belegt die tägliche Praxis in den Betrieben deutlicher als jede Theorie. Von dort her trifft – ohne an dieser Stelle bereits Konsequenzen ziehen zu wollen – die von Volmerg gezogene Kritik zu: „Der Widerspruch zwischen Identität und Lohnarbeit ist nicht aufhebbar, solange die Menschen gezwungen sind, ihr eigenes Arbeitsvermögen als Ware zu verkaufen, weil Ihnen die Produktionsmittel und alle gegenständlichen Bedingungen ihrer Arbeit als fremdes Eigentum gegenüberstehen".[140]

Begründungen dieser Art lassen sich aus der Literatur umfangreich hinzufügen, etwa Kaddatz' Hinweis, Arbeit erlaube „dem Arbeitenden nur eine minimale Autonomie, d. h. so gut wie kein eigenes Planen, Disponieren, Entscheiden, Gestalten",[141] Schmales Bild vom Mensch-Maschine System, in dem der Mensch „häufig nur ein Funktionsglied zwischen Anzeigeinstrumenten und Steuereinrichtungen einer

---

[136] Entfremdung als Zustand ist für Maurer „die gleichgültige ... Beziehung zwischen Menschen oder zwischen Mensch und dinglicher Umwelt" (1973, S. 348).

[137] Vgl. Lübbe 1983, S. 15.

[138] Jahoda hat 1983 zwei Studien zur Situation industrieller Arbeit in Ungarn (Haraszti 1977) und Schweden (Palm 1977) dahingehend zusammengefaßt, daß sich unabhängig von den jeweiligen politischen Verhältnissen ähnliche Erfahrungen ergeben.

[139] Schröder (1978, S. 67) verweist in diesem Zusammenhang auf Glaeser 1970, S. 669f.

[140] Volmerg 1978, S. 48.

[141] Kaddatz 1982, S. 23.

Maschine"[142] geblieben ist, Nell-Breunings Mahnung, im Arbeiter „um seiner Menschenwürde willen ... die menschliche Leistung"[143] zu sehen, analog Mellerowicz' Suche nach einer solchen Arbeitsgestaltung für den Menschen, die hinsichtlich „seiner Belastbarkeit in physischer und seelisch-geistiger Hinsicht, seiner Selbstachtung, seines Verlangens nach Selbstverwirklichung"[144] menschengerecht erscheint sowie Hax' Appell, es müsse, um zufriedenstellende betriebliche und gesellschaftliche Verhältnisse zu erreichen, „zu einer Partnerschaft zwischen Arbeitnehmern und Arbeitgebern kommen".[145]

In diesen und weiteren Heraushebungen der Arbeit als dem letztlich entscheidenden Beweggrund menschlicher Leistungserstellung ist die soziale Grundbedingung der Arbeit als ein Tun hervorgehoben, das stets auf den anderen gerichtet ist. Arbeit ist in industriellen Gesellschaften prinzipiell nicht als isolierende Tätigkeit möglich, betriebliche Arbeit ist als organisiertes und sozialgebundenes Tätigsein auf konkrete Ziele gerichtet. Arbeitsorganisation erfolgt im Hinblick auf Effizienz, soziale Bindungen stellen die Arbeit unter das natürliche Bedürfnis des Menschen nach gegenseitiger Ergänzung. Deshalb dürfen Menschen im Bemühen um effektive Arbeitsorganisation nicht zu kleinen Bauern auf dem Schachbrett der Manager werden.

Die in den Betrieben Verantwortlichen haben die Aufgabe, die Arbeit harmonisch zu gestalten, d. h. in ihrem Vollzug und ihrem Erfolg auf andere Menschen zu verweisen. Die unaufhebbare soziale Bindung der Arbeit bleibt unabdingbare Grundbedingung humaner Arbeit, prinzipielles Gestaltungsmoment betrieblicher Arbeit.

4.4.1.1 Keine Lösung durch Klassenkampf

In der Betriebsrealität ist diese sozial-partnerschaftliche Grundbedingung der Arbeit nicht allerseits akzeptiert. So definiert Schröder zwar unter Berufung auf Frickhöfer und Jaeggi das Verhältnis von Arbeit und Kapital in kapitalistischen Betrieben als soziales Verhältnis, zeichnet es jedoch als durch antagonistische Konflikte ohne partnerschaftliche Zusammenarbeit gekennzeichnet, da „die Lohnarbeiter die mit der Entfremdung verbundene Unterdrückung und Deformation ihrer Individualität hinnehmen".[146]

In einem solchen Zustand einseitig vorteilorientierter Partnerschaft dient betriebliche Bildung vorrangig dazu, die für nur die eine Seite günstige Konstellation zu stabilisieren. Statt dessen, sagt Schröder, müßte die Bildungsarbeit in den Unternehmen „insofern eine besondere Stellung einnehmen, als durch soziale Lernprozesse den lohnabhängig Arbeitenden die Interessen und Interessenkonflikte transparenter

---

[142] Schmale 1983, S. 53.
[143] Nell-Breuning 1980b, S. 38.
[144] Mellerowicz 1976, S. 252. Es verwundert, wie vorschnell solche und ähnliche Formulierungen von einigen wirtschaftspädagogischen Autoren sofort als „Unternehmerfreundlichkeit ... Gewerkschaftsfeindlichkeit" klassifiziert werden (Kipp und Seubert 1975, S. 235).
[145] Hax 1976, S. 47.
[146] Schröder 1978, S. 67.

gemacht werden".[147] Doch das Ergebnis solcher Überlegungen bleibt mager: Betriebliche Ausbildung und Weiterbildung erfolgen „im Interesse der Unternehmung funktionalistisch ... als eine Investition in das ‚Human-Capital'", und das sei Grund genug, betriebliche Bildung „für das Kapital fungibel zu machen".[148]

Beiträge dieser Art vermögen in ihrer antagonistischen Grundstimmung keine Probleme zu lösen. Sie führen nicht zusammen, sondern trennen.[149] Allerdings zeigen sich überdeutlich, daß von Erfahrung losgelöste Theorien blutleer bleiben, wie auch Versuche, betriebliche Ausbildung und Weiterbildung als lediglich subtiles Instrument kapitalistischer Ausbeutung zu sehen, Emanzipation des Arbeiters und demokratische Verhaltensformen verhindern. Es ist nicht oft genug zu wiederholen: Betriebliche Bildungsarbeit steht in dreifacher Zielsetzung: Sie hat dem einzelnen, dem Betrieb und der Gesellschaft insgesamt zu dienen. Einseitigkeiten führen stets vom Optimum der ihr möglichen Wirkung weg.

4.4.1.2 Human-orientierte Arbeitsteilung als Ausweg

Natürlich vollzieht sich Arbeit arbeitsteilig, nicht ganzheitlich. Die betriebliche Gesamtaufgabe ist daher zweckmäßigerweise in Teileinheiten, in Abteilungen und Stellen, gegliedert. Im Prinzip der Arbeitsteilung liegt nicht vorrangig eine Erfindung für rational operierende Industrieunternehmen, sondern vielmehr eine humane Möglichkeit als Ursprung allen Fortschritts.[150] Ohne Arbeitsteilung bliebe der Mensch, dem Tier vergleichbar, in den Besorgungen der physischen Lebensnotwendigkeiten stecken. Erst sie schafft Möglichkeiten individueller Selbstverwirklichung, sie ist zur Grundbedingung aller Zivilisation geworden.

Arbeitsteilung kann allerdings dann der humanen Selbstverwirklichung, den sozialen Bindungen und dem kulturellen Fortschritt schaden, wenn die Inhalte atomisiert und die Erledigung isoliert werden. Wenige und monoton wiederkehrende Handgriffe an einem Werkstück auszuführen, wobei dessen endgültige Funktion und Bestimmung unbekannt bleiben, hat mit der Idee der Arbeitsteilung nichts mehr zu tun; „bei solcher Sinnentleerung der Arbeit, bei solcher Neutralisierung der persönlichen Werte muß die Berufsfreude ersterben".[151] Starres Verkettetsein des einzelnen in technisch-automatische Fertigungssysteme als lediglich menschliche, damit human genannte Schnittstelle, deren Substitution durch Technik entweder noch nicht möglich ist oder zu teuer wäre, entmündigt den Menschen.[152]

---

[147] Ebenda, S. 75.

[148] Ebenda (2 Zitate).

[149] Es ist daher voll Meyer zuzustimmen, der im Geleitwort einschränkt (1978, S. 5), daß sich der Standpunkt des Verfassers „wiederum nach bestimmten, recht angreifbaren Theorien orientiert und eine Lösung des Problemes nicht erkennbar" werden läßt.

[150] Vgl. Münch (1961, S. 12), der Arbeitsteilung als gesellschaftliches und als technisch-organisatorisches Phänomen beschreibt, als Differenzierung in Berufe und als Spezialisierung, inhaltlich als Aufteilung in dispositives und ausführendes Tun.

[151] Kalveram 1949, S. 95.

[152] Naudascher macht darauf aufmerksam, daß das nicht nur für den vielzitierten Fließbandarbeiter, sondern bis hin zu Führungskräften gilt und gerade sie „am anfälligsten für alle möglichen ... psychosomatischen Störungen" sind (1984, S. 11).

Arbeitsteilung bedarf also, damit der Mensch im Vollzug seiner Arbeit nicht erniedrigt wird, der Kontrolle und damit des Auffindens des relativ richtigen Maßes an individueller und gesellschaftlicher Arbeitsorganisation. Soziale Arbeitsorganisation muß als konstitutives Prinzip die Freiheit zu mündiger Entscheidung einschließen, festgelegt in Betriebsverfassung und Wirtschaftsordnung, auf kollektiver Ebene in der Tarifautonomie als Gestaltungsprinzip geregelt. Betriebsverfassungsrecht und ergänzende Rahmengesetze bilden das Gerüst der betrieblichen Sozialordnung. Der einzelne kann, sich darauf berufend, seine Anliegen und Interessen zur Geltung bringen.

Doch betriebliche Mitbestimmung ist nicht in erster Linie als Rechts- und Machtsfrage, sondern als humanes Anliegen zu sehen. Der originäre Anspruch auf sie leitet sich aus der Arbeit ab, lediglich ihr Grad kann Gegenstand politischer Disposition sein. Betriebe sind immer und in erster Linie Personengesellschaften, erst an zweiter Stelle aus Statuten gezeugte Kapitalgebilde. Wo Menschen gesellig zusammenarbeiten, sind sie nicht lediglich berechtigt, sondern verpflichtet, ihre Angelegenheiten zunächst selbst in die Hand zu nehmen. Solche eigenverantwortlichen Regelungen entsprechen den Prinzipien der Solidarität und Subsidiarität.[153]

Die Sozialorganisation des Betriebes kann dem Menschen, dem Betrieb und der Gesellschaft als Ganzes nicht vorbestimmt, sondern nur mitbestimmt dienen.

4.4.2 Arbeit als Aneigung und Begegnung

Arbeit bedeutet einerseits Auseinandersetzung mit Natur und Welt, andererseits Begegnung mit dem Mitmenschen. In ihrer sozialen Dimension erfährt sie erst ihre wahre humane Bedeutung, schließt den Mitmenschen in das eigene Handeln ein, würde ohne Begegnung unvollkommenes Tun bleiben. Erst menschliche Begegnung umfaßt in der Aufzählung von Guardini mit Psychischem und Physischem, Naturhaftem und Geschichtlichem, Dingen und Vorgängen, Zuständen und Akten alle Elemente, „die aus Freiheit, der eigenen wie der des anderen, hervorgehen".[154] Als wesentlich stellt er dabei die Freiheit des Willensbezuges heraus. Arbeit, Teil menschlichen Daseins, darf Menschen nicht unter dem Diktat von Maschinen verketten und verkabeln,[155] sondern muß sie in Freiheit zueinanderführen, ereignet sich

---

[153] Nell-Breuning hat die Erklärung der beiden Prinzipien dem Volksmund entlehnt. Das Solidaritätsprinzip veranschaulicht er mit „wir alle sitzen in einem Boot", und „soll es dem Ganzen wohl ergehen, dann muß es allen seinen Gliedern wohl ergehen". Für das Subsidiaritätsprinzip setzt er „die Kirche nicht aus dem Dorf tragen" und die Regel, „was der einzelne aus eigener Initiative und eigener Kraft leisten kann, darf die Gesellschaft ihm nicht entziehen und an sich reißen" (1980a, S. 46 und 49; 4 Zitate).

[154] Guardini 1965a, S. 8.

[155] Böll sieht die zunehmende Technisicrung, insbesondere im Freizeitbereich, skeptisch (1983, S. 42): „Wir stehen am Beginn eines Zeitalters der Freizeit, die unseren Zeitgenossen als Arbeitslosigkeit oder Arbeitszeitbeschränkung auferlegt worden ist oder weiter auferlegt werden wird. Und dieser Freizeit hat sich längst und wird sich weiterhin eine Freizeitindustrie bemächtigen ... Die große Verwurschtung durch die neue nationale Kabelkrankheit hat schon begonnen."

Begegnung doch erst „aus der grundsätzlichen Möglichkeit, in eigener Initiative zu allem in Beziehung zu treten, beziehungsweise es abzulehnen".[156]

Die Begegnung, von der Guardini spricht, vollzieht sich in der Arbeit auf zweifache Weise. Der Mensch begegnet arbeitend in von ihm gewollter Bezugnahme dem Arbeitsgegenstand, dem sachlichen Inhalt seines Tuns, und Arbeit erschließt ihm die Mitmenschen, seien es Kollegen und Vorgesetzte, Kunden und Lieferanten. Begegnung in der Arbeit ist fruchtbar, wenn Vertrauen und Zusammengehörigkeitsgefühl das Miteinander bestimmen;[157] sie bleibt unfruchtbar, wenn das Arbeitsklima von übertriebenem Konkurrenzdenken, von Fremdheit, vom Gefühl der Andersartigkeit oder gar Feindschaft, z. B. zwischen Berufen und Gruppen, bestimmt ist.

Soziale Beziehungen erwachsen aus dem Wollen der Menschen, unterbleiben aus deren Nichtwollen. Sie sind zudem durch eine Vielzahl von Kriterien bestimmt, die das soziale Umfeld ausmachen. Ohne den Willen zur Begegnung vermag auch der beste Wille wenig auszurichten. In diesem Wortspiel ist zwar die elementare Wahrheit ausgedrückt, „daß echte Begegnung nicht gemacht werden kann",[158] doch darf nicht der falsche Schluß gezogen werden, selbst intensives Bildungshandeln könne Begegnung nicht vorbereiten und nicht begünstigen. Im Gegenteil: Beziehungen zum Mitmenschen erreichen tiefere Bedeutung erst, wenn der Mensch zuvor gelernt hat, seine Welt und die Menschen zu erkennen und zu verstehen. In dann echter Begegnung greift Arbeit über das rein Nützliche hinaus und wird zum ordnenden Moment des betrieblichen Miteinanders.

Im Mitarbeiter erkennt der Handelnde die guten und weniger guten Folgen seiner Arbeit. Er spürt, ob er Vertrauen erweckt, Freude an der Arbeit durch eigenes Tun begünstigt, mittels geleisteter Hilfe Freundschaft und Offenheit schafft. Ergeben sich dauerhafte Begegnungen mit dem Mitmenschen, wächst der Mensch zur sozialen und humanen Persönlichkeit empor. Er geht, sagt Guardini „über sich hinaus auf das Andere, das Wesenhafte zu, und kommt ebendarin erst wirklich zu sich selbst".[159]

4.4.3 Arbeit als elementare conditio humana

Arbeit weist als soziales, dem Mitmenschen verpflichtetes Handeln gemeinschaftliche und gesellschaftliche Grundzüge auf. Aus beiden gewinnt sie die ihr eigene Struktur, erlangt Ordnung und erlaubt gesellschaftliche und betriebliche Arbeitsteilung. Gemeinschaftliche und betriebliche Arbeit liegen in den Kategorien personale Freiheit, gegenseitiges Vertrauen, berufliches Zusammengehörigkeitsgefühl, Identifikation und Verbundenheit mit dem Unternehmen. Kollegialität und Führung zielen auf

---

[156] Guardini 1965b, S. 13.

[157] Es ist mit Guardini einzuschränken, daß Begegnung den natürlichen Abstand zwischen Menschen niemals gänzlich aufzuheben vermag. In ihr tritt der Individualität das Soziale zur Seite, ohne „die Unaufhebbarkeit der Individualität" (ebenda, S. 16) in Frage zu stellen.

[158] Ebenda, S. 17.

[159] Ebenda, S. 23. Gegen Guardinis Personale Pädagogik als „intersubjektiv nicht nachprüfbare Sollaussagen" bringt Höltershinken Bedenken vor (1978, S. 170).

Harmonie in der Betriebsgemeinschaft. Harmonie in der Arbeit und durch die Arbeit erwächst aus ihrem axiomatischen Charakter. Es sind die originären humanen Ziele – Selbstverständnis, Fremdverständnis und Weltverständnis, – die als Denk- und Handlungsgemeinsamkeit Menschen in Arbeit zusammenführen.

Diese humanen Ziele sind deshalb originär und schon immer gegeben, weil Arbeit als Wesensmerkmal menschlicher Existenz ohne Rückbezug auf die eigene Person und ohne Bezugnahme auf den Mitmenschen nicht möglich ist. Das personale und das soziale Axiom der Arbeit zielen damit stets – vor jedem Akt planender Zwecksetzung – auf die Erhöhung von Selbstverständnis, Fremdverständnis und Weltverständnis. Arbeit ist als elementare conditio humana personal, sozial und material im Axiom vorbestimmt (Übersicht 10).

Übersicht 10: Arbeit als elementare conditio humana

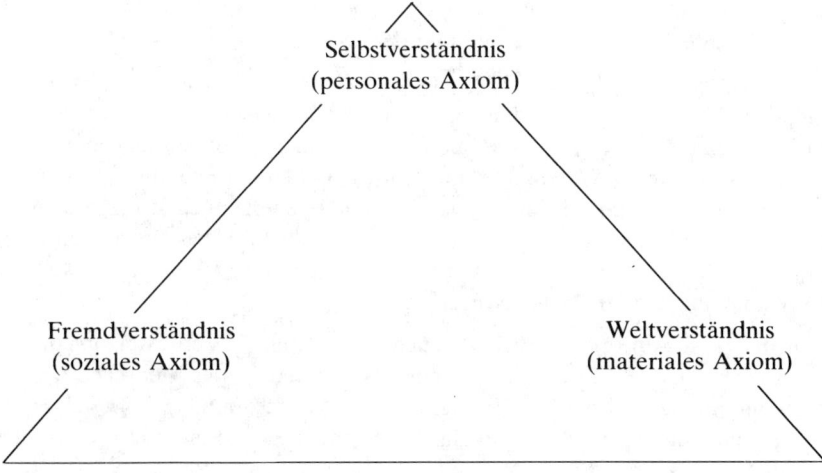

Selbstverständnis
(personales Axiom)

Fremdverständnis
(soziales Axiom)

Weltverständnis
(materiales Axiom)

4.4.4 Gemeinschaftliche und gesellschaftliche Grundzüge der Arbeit

Gemeinschaft bedarf als konstruierende Elemente der Wechselwirkung und des Konsensus, insbesondere bei arbeitsteiliger Produktion und in der Verteilung von Gütern. Wechselwirkung geschieht in sozialer Wahrnehmung, Konsens bildet sich in als Wir-Gefühl empfundener Gemeinschaft. Verhaltensorientierte betriebliche Bildung muß diese Grundkategorien reflektieren und gemeinschaftsfördernd sicherstellen.

Die gesellschaftlichen Züge der Arbeit liegen in ihrer zweckrationalen und damit zweckbestimmenden Organisation, denn Arbeit ist final auf das Erreichen der vom einzelnen, dem Betrieb und der Gesellschaft bewußt gesetzten Ziele hin organisiert. In Fortführung der Gedanken Dahrendorfs vom Sozialsystem Betrieb als „stabiles, integriertes Gefüge auf der Grundlage der Funktionalität aller Elemente und des

Consensus aller Mitglieder"[160] läßt sich von der Summe der teils aus personaler Freiheit, teils aus Zwang geknüpften Begegnungen arbeitender Menschen sprechen, die Gemeinschaft und gesellschaftliche Betriebsstrukturen erzeugt. Das Herrschaftsverhältnis Betrieb, von Dahrendorf als Zwangsverband mit den Elementen

– Gesetzlichkeit des Wandels,
– Konflikte zwischen einzelnen und Gruppen,
– Allgegenwärtigkeit von Konflikten durch Veränderung und Desintegration,
– Zusammenhalt durch Herrschaft einiger über andere

erklärt und zugleich als „keineswegs das ganze Gesicht des Betriebes" eingeschränkt, lebt aus „Integration und Zwang, Stabilität und Wandel, Kooperation und Konflikt".[161] Die den Betrieb als Zwangs- und als Sozialsystem ordnenden Prinzipien konzentrieren sich um den gesellschaftlichen Aspekt aus Konventionen, Verträgen, Betriebsverfassungen, tarifvertraglichen Regelungen, Betriebsverfassungs- und Mitbestimmungsgesetzen. Diese die gesellschaftliche Arbeit begrenzenden und bestimmenden Regeln und Normen sind im positiven Recht des Staates verankert, erwachsen aus den Interessen des einzelnen und dem Nutzen der Gesellschaft als Triebfedern individueller und kollektiver Arbeit.

Im gemeinschaftlichen Verständnis hat Arbeit axiomatischen Charakter, im gesellschaftlichen Sinne ist sie in der Realität des jeweiligen Vollzuges von Prinzipien geleitet. Als objektiver Wert ist Arbeit dem Menschen ein unabdingbarer, a priori geltender Selbstwert. Sie existiert überindividuell, überzeitlich und überkulturell, abgetrennt von allem Seiendem,[162] und kann daher als humanes Phänomen niemals geleugnet werden. Arbeit wird somit in den Wertkategorien der Menschenwürde und der Vollkommenheit zur Bildungsvoraussetzung.

Bildung hat diese Apriori als zweckimmanenten Auftrag, als Voraussetzung und Ziel, stets anzuerkennen. Es gibt keine Bildung, die die Würde des Menschen und seine Vervollkommnung ausschließt. Die axiomatische Vorbestimmung zeigt sich graduell unterschiedlich in den durch zeitabhängig, personenbezogen und kulturell bestimmten Bildungsrealisationen.[163] Als ordnende Prinzipien dienen positiv gesetzte Regeln, den individuellen Sinn schaffen wertende Akte der Menschen. Arbeitszeiten, -inhalte, -formen und -verfahren werden jeweils danach beurteilt, welchen Beitrag Arbeit zu

– Selbstentfaltung
– Integration
– Anerkennung
– Geltung
– Macht
– Eigentum

[160] Dahrendorf 1972, S. 45 f.
[161] Ebenda, S. 46 (2 Zitate).
[162] Vgl. Kerschensteiner 1926, S. 71 f.
[163] Hierzu paßt Stratmanns Äußerung (1978, S. 70 f.): Kerschensteiner gab „eine Bildungstheorie, aber viele Bildungen, und keine hat gegen die andere ein Recht".

zu leisten vermag. Sie wird vollzogen, wenn der Arbeitende in ihr einen Zuwachs im Verwirklichen individuell unterschiedlich gewünschter Werte, etwa
– größere Annehmlichkeit
– Zuwachs an Glück
– gesicherte physische Existenz
– vermehrten Nutzen
– Lustgewinn
– ausgedehntere Macht
erreicht sieht. Bildung dient dem Aufbau und der Erweiterung „des Werterlebens, der Werterkenntnis und der Wertverwirklichung in Dingen und Personen",[164] deren sich der Mensch in der Arbeit bedient und denen er in der Arbeit begegnet. Bildung ist Mittel zur Arbeit, Arbeit ist Mittel zur Erreichung von Zwecken, auch von Bildungszwecken.

4.5 Arbeit als zweckbestimmte Leistung

Arbeit als zweckgerichtetes Tun strebt nach Verbesserung
– meiner selbst (Personalität),
– anderer (Sozialität),
– der Welt (Utilität).

Die Zweckverfolgung – der Vollzug der Arbeit – ändert stetig den Zustand des Arbeitenden, die Konstitution anderer und die Welt mit ihren Gegenständen und Gedanken. Arbeit als zweckbestimmte Leistung braucht Mittel, um den Zweck der Arbeit zu erreichen. Solche Mittel sind Gegenstände, Handlungen, Ideen.

4.5.1 Axiomatischer und prinzipieller Zweck der Arbeit

Zweck, definiert als gedachter, als zukünftig gewollter Zustand realer Wesen, wird durch die Tätigkeit des Zwecksetzenden entweder direkt und allein oder durch Vermittlung und unter Mitwirkung anderer Ursachen herbeigeführt.[165] Auch für den Begriff Arbeit ist es sinnvoll, zwischen dem teleologischen Bezug und dem Zweck zu unterscheiden. Teleologisch ist zu unterstellen, daß Zweck der Arbeit immanent gesetzt ist, Zwecksetzung mithin bewußtseinsjenseitig stets unverfügbar gesetzt ist und bleibt. Arbeit bedeutet daher im teleologischen Sinne humane Zweckerfüllung.

Zweck der Arbeit ist im prinzipiellen – nicht axiomatischen – Verständnis immer gesetzter Zweck, abhängig in Inhalt, Intensität und Form vom Willen der arbeitenden Menschen zum Zwecksetzen. Zweck steht als zielgerichtete Absicht, als final bestimmter Nutzen und planmäßige Vorbestimmung späteren Arbeitens stets als Denkakt dem Vollzug vorausgesetzt. Dabei bedeutet Zweck das Maß gewollter Arbeit, nicht ihre aposteriorische Messung und Beurteilung des erreichten Ergebnisses.

Der Zweck der Arbeit ist auf Mittel angewiesen. Ohne Instrumente zur Verwirkli-

---

[164] Kerschensteiner 1926, S. 250.
[165] Vgl. Sigwart 1907, S. 4.

chung der gedanklich vorbestimmten Wirkungen von Arbeit bleibt alles Konstruktion. Doch jene Mittel sind nicht frei verfügbar, sondern unterliegen den in ihren jeweiligen Sphären bestehenden Gesetzen. Es gilt mit Habermas: „Zweckrationales Handeln verwirklicht definierte Ziele unter gegebenen Bedingungen".[166]

Ist Arbeit als elementare conditio humana teleologisch bestimmt und damit menschlicher Disposition unverfügbar vorenthalten, bleibt sie als zweckrationale gesellschaftliche Tätigkeit unbedingt auf menschliche Disposition angewiesen. Gesellschaftliche Arbeit bedarf der individuellen und institutionellen Zwecksetzung.

Zweckbestimmte Arbeit bedeutet ein Handeln um zu ..., und der Zweck wird durch ihren Vollzug „ver"mittelt. Arbeit unterliegt als zweckbestimmtes gesellschaftliches Verhältnis den allgemeinen Bedingungen gesellschaftlich vermittelter Verhältnisse, deren konstitutive Kriterien sich in Herrschaft, Macht, Freiheit, Gleichheit, Autonomie und Fortschritt zeigen. Die prinzipielle Geltung dieser zeitabhängig kulturtypischen Kriterien bestimmt in Form von Werten und der daraus abgeleiteten Normen das ebenfalls gesellschaftlich konstitutive Kriterium Arbeit wesentlich mit. Arbeit erhält ihre graduelle Bedeutung im gesellschaftlichen Geschehen aus der für sie konstitutiven Geltung dieser Kriterien gesellschaftlicher sozialer Verfassung.

Umgekehrt beeinflußt Arbeit auch, wie sich die Gesellschaft formt und entwickelt. Die jeweils vorherrschende Deutung des Wertes von Arbeit erfolgt in Freiheit eines jeden einzelnen[167] aus dem Bedürfnis seiner Nutzenoptimierung durch ihren Vollzug. Der Wert der Arbeit ist in Freiheit der Person und in Abhängigkeit des Handelns von den Zielen anderer sittlich geboten und aufzufinden. Freiheit und Sittlichkeit markieren die Wertgrenzen aller Arbeit.

4.5.2 Gesellschaft als zwecksetzende Instanz

Weil Arbeit als ein in Ziel, Inhalt und Organisation gesellschaftlich vermitteltes Verhältnis der Menschen zueinander darstellt, ist als gesellschaftlich bedeutsame Frage zu klären,
– wer die Ziele der Arbeit bestimmt,
– wer notwendige Inhalte festlegt,
– wer Formen und Dauer betrieblicher Arbeit vorgibt.

Der Wert der Arbeit erlangt nun im Bereich kollektiver Arbeitsgestaltung eine politische Dimension. Politische Willensbildung findet allerdings ihre Grenzen der

---

[166] Habermas 1969, S. 62. Der stets doppelte Sinn menschlicher Arbeit ist im Schrifttum oft angesprochen, mit Blick auf die Betriebsorganisation von Hax: Arbeit „ist einmal eine Kette von Verrichtungen, die der Erfüllung irgendwelcher Zwecke dient; zum anderen ist sie Ausdruck der menschlichen Persönlichkeit ... Dieser Doppelcharakter der Arbeit wird zum Problem, wenn die Zwecke, denen sie dient, fremdbestimmt sind" (1969, S. 44).

[167] Dörschel fordert für die arbeitspädagogische Forschung stärkere Beachtung des pädagogischen Grundproblemes Freiheit (1972, S. 88): „Denn nur, wenn über die Möglichkeit der Freiheit in der Arbeit des Menschen mehr Klarheit herrscht als bisher, vermag seine Entfaltung als Mensch auch in der Arbeit der Zukunft gesichert zu werden." Dazu bemerkt

Machbarkeit in den Grundsätzen und Ergebnissen der einzubeziehenden Wissenschaften: Anthropologie, Arbeitswissenschaft, Psychologie, Soziologie, vor allem Wirtschaftswissenschaften und Pädagogik.

Erst wenn feststeht, welchen Zweck betriebliche Arbeit verfolgt, läßt sich in einem weiteren Schritt die pädagogische Frage klären, welche Bildungszwecke erstrebenswert sind und welche Inhalte die festgelegten Ziele der gesellschaftlichen Arbeit begünstigen.[168] Die Antworten hierauf enthalten stets Werturteile. Entscheidungen über die diese Zwecke instrumental begünstigenden Bildungsmaßnahmen erfolgen in der Auseinandersetzung der gesellschaftlichen Kräfte. Es sind für die jeweils möglichen didaktischen Wahlen in der Gesellschaft Mehrheiten zu finden, doch meist bestimmen Kompromisse das demokratische Auffinden des dann als richtig angesehenen Weges und der notwendigen Inhalte betrieblicher Arbeit und damit auch betrieblicher Bildung.

Als gesellschaftliche Entscheidung über Zweckmäßigkeit betrieblicher Bildung und betrieblicher Arbeit bedarf es übergeordneter Zwecke, aus denen jeweils nachgeordnete deduziert werden. Arbeit und Bildung stellen – axiologische – Werte an sich dar. Alle ihre Ziele, Inhalte und Organisationsformen haben der unbedingten Forderung nach humaner Selbstverwirklichung zu dienen. Aus diesem Axiom resultiert ihre Legitimität, mit dessen absoluter Geltung sind die Grenzen der Gestaltung gezogen.

Im Prozeß und im Ergebnis von Arbeit und in der sie ermöglichenden Bildung liegt das – jeweils vorläufige – Resultat gesellschaftlicher Auseinandersetzung um die besten Ziele. Eine liberal marktwirtschaftliche Wirtschaftsdemokratie verfolgt jene Zwecke, die eine Mehrheit finden. Die Offenheit des Prozesses und der Ergebnisse ist allerdings nicht total, sondern an die prinzipiellen Grenzen der Gesellschaftsordnung und an die absoluten Schranken der Humanität gebunden. Ebenfalls ist gesellschaftliche Arbeitsgestaltung durch das Verbot der Willkür begrenzt, denn das gesellschaftliche Normen- und Wertgefüge kann den Forderungen des Arbeitslebens nur unter steter Beachtung seiner originären und unverfügbaren Quellen objektiver Werte als Maß und Ziel dienen.

4.5.3 Sicherung der Existenz als pragmatischer Zweck der Arbeit

Betriebliche Arbeit ist im Bewußtsein und im Streben der Mitarbeiter und des Betriebes an konkreten und praktischen Zwecksetzungen orientiert. Arbeit dient dem Erwerb, sichert die Existenz, ermöglicht die Befriedigung zahlreicher Bedürfnisse. Arbeit im konkret existentiellen Sinne ist so alt wie der Mensch selbst. Der Zusammenhang von Arbeit und Ernte war nur ursprünglich in der agraischen Arbeit unmittelbar gegeben. Dauernder Kampf gegen die Elemente begleitete und

---

Stratmann allerdings: Die Antwort, wie dies geschehen soll, „bleibt Dörschel dem Leser schuldig" (1974, S. 882).

[168] Die im gesellschaftlichen Interesse betriebene Bildung trägt dispositiven und instrumentalen Charakter. Bildung erfolgt transitiv „um zu ...", sie ist Mittel zur Erreichung gesetzter Zwecke. Im gemeinschaftlichen Sinn folgt Bildung dem originär unauflöslich gegebenen Ziel der Bildung um des Menschen selbst willen. Sie ist Selbstzweck.

erschwerte die Arbeit, „Erntesegen verhieß Fülle, Reichtum, Glück – und blieb er aus, so stand unweigerlich Not ins Haus. Die Vater-unser-Bitte ums tägliche Brot hatte ihren ganz konkreten Sinn".[169]

Von diesem unmittelbaren Zusammenhang zwischen Säen und Ernten ist die betriebliche Arbeit der Gegenwart befreit. Bessere Naturbeherrschung und Einsichten in deren Gesetze ermöglichen Arbeit in Betrieben normalerweise unabhängig von den Unbilden der Natur, dank verbesserter Bearbeitungsmethoden, Schädlingsbekämpfung und Düngemittel selbst in der Landwirtschaft. Deren Produktion reicht in den europäischen Staaten nicht nur zur Ernährung der Bevölkerung aus, sondern es sind enorme Summen zur Überschußbewirtschaftung einzusetzen. Dennoch: Die grundsätzliche Bedrohung durch die Elemente bleibt bestehen, die unmittelbaren Beziehungen zwischen Mensch, Arbeit und Natur gelten weiterhin.

4.5.4 Arbeit als vermittelter Zweck

In betrieblicher Arbeit liegt die vermittelte Bezugnahme des arbeitenden Menschen zu sich selbst, seiner Umwelt und dem Arbeitsergebnis. Vermitteltsein bedeutet,
– der Zweck der Arbeit ist vorgegeben,
– die Mittel der Arbeit sind bestimmt,
– die Inhalte der Arbeit sind festgelegt,
– der Nutzen der Arbeit ist errechnet.

Auf diesen vermittelten Charakter des Zweckes betrieblicher Arbeit deutet syntaktisch auch der Wortgebrauch „abhängig" Beschäftigte hin. Das Ziel der Individualarbeit ist betrieblich vorgegeben, Standardisierung und Normung verlangen Anpassung. Unternehmerische Entscheidungen bestimmen die Arbeitsorganisation nach Art, Inhalt und Umfang. Der Arbeitseinsatz folgt dem Zweck, durch die Kombination von Mensch und Maschine Werte zu schaffen, die Erwartungen der Mitarbeiter zu erfüllen und einen Beitrag zur Wohlfahrt der Gesellschaft zu leisten.

Vorgegebener Zweck der Arbeit heißt, daß willentliche Initiative zum Vollzug der Arbeit nicht dem einzelnen überlassen bleibt, sondern ihm als Entscheidung der Unternehmensleitung übermittelt wird. Disposition und Ausführung fallen auseinander. Das Recht zur Disposition ist weitgehend Unternehmerrecht, ein Einbezug der Mitarbeiter überwiegend auf sekundäre Ausführungsentscheidungen beschränkt. Es gibt zunehmend auch autonome Arbeitsgruppen, Qualitätszirkel, Lernstätten und andere Modelle der Entscheidungs- und Verantwortungsdelegationen als aktuelle positive Ansätze zum stärkeren Einbezug der Mitarbeiter.[170] Solche Beteiligungsmodelle versuchen, durch autonome Wahl der Arbeitsmittel Verbesserung vorgegebener Zwecke zu erreichen; die Mitarbeiter können in zwar hohem Maße entscheiden, „wie" sie ihre Arbeit gestalten, nicht jedoch mitentscheiden, „was" sie arbeiten sollen.

---

[169] Woller 1983, S. 110 (Zitat o. V. aus: Süddeutsche Zeitung vom 12.9.1979).
[170] Als betriebspädagogisch bedeutsames Beispiel sei auf Dunkel verwiesen (1983, S. 7 ff.): Theoriekonzept der „Lernstatt" und Berichte aus 6 deutschen Unternehmen.

Da erst Mittel einen Zweck aus seiner gedanklichen Vorbestimmung in reale Handlungen zu transformieren vermögen, Zwecke ohne dazugehörige Mittel also unerreichbar bleiben,[171] wird das Denken der Zwecke erst durch das Mitdenken der Mittel wertvoll. Harmonie der Zwecke und der Mittel kennzeichnet human wertvolle Arbeit. Deshalb liegt ein positives Moment der Kleingruppenarbeit mit weitgehender Mittel-Autonomie im Erreichen des Zwecks durch selbstbestimmte Mittel bis hin zu dessen Veränderung durch das autonome Handeln. Entscheidung und Ausführung fallen graduell zusammen. Betriebliche Arbeit führt in der Einheit von Ziel, Prozeß und Ergebnis zur menschengerechten Einheit zweckbestimmter Leistung.

Der Vermittlungscharakter der Arbeit darf folglich niemals total sein. Identität vermittelter Ziele mit Individualzielen verhindert absolute Fremdbestimmung der Arbeit. Gesellschaftliche Normen und Prinzipien leiten als sozio-technische Informationen die wirtschaftlich-zweckbestimmten Entschlüsse. Was Arbeit ist, welchen Zwecken sie dienen soll und welche Mittel zur Zweckerreichung einzusetzen sind, ist anhand ethischer Prinzipien zu entscheiden. Arbeit wird hinsichtlich der von ihr zu erwartenden positiven Beiträge zum Allgemeinwohl und zur sozialen Gerechtigkeit antizipativ bewertet und dann vollzogen.

4.5.5 Betriebswirtschaftlicher Zweck der Arbeit

Betriebliche Wertvorstellungen treten in der Vorbestimmung zweckhafter Arbeit hinzu. Postulate wie Gewinn, Wirtschaftlichkeit und Rentabilität, die den betriebswirtschaftlichen Zweck der Arbeit bestimmen, sind in der hier verfolgten Sicht Zwecke zweiter Ordnung.[172] Sie beeinflussen Ziel und Inhalt, Art und Umfang betrieblicher Arbeit nur insoweit, wie sie vom Rahmen der gesellschaftlichen Prinzipien her Gestaltungsspielraum erlangen. Betriebliche Arbeitsgestaltung darf weder dem axiomatischen Wertapriori der Menschenwürde schaden noch den gesellschaftlichen Prinzipien des Allgemeinwohls und der sozialen Gerechtigkeit widersprechen. Aus dem personalen Wert jedes Menschen als Selbstwertapriori, dem personalen Wertempfinden als Ausdruck der Individualität begründet sich der unverrückbare Anspruch auf wertvoll ablaufende Arbeit. Dieser Anspruch bleibt für die kollektive Gestaltung der Arbeit unverfügbar. Darüber hinaus bezieht der Mensch Wertvorstellungen aus der Betriebsgemeinschaft und der Gesellschaft allgemein, die sich in personaler Annahme mitbestimmend für die Zwecksetzung betrieblicher Arbeit auswirken. Individuelle Zwecksetzung gehört zur Vergesellschaftung von Arbeit, sie darf nicht ausgeschlossen werden, sie ist Teil des Zweckes.

4.5.6 Zweck-Mittel-Hierarchie der Arbeit

Nur in sinnvoller Symbiose dieser Werthierarchie vollzieht sich gesellschaftliche Arbeit zum Wohl des einzelnen, zum Nutzen des Betriebes und zur Wohlfahrt der Gesellschaft. Eine solche Symbiose hat zu berücksichtigen, daß personale Zwecke

---

[171] Vgl. Brockard 1974, S. 1818.

[172] „Die anthropologische Aufgabe der Unternehmung darf vom Unternehmer nicht geringer eingeschätzt werden als die wirtschaftliche" (Pleiß 1982, S. 22).

Mittel betrieblicher Zwecke, institutionale und personale wiederum Mittel zur Erreichung gesellschaftlicher Zwecke darstellen. Diese Zweck-Mittel-Hierarchie steht insgesamt in der Pflicht der originären Zwecke Menschlichkeit und Selbstverwirklichung. Die unbedingt geltenden unverfügbaren Zwecke der Arbeit stecken den Rahmen der Mittel ab. Alle gesetzten Zwecke haben damit implizit und unbewußt oder explizit und bewußt gesetzt transzendeten bzw. transitiven Charakter.

Die unbedingte Beachtung des Selbstzwecks des arbeitenden Menschen schützt seine Menschenwürde, gewährt ihm Eigenart und Selbständigkeit. Ein Mensch, der nur um der Zwecke anderer willen arbeitet, wird Büttel und Handlanger, wird Werkzeug anderer ohne Freiheit, Eigenständigkeit und Würde.[173] Der Forderung nach eigener Zwecksetzung des Arbeitenden sollten die im Betrieb Verantwortlichen schon deshalb stattgeben, weil Verweigerung individueller Freiheit bei der Bestimmung der Arbeitsziele, weil Versagen der Beteiligung an den Entscheidungen des Betriebes langfristig die Verweigerung des Mittels zur Zweckerfüllung zur Folge hat. Bei weitgehend fremdbestimmter Arbeit sinken Motivation, Arbeitsfreude und Leistung rasch und stark. „Zweck ist auf Mittel angewiesen. Mit einem Zweck ohne die dazugehörigen Mittel ist es nichts".[174] Leistung wird im Extrem verweigert.

Konkret heißt dies: Bleibt den Mitarbeitern jede Eigeninitiative in der Zwecksetzung (Zielfindung) der Arbeit vorenthalten, sind die Anordnungen zur Ausführung (Prozeßbestimmung) umfassend vorgegeben, bestehen Kontrollen und Weisungen lückenlos, dann sinkt die Leistung. Bei fortgesetzter Entsagung des unabdingbaren Rechts auf Selbstbestimmung erkrankt der Mensch, fällt aus seiner Natur heraus in tierisches Verhalten; er kann unter solchen Bedingungen nicht arbeiten.

Extrempositionen sind zwar nicht geeignet, um Realität nachzuzeichnen, doch unzweifelhaft ist für viele repetitive Tätigkeiten mangelnder, oft gar fehlender Arbeitswert festzustellen. Sich monoton aneinanderreihende inhaltsgleiche Handgriffe kommen entwürdigender Arbeit sehr nahe. Job-Enrichment als qualitative Tätigkeitsbereicherung und Job-Enlargement als technische Tätigkeitsausweitung kennzeichnen Modelle zur humanen Gestaltung ebenso,[175] wie in Tarifverträgen und Betriebsvereinbarungen Mindestausführungszeiten und damit inhaltliche Untergrenzen einzelner Tätigkeiten festgeschrieben sind.

Die Betriebe müssen bemüht sein, das starke Eigeninteresse der Menschen an sinnvoller Arbeit zu fördern. Selbstbestimmung im Vollzug der Arbeit, Mitbestimmung bei Entscheidung und Organisation sichern die personale Komponente der Arbeit, doch setzt beides solche Befähigung voraus. Dazu hat betriebliche Bildung im

---

[173] Auer schränkt ein (1966, S. 135 f.): „Der Mensch verliert seine Würde noch nicht, wenn er für einen anderen vorwiegend Mittel zum Zweck ist. Er verliert sie nur, wenn er sich selbst nur noch als Funktionsträger betrachtet ..., wenn in einer Weise über ihn verfügt wird, daß die Freiheit aufgehoben ist."

[174] Brockard 1974, S. 1818.

[175] Reisch bringt für Job-Enrichment die Automobilindustrie als Beispiel (1975, Sp. 1086), Kupsch hebt für Job-Enlargement eher skeptisch auf allgemeine physiologische Aspekte ab (1975, Sp. 1079). Pulligs Kurzformel lautet (1980, S. 123): Job-Enrichment = Erweiterung des Entscheidungsspielraums, Job-Enlargement = Erweiterung des Tätigkeitsspielraums.

Prozeß der Entwicklung verantwortungsbewußter und selbständiger Persönlichkeiten ihren Beitrag zu leisten, ist doch bereits der „Grad der jeweiligen Gelerntheit ... Indikator für Arbeitszufriedenheit schlechthin".[176] Bildung ist Mittel zweckorientierter Arbeit, wenn eigene Gestaltungsmöglichkeiten bewußt zum Erreichen eigener Zielsetzungen in die Arbeit einfließen.

Auf den Ebenen Betrieb und Gesellschaft setzt sich die Beziehung Selbstzweck-Fremdzweck fort. Betriebliche Leistung umfaßt mehr als die Summe individueller Leistungspotentiale und mehr als die Summe formaler Beziehungen. Betriebe enthalten als Ganzes, als gewissermaßen Betriebs-Individualität, ihr jeweils einzigartiges Sozialgefüge und Leistungspotential. Diese Originalität ist nur aufzubauen und zu erhalten, wenn die Gesellschaft auf die Eigeninitiative der Betriebe setzt, diese fördert und durch die allgemeine Ordnung schützt. Verfolgt ein Staat eine antiliberale Unternehmenspolitik mit staatlichem Anspruch auf Zielsetzung, Entscheidungshoheit und Durchführungskontrolle, dann erlahmen unternehmerische Initiativen, bedürfen sie doch eigener Zwecksetzungen und des Bewußtseins, Arbeit um unternehmerischer Ziele willen vollbringen zu können.

Natürlich kann auch betriebliche Zwecksetzung nicht total sein. Unternehmen stehen in der Verpflichtung dreifacher Zweckerfüllung: Beachtung unternehmerischer Ziele, Anerkennung von Mitarbeiterzielen, Erfüllung ihres Beitrages zum Gemeinwohl. Ein Ausgleich der Interessen zwischen den drei Anspruchsebenen erwächst in demokratisch-liberalen Wirtschafts- und Unternehmensverfassungen durch „Bereitschaft zum Kompromiß, also Beweglichkeit der Zwecke".[177] Sie wiederum, die Beweglichkeit, verlangt als Voraussetzung Einsicht in die Zwecke der jeweils anderen Zielebenen, bedarf ebenso der Mündigkeit, eigene Zwecke zu erkennen und durchzusetzen, wie der mündigen Bereitschaft zur Unterordnung eigener Zwecke unter anerkannt wichtigere der anderen.

Aus der Perspektive des Mitarbeiters heißt dies, er muß seine Arbeitsziele klar formulieren und durchsetzen können, also Wollen und Handeln kompetent beherrschen. Auch muß er im Vollzug seiner Arbeit die Zwecke des Betriebes und das Anliegen der Gesellschaft an seiner Arbeit antizipieren. Aus erkannter Pflicht vor sich selbst und gegenüber seinen Zielen, aus Einsicht in die Notwendigkeit, dem Betrieb und der Gesellschaft zu dienen, leisten Mitarbeiter ihre Arbeit.

Orientierungshilfen für den „richtigen" Vollzug der Arbeit als Individualzweck, Betriebszweck und Gesellschaftszweck liefert die Verfassung mit allen ihren nachgeordneten Rechtsnormen und Verhaltensregeln. Der Werktätige nimmt diese Orientierungshilfen aber nur wahr, wenn er die gültigen Regeln des Berufs- und Arbeitslebens kennt. Bildung hat diese Formalkompetenz durch Bildungsangebote dauerhaft zu sichern, Betrieb und Gesellschaft müssen die Geltung der Normen und Regeln ihrer jeweiligen Machtbereiche garantieren. Mit dieser Gewährleistung wird das normative Recht zur Bedingung für zweckbestimmte Arbeit, in der handelnden Beachtung zu deren Mittel.

---

[176] Bunk 1972, S. 381.
[177] Brockard 1974, S. 1821.

4.5.7 Zweckbestimmende Leistung und leistungsbestimmende Kompetenz

Erwartungsgerechte und anforderungsbestimmte Arbeit erbringt der einzelne nur, wenn er ausreichend Sachkompetenz besitzt. Jeder Mitarbeiter muß Art und Umfang seiner Tätigkeit beherrschen; er muß wissen, was er zu tun hat, wie er es auszuführen hat, und er muß erkennen, was seine Arbeit bewirkt. Die erforderliche Qualifikation zur sachgerechten Leistung ist durch Ausbildung grundzulegen und durch fachliche Weiterbildung den jeweiligen Erfordernissen entsprechend zu aktualisieren. Sachkompetenz hat dabei weiterzugreifen, als es sachgemäße Materialverwendung, zielorientierte Informationsverarbeitung und logische Arbeitsfolgen erscheinen lassen. Sachkompetenz muß als Mittel und Bedingung rationaler, zweckorientierter Arbeit das Arbeitsergebnis in seinen materialen Folgen und Nebenfolgen einschließen. Damit wird die lediglich manuelle und intellektuelle Kompetenz durch die ethisch-moralische Bewertung der Areit überhöht. Sachliches Befähigtsein zum Erstellen von Produkten und die sittliche Verantwortung für deren Gebrauch gehören zusammen.

Übersicht 11: Arbeit als zweckbestimmte Leistung

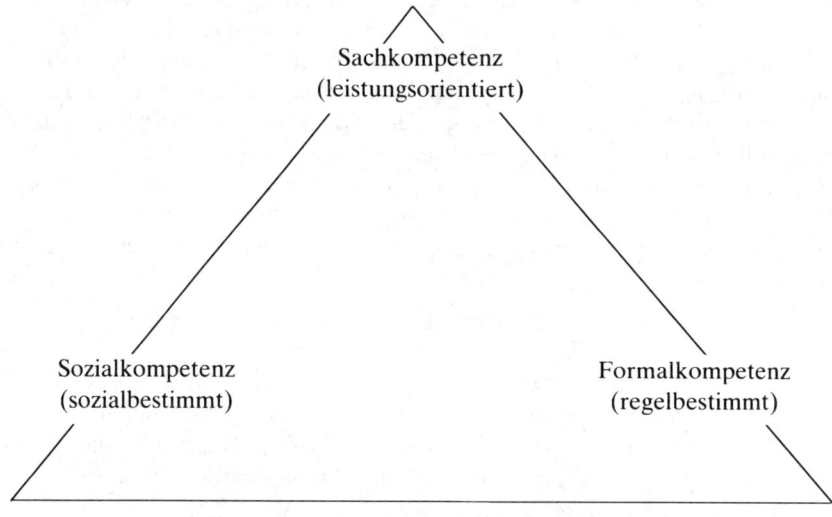

Formalkompetenz und Sachkompetenz werden durch Sozialkompetenz ergänzt (Übersicht 11). Immer weist Arbeit über den personalen und den betrieblichen Zweck hinaus auf den Mitmenschen. Sozialkompetenz umschließt die gesellschaftlich vermittelte Einsicht in die Rechte anderer und die Fähigkeit, aus Selbstbewußtsein heraus zugleich auch für den Mitmenschen verantwortlich zu handeln. Ohne Solidaritätsempfinden bleibt gesellschaftliche Arbeit unmöglich. Verhaltensorientierte betriebliche Bildung hat hier ein breites Spektrum notwendiger Maßnahmen abzudecken.

4.6 Neue Formen und Inhalte der Arbeit

Ein gut dressierter Schäferhund apportiert, was sein Herr ihm sagt. Solche arbeitserleichternden Dienste der Haustiere nutzt der Mensch seit langer Zeit. Tierische Arbeitskraft hat den Landmann von mancherlei mühsamer Tätigkeit entlastet, erst das Mehr an nun leistbarer Arbeit ermöglichte Vorratshaltung und machte den Menschen von den Unbilden der Natur unabhängiger.[178]

Ein programmierter Computer errechnet, was sein Benutzer durch Tastendruck von ihm verlangt. So bedient sich der Mensch in der Gegenwart zunehmend maschineller Intelligenz zur Erleichterung und Verrichtung von Arbeit. Der Computer, „der mithilft, alltägliche Probleme zu lösen oder Langeweile zu verscheuchen",[179] schickt sich an, des Menschen Freund zu werden.

4.6.1 Werden die Menschen arbeitslos?

Die tierische Intelligenz der agraischen Zeit wird durch die maschinelle Intelligenz der Computerzeit abgelöst. Es gibt keinen Arbeitsbereich, den der Computer nicht bereits in irgendeiner Weise unterstützt. Immer mehr Arbeiten hat er – scheinbar – vollständig übernommen. Die Geisterhallen japanischer Automobilfirmen flimmern in die Wohnzimmer der ganzen Welt. Zwangsläufig stellt sich die Frage: Wird der Mensch arbeitslos?

Obwohl gegenwärtig in der Europäischen Gemeinschaft 12 Millionen Menschen ohne Arbeit sind, obwohl die Leistungsfähigkeit der Computer stetig und steil wächst, ist die Frage in dieser totalen Formulierung zu verneinen. Das läßt sich an den beiden genannten „Hilfskräften", Hund und Computer, verdeutlichen. Beide, Tier und Maschine, sind auf die Kreativität des Menschen und die Führung durch ihn angewiesen. Wenn der Herr seinen Hund ermahnt, den geworfenen Stock erst in fünf Minuten zu apportieren, begreift Arras das nicht. Arras kann in seiner naturhaften Instinktbindung nichts mit dem Faktor Zeit anfangen, er ist überfordert. Wenn ein hypermoderner Großrechner, der die Fähigkeit natürlicher Spracherkennung und Sprachübersetzung besitzt, wartenden Managern in Deutschland das Klima, die Atmosphäre, eines in den Vereinigten Staaten geführten Gesprächs übermitteln soll, ist auch er überfordert, trotz seiner zahlreichen Megabytes. Der Computer bleibt an die kognitive Intelligenz seiner Erbauer gekettet. Ohne auch nur ein Jota Situationsschilderung erhaschen zu können, sendet die Maschine, was sie an Schallwellen wahrnimmt und verarbeitet.[180]

---

[178] Allerdings hat erst die Verbreitung des Christentums, darauf macht Hübner aufmerksam (1974, S. 1476), zu nachhaltiger Nutzung der Haustiere und zur Verbesserung der Geräte geführt, weil Ächtung der Sklavenarbeit die Suche nach anderen Helfern des Menschen intensivierte.

[179] Breuer 1984, S. 76.

[180] Sprache per Rechner maschinell allgemein verständlich zu machen bleibt unmöglich, weil Sprache nur innerhalb ihres Kontextes verstehbar ist, „selbst dieser nur in begrenztem Umfang denselben Personen zur Verfügung steht und ... infolgedessen auch Personen keine Verkörperung einer derartigen allgemeinen Lösung darstellen" (Weizenbaum 1984, S. 14).

Beide, Hund und Computer, sind außerstande, sich und ihre Handlungen zu reflektieren. Beide sind unbegabt, sich durch eigenes Wollen einer Situation anzupassen. Reaktion und nicht Aktion bestimmt Art, Reichweite, Methode und Qualität tierischer und maschineller Intelligenz. Kommunikation zwischen Mensch und Maschine bleibt im humanen Verständnis von Dialog ungelöst, zumindest „in bezug auf Normen, auf Affektivität und auf Kontextualität".[181] Die Karikatur von Schreiner verdeutlicht dieses Dilemma, wenn auch in umgekehrter Sicht.[182].

4.6.2 Erleichterung, nicht Entledigung von Arbeit

Der Mensch hat seine Arbeit nach der Domestikation vieler Tiere nicht verloren, er wird sie auch nach dem Siegeszug der Computer behalten. Jedoch bringt der Strukturwandel – wie damals – neue Formen und Inhalte der Arbeit mit sich. Nachdem der Mensch die Haustiere „erfunden" hatte, bildete sich der Stand der Viehhändler heran. Ein Teil der ackerbauenden Bevölkerung legte die Feldhacke beiseite und spezialisierte sich auf den Ankauf und Verkauf von Nutztieren.

Nachdem der Mensch den Computer erfunden hatte, zog wiederum eine neue Wachstumsbranche tüchtige Frauen und Männer in ihre Betriebe. In den Anwendungsbereichen verdrängt die maschinelle Intelligenz zahlreiche Menschen aus ihren Arbeitsplätzen. Umschichtungen großen Ausmaßes sind im Gange oder zeichnen sich für die Zukunft ab. Zu Recht nennt Jahoda die Erwartung, daß moderne Technologie den Menschen von ihn seelisch verkrüppelnden Arbeiten befreien wird, deren „leuchtendstes Versprechen"; doch die größte Gefahr, fügt sie hinzu, liegt darin, daß die gleiche Technik „die Qualifikationsebene für alle Tätigkeiten, die überhaupt noch zu verrichten bleiben, immer weiter senken wird".[183]

Drei Aspekte veränderter Arbeit treten somit hervor: Technik entbindet den Menschen zum einen – dies ist die positive Erwartung – von Geist und Seele tötender monotoner, schmutziger und gefährlicher Arbeit. Zweitens jedoch besteht die Gefahr überzogener und gedankenloser Technisierung der Arbeit – Technik als Fluch – darin, daß freigesetzte Mitarbeiter keine neuen Tätigkeiten finden und Technik zahllose Menschen in das unerträgliche Los der Arbeitslosigkeit verweist. Ebenfalls negativ ist drittens die Entwertung verbleibender Arbeitsplätze bis hin zu nur noch stumpfsinnigen Überwachungsfunktionen zu werten.

---

[181] Johnson 1984, S. 41. Einige Seiten weiter fügt Johnson hinzu (S. 50): „Der sprechende Rechner kann also nur punktuell über sich Auskunft geben ... Damit bleibt der Mensch auf sich gestellt, und er wird der Maschine nach wie vor entgegenkommen müssen."

[182] Entnommen der Süddeutschen Zeitung, Nr. 109 vom 12.5.1979, S. 144.

[183] Jahoda 1983, S. 77 (2 Zitate).

„Mein Programmierer versteht mich nicht ..."

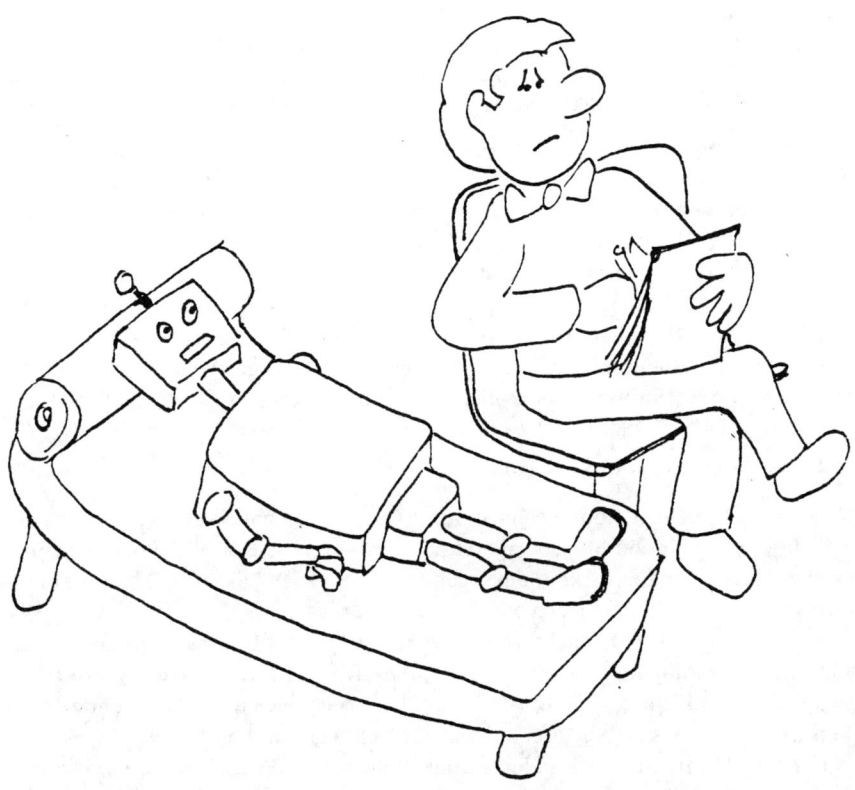

4.6.3 Arbeitshypothesen zur Technikentwicklung

Eines gilt es daher bei allen Fortschritten in den Formen menschlicher betrieblicher Arbeit zwingend zu berücksichtigen: Der Arbeit des Menschen kommt stets ein weit größerer Wert als der durch Maschinen geleisteten Arbeit zu. Die einschlägigen gesellschaftlichen Diskussionen mögen wortreich und doch mit nur mageren Ergebnissen an der Beseitigung der Massenarbeitslosigkeit operieren und die Bewältigung der immer schneller immer mehr Lebensbereiche einbeziehenden Technisierung analysieren, es weiß bisher doch niemand zu sagen, wie sich die Auseinandersetzung mit der „totalen" Apparatur denkend und lernend bewältigen lassen könnte. Noch steht eine wirkliche Auseinandersetzung mit dem Phänomen Technik, „die an die Wurzel des Problems vordringt bzw. das Problem überhaupt erst neu formulieren muß",[184] aus. Bammé u. a. bieten als Lösungszugänge drei Arbeitshypothesen an:
- Technik verselbständigt sich in einem naturgesetzlichen Prozeß, der Mensch gerät zwangsläufig zur abhängigen Komponente, er ist der Technik – ob er will oder nicht – ausgeliefert.

[184] Bammé u. a. 1983, S. 109.

– Technik ist nichts anderes als in Maschinen gebundener menschlicher Wille. Maschinen sind Menschenwerk, bleiben daher vom Menschen begreifbar und beherrschbar.

– Mensch und Maschine unterliegen in ihrer Entwicklung objektiven historisch-gesellschaftlichen Strukturprinzipien, so daß beide als historisch gewordene und historisch bedingte Subjektivationen eines objektiven Geistes bestehen.

Hier wird deutlich: Technik läßt sich nicht aus lediglich physikalisch-chemischen Gesetzmäßigkeiten heraus begreifen. Technikverständnis ergibt sich vielmehr erst in einer höheren, den Menschen einschließenden Abstraktionsebene wissenschaftlichen Denkens, die Technik nach Form und Inhalt, „auch die übermateriellen menschlichen Bedürfnisse"[185] einschließend, aus dem menschlichen Sinnzusammenhang heraus erklärt. Nur im Sinnganzen menschlicher Totalität zeigt sich, ob Technik dem Menschen dient, ob die historische Ausprägung technischer Systeme im Funktionszusammenhang materialer, sozialer und personaler Weltbezüge menschilche Entfaltung fördert oder ob Technik den Menschen von seinen humanen Zielen entfernt.

4.6.4 Technik – Mittel oder Zweck?

Für sich allein gesehen steht Technik ohne Wert. Sie erhält Wert – z.B. in Gestalt einer Maschine – für den Menschen erst dann, wenn „ihre Einzelleistungen zu einem Gesamteffekt zusammenwirken, der irgendwie Wert hat".[186] In drei Abstraktionsstufen zeigt sich das Ergebnis wertvoll oder wertwidrig:

– Subjektiv wertvoll als Erleichterung der Arbeit und des Lebens überhaupt, jedoch mitunter transsubjektiv falsch, daher kollektiven und objektiven Wertkriterien widersprechend. Nutzt – ein Beispiel – ein Unternehmer umweltbelastende Techniken, so mag er das Arbeitsergebnis als für sich wertvoll beurteilen, obwohl es für Natur und Mitmenschen Schaden bringt, kollektiv und objektiv wertwidrig ist.

– Kollektiv wertvoll als Entscheidung für bestimmte Techniken, z.B. im Energie- oder Waffenbereich, obwohl die Kollektiventscheidung nicht die Zustimmung aller Individuen finden muß; Nutzung der Atomenergie, Waffensysteme zur Verteidigung lehnen zahlreiche Mitbürger ab.

– Objektiv wertvoll als individuelle und kollektive Arbeit, obwohl deren objektiv wertvoller Gehalt in den realen Organisationsformen nur graduell zur Wirkung kommt; in den konkreten Erscheinungsformen der Arbeit trägt die Technik als menschliches Produkt die menschlichen Destrukturen in sich.

Es gilt daher festzuhalten, neue Techniken sind als arbeitserleichternd, wettbewerbs- fördernd und wohlstandswahrend zu bejahen. Gleichzeitig müssen die Menschen in den Industriestaaten anerkennen, daß wirtschaftlicher Wandel, kreative Unruhe und neue Formen und Inhalte der Arbeit als Mittel zur Erreichung des Wohlfahrt mehrenden Technikeinsatzes ebenfalls – möglicherweise als notwendige Übel – zu akzeptieren sind. Hoher materieller Wohlstand und steter kultureller Fortschritt einerseits und ein technikfreies grünes Paradies andererseits postulieren eine contra-

[185] Naudascher 1984, S. 8.
[186] Spranger 1921, S. 13.

dictio in adjecto, verlangen die Quadratur eines Kreises ohne Aussicht auf Erfolg. Ziel künftiger industrieller Arbeit muß eine Feinabstimmung zwischen Ressourcen- und Energieverbrauch, Umweltbelastung und Folgenabschätzung als materiale Basis ihrer Inhalte und ihrer Gestaltungsformen berücksichtigen.

Die soziale Basis sollte in dem Bemühen geschaffen werden, möglichst wenig Reibungsverluste aus veränderten Arbeitsinhalten und neuen Arbeitsformen zuzulassen. Reibungsverluste können aus Freisetzungen und andauernder hoher Massenarbeitslosigkeit drohen, aus überzogenem Drang in eine „High-tech-Society" und den zurückbleibenden Fußkranken, die als Technologie-Frührentner zwar unter Vertrag bleiben, aber nichts Sinnvolles zu tun haben. Superindustrialisierung als Marathon-Strecke im Hundert-Meter-Tempo darf nicht das Ziel industrieller Wandlungsprozesse darstellen. Neue Formen und Inhalte industrieler Arbeit sind in einem von der Mehrheit leistbaren Tempo und lernend nachvollziehbaren inhaltlichen Wandel einzuführen. Technikeinsatz kann nur sozialverträglich gelingen, wenn die vorherrschenden Ordnungsmuster bei Unternehmen, Gewerkschaften und Gesetzgeber demokratisch ausgehandelt, den Betroffenen mitgeteilt und von diesen anerkannt lernend bewältigt werden können.

4.6.5 Bildung als Motor des Wandels

Neue Formen und Inhalte industrieller Arbeit sind von der Leistungsfähigkeit des gesamten Bildungssystems, der vorhandenen Leistungsfähigkeit und dem Lernwillen der arbeitenden Menschen abhängig. Bildung bestimmt als Nadelöhr Tempo und Ausmaß der Veränderungen. So ist es nicht verwunderlich, daß Bell als die wichtigsten Institutionen einer postindustriellen Gesellschaft Universitäten, akademische Institute und Forschungsgesellschaften genannt hat.[187] Bells Wachstumsglaube als Charakteristika der postindustriellen Gesellschaft sieht Mock heute als überholt an,[188] doch stammen die die Gesellschaft bewegenden Kräfte weiterhin aus wissenschaftlich-intellektuellen Tätigkeiten.

Auch wenn der nach Überwindung klingende Begriff der postindustriellen Gesellschaft zu extrem andeuten mag, was an inhaltlicher Veränderung und organisatorischem Wandel Arbeit künftig bestimmen wird, so zeigt sich doch sehr deutlich, daß der betrieblichen Bildung eine zunehmend wachsende Aufgabe der Vorbereitung der Menschen auf die sich verändernde Arbeitswelt zukommt. Es wird gegenwärtig heftig darüber gestritten, welchen Weg die Entwicklung der gesellschaftlichen Arbeit nehmen soll. Einerseits proklamieren Futurologen eine „kapitalintensive, planungsintensive und forschungsintensive" High-Tech-Society, für die das Bildungswesen High-Tech-Experten und Sozialingenieure zu besorgen habe, „um die Zukunftsindustrien jenseits der schwerindustriellen Epoche mit Personal auszustatten".[189] Andererseits setzen bereits recht zahlreich lokale Produktionsformen auf selbsttragende

---

[187] Vgl. Bell 1975, S. 119.

[188] Mock weist auf die stagnierende Industrieproduktion und die Zweifel am Wohlfahrtsstaat hin (1984, S. 4).

[189] Sachs 1984, S. 31 (2 Zitate).

Ökonomien, wobei regenerative Energie und asketisch-idealistisches Zusammenleben die Utopie dieser u. a. von Steinbuch beschriebenen und zugleich abgelehnten „weichen Technik"[190] charakterisieren. Diese für möglich gehaltene künftige Form der Arbeit folgt aus dem Wunsch, aus anonymen Großunternehmen auszubrechen und in verstärkter Autonomie und Verantwortung Produktion und Konsumtion wieder mehr zu durchschauen. Die Kernfrage der Qualifizierung für ein solches Gesellschaftsmodell lautet: „Wie kann Bildung aussehen, wenn die Lohnarbeit nicht mehr die Achse der Lebensgestaltung darstellt?"[191] Sollen Pluralität, Liberalität, Selbständigkeit und Verantwortung prinzipiell die Arbeit in postindustriellen dezentralen Versorgungswirtschaften leiten, muß das Bildungswesen aus der Uniformität der gestuften Jahrgänge ausbrechen. Lernorte der Zukunft werden dann weniger die Klassenzimmer, sondern verstärkt die Arbeitsplätze sein. Längst hat sich die Erkenntnis durchgesetzt, daß es Bildungskräfte auch außerhalb der Schule „in großer Vielfalt und in verschiedener Artung und Intensität"[192] gibt. Im Kern entspricht diese Entwicklungsrichtung der pädagogisch zu begünstigenden sittlich autonomen Persönlichkeit. Je mehr Eigenständigkeit der einzelne durch Bildung erreicht, desto besser ist er für neue Formen und Inhalte künftiger Arbeit gerüstet.

4.7 Arbeit als gesellschaftlicher Auftrag

Die gesellschaftliche Entwicklungstendenz läßt für die Industriestaaten zwei Hauptrichtungen erkennen. Einerseits entstehen in Entwicklung, Produktion und Anwendung reifer Technologien hohe Qualifikation erfordernde Berufe und Tätigkeiten. Ein scheinbar neuer Typus Mensch taucht in den Labors der „Trendsetter" und in den Fabrikhallen der Anwenderunternehmen auf. Organisation und Technik verlangen den in Qualifikation und Verhalten intellektuellen Mitarbeiter, als dessen Merkmale sich
– positive Einstellung zur Technik,
– Fähigkeit zur Abschätzung von Folgen und Nebenfolgen verstärkter Technisierung,
– Fortschrittsglaube und Zukunftsorientierung,
– mehr qualitatives Denken (Lebensqualität) als quantitatives Denken (Konsum),
– abstraktes und ganzheitliches Denken in komplexen Gesamtsystemen,
– Realitätssinn und Kritikfähigkeit,
– Teamorientierung und Kommunikationsfreude,
– Flexibilität, Kreativität, Selbständigkeit,
– Distanz zu formaler Organisation und Autorität
aufzählen lassen. Dieser Idealtypus garantiert im Vollzug seiner Arbeit eine stets produktive Unruhe. Er will Neues entdecken und verwirklichen. Resultate der Arbeit im ökonomischen Sinn sind ihm nicht so wichtig, wie das intensive Beschäftigtsein mit einem herausfordernden Problem. Die Motivation zur Eigenarbeit bestimmt in hohem Maß das Denken und Handeln dieser kreativen Menschen.

[190] Steinbuch 1981, S. 322.
[191] Sachs 1984, S. 32.
[192] Löbner 1965, S. 139.

Obwohl die solchermaßen fachlich und sozial fortschrittsorientierte idealtypische Konstruktion bleibt, ist die Tendenz doch eindeutig auf Herausbildung solcher Persönlichkeiten gerichtet. Sie entsprechen im Denken und Handeln der technischen Entwicklung. Erst Persönlichkeiten und Qualifikationen dieses Typus ermöglichen technischen, sozialen und organisatorischen Wandel.

4.7.1 Arbeit vor Kapital

Technische Neuerungen setzen in Unternehmen immer dann ein, wenn Rationalisierungserfolge und somit kostengünstigere Produktion zu erreichen sind. Selbst Freisetzung produktiver Mitarbeiter legitimiert zu Investition und Automation. Diese Freigesetzten sind jedoch keineswegs diejenigen, die – lediglich an neue Arbeitsplätze umgesetzt – jene neue Technik und deren Anforderungen beherrschen. Langjähriger beruflicher Einsatz in hochgradig arbeitsteiligen Tätigkeiten hat sie zum Denken in Einzelverrichtungen ohne Blick fürs Ganze erzogen. Arbeit war für sie nach Form und Inhalt immer durch andere vorbestimmt, rasche immense Umstellung auf veränderte Arbeitsstrukturen kann nicht erwartet werden. Somit sind bei der Neugestaltung von Arbeit auch Substitution von Arbeit, die Arbeitslosigkeit sowie deren persönliche und gesellschaftliche Folgen zu bedenken. „Arbeit vor Kapital" hat von Nell-Breuning seinen Kommentar zur Enzyklika Laborem exercens genannt und herausgestellt, „daß die Arbeit schlechthin der Dreh- und Angelpunkt ist, um den – recht verstanden – die ganze soziale Frage sich dreht".[193] Künftige Arbeitsformen, Zugang und Qualifizierung, Inhalt und Verbleib, personale Selbst- und Mitbestimmung in und durch Arbeit – das alles sind dem einzelnen unzuverlässige Größen geworden. Der Gesellschaft obliegt die Sorge, das unabdingbare elementar menschliche Bedürfnis nach Arbeit weiterhin gesellschaftlich zu ermöglichen. Individualität und Sozialität als die beiden Säulen der körperlich, geistig und seelisch autonomen Persönlichkeit finden ihre Verwirklichung wesentlich in der Arbeit.[194]

4.7.2 Entwicklungsmöglichkeiten gesellschaftlicher Arbeit

Die Arbeitsgesellschaft der Industrienationen ist im Umbruch. Kolloquien mit Diskussionsthemen wie „Geht der Gesellschaft die Arbeit aus?" sind stark besucht. Gewerkschaften fordern verkürzte Arbeitszeiten zur gerechteren Verteilung der vorhandenen Arbeit, Arbeitgeberorganisationen stellen Verkürzung der Lebensarbeitszeit und flexiblere Gestaltungsformen der Arbeit dagegen.

Arbeit als zunächst durch und durch personale Angelegenheit wird immer mehr zum Gegenstand kollektiver Regelung. Nicht der junge Mensch entscheidet über Beruf oder Möglichkeit des Eintritts in einen Beruf, sondern die Gesellschaft verwaltet

---

[193] Nell-Breuning 1983, S. 11.

[194] „An jeder menschlichen Arbeit, gleichviel ob körperlich oder geistig, ist der ganze Mensch beteiligt, sie ... erfließt aus ihm als ganzem Menschen und nimmt darum teil an seiner Menschenwürde; zum anderen: Der Mensch arbeitet ... immer zugleich auch in seiner Eigenschaft als Glied der menschlichen Gemeinschaft" (ebenda, S. 10).

mehr und mehr Arbeit und Berufe. Sie gibt ihm Arbeit per Antwortkarte der Berufsberatung gewissermaßen auf Bezugsschein. Das Ende des aktiven Berufslebens bestimmt ebenfalls und recht pauschal die Gesellschaft. Rentenbescheide wirken wie Arbeitsentzugsscheine. Der älter Gewordene darf dann – obwohl für sich, den Betrieb und die Gesellschaft leistungswillig und -fähig – nicht länger arbeiten.

Was ist zu tun, damit Arbeit gesellschaftliche Veranstaltung bleibt bzw. wieder das wird, was ihren Wert ausmacht: Dreh- und Angelpunkt, „das menschliche Leben menschlicher zu gestalten"?[195] Als Alternative stehen sich gegenüber: Eine Gesellschaft mäßigt das ihr technisch mögliche Entwicklungstempo in dem Maße, daß die Mehrzahl der arbeitenden Menschen lernend durch Weiterbildung Schritt zu halten vermag, oder es gilt als Devise, das Entwicklungstempo wird vom arbeitenden Menschen entkoppelt und an anderen Erfordernissen orientiert. Der letztere Fall bedeutet für zahlreiche, insbesondere ausführende und verwaltende Mitarbeiter derart innovativer Unternehmen Umsetzung in weniger technikorientierte Betriebe bzw. früher oder später Arbeitslosigkeit.

4.7.2.1. Industriekonzept human verkraftbarer Technik

Ein Beispiel schafft Anschaulichkeit: Verfolgt eine Gesellschaft ein Industriekonzept human verkraftbarer Technik, dann würde ein zu langsames Entwicklungstempo die internationale Wettbewerbsfähigkeit gefährden und damit langfristig Kaufkraft und Investitionsvolumen mehr als gewünscht senken. Diese Gefährdung der Leistungsfähigkeit der Volkswirtschaft zeigt, daß eine Gesellschaft ihr Entwicklungstempo nicht ausschließlich an beharrenden Kräften orientieren darf. Kulturelle, gesellschaftliche und wirtschaftliche Entwicklung erfordern Überwindung nicht mehr gewollter und nicht länger effizienter Gestaltungsmuster gesellschaftlicher Bereiche.[197] Traditionalismus ist als Strukturalternative gesellschaftlicher Arbeit abzulehnen.

---

[195] Ebenda, S. 11. Die Formulierung „Dreh- und Angelpunkt" trifft in hervorragender Weise die für Form und Inhalt menschlicher Arbeit wesentlichen Momente der fortschreitenden Arbeitsgestaltung (Drehpunkt) und der unverfügbaren Verankerung der Arbeit in den Geboten der Humanitas (Angelpunkt). Alles, was Fortschritt heißen soll, darf nur mit dem Menschen erfolgen, nicht ohne ihn initiiert und bestimmt werden.

[196] Was „verkraftbar" umschließt, ist in jeder Gesellschaft und in jeder historischen Situation zu definieren. Als herausragende Explikationskriterien seien Bildungswesen und allgemeiner Bildungsstand, Werthaltung der Bevölkerung, Reifegrad der Volkswirtschaft, Ressourcenverfügbarkeit, Belastung der Umwelt, politisches System, internationale Situation aufgezählt. „Verkraftbar" ist zudem als Verhältnis zwischen menschlichen Zielen und aus ihrer Realisierung folgenden Belastungen zu sehen. „Dieses Spannungsverhältnis ... führt zu der in letzter Zeit verstärkt diskutierten Frage nach der Aufnahmebereitschaft der Gesellschaft für neue Technologien" (Schmude 1980, S. V).

[197] Es empfiehlt sich in diesem Zusammenhang, deutlich zwischen Wertkonservatismus und Gestaltungskonservatismus zu unterscheiden. Arbeit muß ihren originären und teleologischen Wert stets als überzeitliche und überkulturelle Wertkonstante bewahren. Dazu ist es im Zeitablauf notwendig, Gestaltungsmöglichkeiten zu finden und zu realisieren, die den originären Wert der Arbeit konservieren. Arbeit kann ihren humanen Wert nur erhalten, wenn ihn zeitbedingte Gestaltungsmuster operational verteidigen.

70

4.7.2.2 Entkopplung von Mensch, Arbeit und Arbeitsergebnis

Die andere extreme Gestaltungsalternative entkoppelt Form und Inhalt betrieblicher und gesellschaftlicher Arbeit von dem Anliegen der Mitarbeiter und Bürger nach Kontinuität und Transparenz. Sie entmündigt den Menschen zum willfähigen Vollzieher ökonomischer Interessen. Er arbeitet an Produkten, deren Nutzen ihm Werbung einreden. Doppelte Entfremdung, Unlust am Produzieren und Konsumieren folgen aus solchermaßen verordneter Arbeit. Alternative Lebensweise und neue (alte) Formen der Eigenarbeit verdeutlichen die Versuche vieler, das durch gesellschaftliche Arbeit für den Aufbau und die Erhaltung stabiler und autonomer Persönlichkeiten Verlorengegangene zu kompensieren. Auch diese Gestaltungsalternative kollektiver Arbeit ist als inhuman abzulehnen.

Bevor nun eine dritte Möglichkeit intensiv diskutiert werden kann, ist eine Bestandsaufnahme gesellschaftlicher Lebens- und Arbeitsbedingungen erforderlich. Ein Vergleich verdeutlicht, was sich in der Gegenwartsgesellschaft verändert: Eine Fernsehanstalt bringt – angenommen – einen ausführlichen Bericht über die gute Obsternte in Rheinhessen, sofort fallen bundesweit die Einschaltquoten rapide ab; in den Kinos läuft ein Film mit dem futuristischen Titel „War-games", die Besucherzahlen steigen unverzüglich. Welches Phänomen steht hinter solchem Verhalten? Die Erklärung zeigt eine ebenso simple wie gefährliche Tendenz: Materielle Güter – vor allem existentiell notwendige – sind in Menge, Qualität und Verfügbarkeit zur Selbstverständlichkeit geworden, immaterielle dagegen – insbesondere Informationen, die projektive Fluchtphantasien begünstigen – haben Konjunktur. Der Landwirt als ehemals geachteter Produzent von Nahrungsmitteln geleitet zunehmend zum Alimentenempfänger staatlicher und überstaatlicher Stellen herab. Das gesellschaftliche Bewußtsein steht dem zumindest gleichgültig gegenüber.

Die Bürger der Zukunft scheinen wenig interessiert, ob sie weiterhin zu essen haben werden. Das gilt als selbstverständlich. Im Gegenteil, viele essen und trinken unkontrollierte Mengen und möchten aber wissen, wie sie der Fettleibigkeit Herr werden. Doch Gesundheitsbücher haben den Nachteil, daß sie gelesen werden müssen. Diese Benutzerunfreundlichkeit kommt der Heimcomputerindustrie zugute. Per Diätprogramm im Heimcomputer, sagt Gergely, „wird eine maßgeschneiderte Ernährungsplanung erstmals realisiert".[198] Auf diese Weise erobern Computer alle Lebensbereiche; ob die sinnvollste Anwendung am Anfang steht, bleibt fraglich. Für Schule und Bildung scheint es geboten, Jugendliche und Erwachsene mit der Computertechnik und den Einsatzmöglichkeiten der bereits Riesenfülle an Computerprogrammen vertraut zu machen.

4.7.2.3 Die Computer-Bildungsgesellschaft

Die gesellschaftliche Entwicklung ist in ihrer Computerrealität dem Bildungswesen vorausgeeilt. Den Anspruch, „den einzelnen zur Bewältigung von Lebenssituationen auszustatten",[199] erfüllt es kaum noch. Form und Inhalt schulischen Unterrichts müssen den Computer künftig als Arbeits-, Speicher- und Lerngerät einschließen.

[198] Gergely 1983, S. 173f.
[199] Robinsohn 1981, S. 79.

Als Arbeitsgerät ermöglicht der Computer das Herstellen, Speichern und Ausdrukken von Texten, Rechnungen und Grafiken. Hausaufgaben schreibt der Schüler nicht in Hefte, sondern vertraut sie dem – mit dem Schulcomputer kompatiblen – Heimcomputer an. Von den streng logischen Ordnungen der Betriebsprogramme profitiert das erzieherische Bemühen der Schule. Die Reihung der Aufgaben ist leicht einzuhalten, Schönschreibbücher machen schlechte Handschriften mühelos lesbar, Hausaufgabenkontrolle benötigt nur wenige Sekunden.[200] Unterrichtszeit wird für produktive Arbeit frei.

Als Speichergerät entbindet der Computer von der Sorge des Vergessens. Schüler und Lehrer geben Fakten und Zusammenhänge in ihn ein. Das Programm vergißt nichts, ist jederzeit abrufbar und veränderbar. Lehrer werden Zusammenfassungen ihrer Unterrichtsstunden als Computerprogramme anfertigen und den Schülern als Hand-outs zur Eingabe in ihre Geräte überlassen bzw. dies bei vernetzten Geräten zentral vornehmen. Austausch von Programmen zwischen Parallelklassen und Schulen erleichtert Lehren und Lernen enorm. Voraussichtlich wird es bundesweit – sicher aber länderweit – verteilende Computerdienste mit Dokumentation, Programmservice, Systempflege und Computer-Lehrspezialisten geben.

Als Lerngerät bringt der Computer lernwirksameren Einsatz des Rechners im Unterricht. Schüler nutzen ihre Rechnerkapazität zum Erstellen eigener Programme. Sie erproben im Dialog mit der Maschine Versuche und Formeln, stellen nach individuellem Bedürfnis Listen mit z. B. grammatischen Regeln zusammen. Eigene Programmentwicklung und -optimierung fördert logisches Denken, übt Lernen lernen als Tugend, die das spätere Berufsleben in hohem Maße verlangen wird. Diese sinnvolle und humane Nutzung der abstrakten Maschine Computer gewährleistet – als Unterrichtsprinzip verstanden – ein hohes technisch-gesellschaftliches Entwicklungstempo. Ohne frühzeitige Beschäftigung mit diesen Lehr- und Lernmaschinen sinkt die Innovationskraft, eine Alternative gibt es zu ihrer gesellschaftlichen Erhaltung nicht.

Auf diese Weise gewinnen die späteren Mitarbeiter der Betriebe bereits frühzeitig im öffentlichen Bildungswesen hohe und jeweils aktuelle Grundqualifikationen. Das betriebliche Ausbildungs- und Weiterbildungssystem schließt dann mit der Aufgabe an, weiteren technischen und sozialen Wandel nachhaltig zu bewirken und nachzuvollziehen. Das trifft nicht alle Wirtschafts- und Lebensbereiche in gleichem Maße. Die Intensität und Reichweite technisch-sozialer Veränderungen bewirken wenige innovative Branchen und deren Mitarbeiter. Bei der Einführung neuer Techniken in nachgeordnet produzierende Unternehmen und Dienstleistungsbetriebe entscheiden ebenfalls nur einige Schlüsselpersonen über Art und Umfang der Investitionen und deren optimale Nutzung. Somit birgt die gesellschaftliche Entscheidung für ein hohes Innovationstempo auch Gefahren in sich.

---

[200] Das Arbeitsgerät Computer kann von den Schülern natürlich auch völlig falsch verstanden werden. Hausaufgaben etwa lassen sich vor Unterrichtsbeginn, in etwas weiterer Zukunft abends über Kabel-Kommunikation vom Klassenbesten oder in alternierender Reihenfolge der Schüler überspielen – einer für alle.

4.7.3 Zwei-Klassen-System: Computer Beherrschende und Computer Verdrängte

Es wird infolge der Entwicklung und des Einsatzes neuer Techniken in absehbarer Zeit ein Zwei-Klassen-System von Arbeitnehmern entstehen: Computer Beherrschende und vom Computer Verdrängte. In den Entwicklungsbereichen, in den Sektoren Instandhaltung und Wartung sowie Systemplanung und -wartung bildet sich eine Schicht intellektueller Blue-Collars als neue Klasse ausführender, kontrollierender und – wenn notwendig – steuernder Mitarbeiter. Ihre Aufgabe liegt im Finden immer weitergreifender Substitution unmittelbarer Intelligenz und Arbeit durch mittelbare maschinelle Intelligenz und Arbeit.[201] Dies führt zu direkten Auswirkungen auf die Beschäftigung.

Die besondere Leistung der Mitarbeiter in den Überwachungsräumen automatischer Fabriken und semiautomatischer Produktionsanlagen, dieses Reserveheeres gut ausgebildeter Fachleute, besteht darin, daß es ihnen gelingt, nichts zu tun. Die Anlagen arbeiten automatisch, und die übergeordnete menschliche Arbeitskraft wird nur als Eingreifreserve gebraucht. Eine geradezu auf den Kopf gestellte Vorstellung von Produktivität kennzeichnet Arbeit: „Wer nichts tut, ist produktiv".[202] Solcher Art neue Tätigkeit bedarf neuer Arbeitstugenden. Schmidtchen hat in Interviews mit Mitarbeitern (Übersicht 12), die den Übergang zur Elektronik erlebten, eine Tendenz weg von den klassischen puritanischen Tugenden und hin zu kommunikativen, somit modernen Tugenden nachgewiesen.[203] Auf die Frage nach der für frühere Zeiten vielfach belegten Tugend „Fleiß" hätten Mitarbeiter zwischen Automaten dem Interviewer ratlos „fleißig? Fleißig sind die Maschinen", geantwortet.[204]

---

[201] Die Entwicklung von computerisierten „Expertenregimen" schreitet voran. Vom Schachspiel bis zur Auswertung komplexer geologischer, chemischer und militärischer Daten übernehmen es Computer (AI = Artifizielle Intelligenzen), für den Menschen zu denken und ihm in den errechneten Ergebnissen Handlungsanweisungen zu geben. Der logisch arbeitende Computer ist erfunden (vgl. Coy 1984, S. 7 ff.), die ethisch bewußte artifizielle Denkmaschine fehlt dagegen – gottlob – noch immer.

[202] Für Gergely führt diese Entwicklung zum Rütteln an den Grundfesten der Leistungsgesellschaft, die seit je auf dem Prinzip beruht (1983, S. 282), „daß jeder nach dem Beitrag vergütet wird, den er zum Ganzen liefert. Das reine Leistungsprinzip als Bewertungskriterium im Beruf ist im Bereich der körperlich motorischen Leistung des Menschen schon heute weitgehend überholt."

[203] Die Zweckehe von puritanischer Ethik und industriellem Wirtschaftssystem steht vor der Scheidung; der für die kapitalistische Entwicklung notwendig gewesene puritanische Umgang mit der Zeit, die Wertung der Zeit als Ware, verliert an Bedeutung. Somit sollte der Mensch Thompson zufolge (1973, S. 103) wieder etwas von jener Lebenskunst lernen können, „die in der industriellen Revolution unterdrückt worden ist: die Leerstellen seiner Tage mit bereichernden und entspannenden persönlichen und sozialen Beziehungen zu füllen oder die künstlichen Schranken zwischen Arbeit und Leben wieder einzureißen".

[204] Schmidtchen 1983, S. 12.

Übersicht 12: Arbeitsmoral 1983 – „Sehr wichtige Tugenden"
Antworten je 100 Befragte Metallarbeiter (Schmidtchen 1983)

Kommunikative Tugenden	
Teamarbeit	54
Eigene Meinung	49
Offenheit	47
Verträglichkeit	33
Puritanische Tugenden	
Präzision	51
Pünktlichkeit	44
Umsichtigkeit	41
Fleiß	36
Nicht skalierbare Tugenden	
Pflichterfüllung	53
Hinzulernen	48

Diese Klasse der „Beherrscher" neuer Technologien wird allerdings stetig kleiner. Für vollautomatische Fertigungsanlagen, etwa die Halle 54 im Volkswagenwerk, genügen zur Instandhaltung und Wartung riesiger komplexer Anlagen wenige Spezialisten, unterstützt von einer relativ stabilen Zahl Planer, Arbeitsvorbereiter und Koordinatoren. Alle Arbeitsschritte laufen über Datenverarbeitung, direktes menschliches Eingreifen bleibt dem Störfall vorbehalten. Materialströme verteilen sich computergestützt auf die Produktionsstationen, kompetente Mitarbeiter wählen bei Maschinenausfall schnell eine günstige Lösung der Störungsbereinigung.[205]

Betriebliche Weiterbildung befähigt zur Übernahme dieser neuen Tätigkeiten, Verhaltenstraining vermittelt die Wertigkeit kommunikativer Tugenden. Die Mitarbeiter der betroffenen Bereiche erkennen bereits in zunehmendem Umfang die Notwendigkeit der Weiterbildung. In Schmidtchens Befragung nennen 48 von 100 Metallarbeitern, die zur Klasse der durch Technik privilegierten Beschäftigten zu zählen sind, „Hinzulernen" als sehr wichtige persönliche Tugend.

Die andere Klasse, die Schicht der durch Einführung neuer Techniken nicht privilegierten Mitarbeiter, steht in ständiger Gefahr des Verlustes der Arbeitsplätze. Investitionen in neue Technologien erfolgen in der Absicht, kostengünstiger und flexibler produzieren zu können, und bedeuten somit oft, menschliche Arbeitskraft dort durch Maschinen zu ersetzen, wo dies wirtschaftlich realisierbar ist. Solche Substitutionen ergeben sich kostengünstig bei einfachen Montage-, Transport-, Bearbeitungs- und Kontrollfunktionen. Bislang haben starre Automaten Teile montiert,

---

[205] Diese Notwendigkeit kreativer Korrektur blieb auch bestehen, seitdem Fertigungsanlagen freiprogrammierbar entwickelt worden sind und sich solche Wahlmöglichkeiten flexibel in Programmen finden. Es ist unverändert der Mensch, dem die Entscheidungsautonomie für eine und gegen andere Lösungen obliegt.

Werkstücke transportiert, identische Bearbeitungsvorgänge übernommen, die Qualität der Produkte überprüft. Dieser Substitution, einfache Signaltechnik mit Berührungs- und Lichtimpulsen, sind zwar hinsichtlich Leistungsfähigkeit und Kosten-Nutzen-Relation der Steuerungseinheiten Grenzen gesetzt, doch konnten so bereits viele monotone, geisttötende und insbesondere gesundheitsgefährdende Tätigkeiten vom Menschen auf Maschinen übergeben werden. Die Freigesetzten fanden, weil bislang vielfach günstige Konjunktur bestand, problemlos neue Tätigkeiten. Nun allerdings sinkt die Chance zur Weiterbeschäftigung ungelernter und angelernter Mitarbeiter im umgekehrten Verhältnis zur Einführung flexibler Technologien im Produktionsbereich und im Büro. Der weiterhin steigende Einsatz leistungsfähiger, raumsparender und erschwinglicher Mikroprozessoren in allen Lebensbereichen macht eine neue Definition für „Maschine" erforderlich.

4.7.4 Vom mechanisch-deterministischen zum abstrakt-pluralistischen Weltbild

Im mechanischen Weltbild vermochten Maschinen Transformationen von einer Energieart in eine andere zu leisten, z. B. als Antrieb für einen Kran zur Schiffsentladung. Die Technik des mechanischen Welt- und Denkhorizontes bleibt in ihren Möglichkeiten stets mit der Realität der „wenn-dann-Beziehungen" identisch.[206] Die Schnittstelle zwischen Mensch und Maschine folgt dem Unterschied zwischen toter und belebter Materie. Denkleistungen kommen in mechanischer Technik weiterhin uneingeschränkt dem Menschen zu. Irrt er in der Konstruktion oder Bedienung, folgt ihm die Maschine gedankenlos in den Irrtum, und die Begründung für Unfälle lautet „menschliches Versagen".

Goethe hat bereits 1797 die kausale Begründung menschlichen Willens und dinglich mechanischer Ausführung anschaulich im „Zauberlehrling" verarbeitet: „Nun erfülle meinen Willen! Auf zwei Beinen stehe, oben sei ein Kopf, eile nun und gehe mit dem Wassertopf!" Die Anweisung funktioniert, der Kobold schleppt Wasser. Aber Technik ist eben nur so perfekt, wie sie der Mensch denkt: „Ach, ich merk'es! Wehe! Hab ich doch das Wort vergessen", jammert der Zauberlehrling und wendet sich in seiner Not an den Meister: „Herr, die Not ist groß. Die ich rief, die Geister, werd ich nun nicht los!" Der Meister beendet bekanntlich die Not.[207] Noch heute ist mechanische Technik derart determiniert. Ein Auto etwa folgt dem Startbefehl eines kleinen Kindes ebenso wie dem eines Rennfahrers; ersteres handelt gleich dem Zauberlehrling, letzterer wie der Hexenmeister.[208]

---

[206] Wer an einem Kran den Hebel „Senken" bedient, kann sich darauf verlassen, daß – bei funktionierender Maschine – der gewünschte mechanische Vorgang „Senken" erfolgt. Das mechanische Weltbild konstruierte eine Technik mit der Sicherheit kausaler „wenn-dann-Beziehungen".

[207] Einige Monate nach der Niederschrift dieser vergleichenden Erinnerung an Goethe entdeckte der Verfasser, daß er nicht Ersterfinder eines solchen Bezuges ist. Wellmann hat ihn 1980 (S. 144), sich auf Zahnt 1979 beziehend, der wiederum C. F. v. Weizsäcker zitierte, mit Blick auf die Position von Politikern gebracht. Welcher Gedanken wurde wohl noch nicht gedacht?

[208] In der klassisch-mechanischen Maschine ist das, was möglich ist, und das, was passieren wird,

Der Mensch muß also die Technik beherrschen, sie zu seinem Wohle einsetzen und dort begrenzen, wo sie Schaden stiftet oder gar seinen eigenen Untergang möglich werden läßt. Die Menschen als Kollektiv dürfen sich nur so viel an Technik zumuten, wie sie jeweils lernend zu beherrschen in der Lage sind. Um zur bewegten Maschine zu werden, benötigt Mechanik der belebenden Zielsetzung vom Menschen her. Fehlt sie ihr, bleibt sie tot. Mechanik verfügt nicht über jene Entelechie, die als in sie delegierte menschliche Willenskraft das Mögliche erst zum Wirklichen werden läßt.[209]

Gegenwärtig vollzieht sich der Übergang von der mechanisch-deterministischen Weltanschauung des Positiv-Realen der Technik und ihrer unbedingten Kausalzusammenhänge zur abstrakt-pluralistischen Weltanschauung mit potentiell-möglicher Technik und nur bedingt gegebenen Kausalzusammenhängen.[210] Die künftige Technik wird sich zunehmend von der Gestaltung tatsächlicher Maschinen in die Bereitstellung abstrakter Maschinen, vom Positivismus der Mechanik zur Potentialität der „Entelechanik" wandeln. In Möglichkeit und Realität kongruente und geschlossene technische Systeme weichen in wachsender Zahl offenen technischen Systemen in Gestalt des Computers und damit einer „Maschine, die Informationen aus der Umwelt verarbeiten und somit auf Umweltveränderungen reagieren kann".[211]

An dieser Stelle sei auf zwei wichtige Aspekte hingewiesen. Computer erlauben logische Anordnung und Speicherung von den menschlichen Lebensäußerungen entlehnten Kognitionen, Verhaltensweisen und Handlungsmustern in Maschinen. Niemals jedoch vermögen sie durch maschinelle Gestaltung vollständige Substitution solcher Äußerungen zu erbringen. Sie verwalten in ihren Speichern nur Algorithmen, die der Mensch zuvor als identisch mit seinen strukturierten Verhaltens- und Handlungsweisen definiert hat bzw. die er im nachhinein als mit seinen Denkmustern strukturgleich wiedererkennt.[212]

bereits vorgegeben. Dort besteht kein Freiheitsspielraum, es gibt keine „Freiheitsgrade". Dadurch entstehen zugleich stärkere Bezüge zwischen den Arbeitsplätzen, die Beteiligten rücken einander näher und Kruse sieht „ein neues Ethos der Arbeit entstehen" (1961, S. 29).

[209] Bammé u.a. formulieren wie folgt (1983, S. 133): „Die Dimension des Werdens, die Kategorien des Möglichen sind mit der logischen Struktur, die der klassischen Naturwissenschaft zugrunde liegt, prinzipiell nicht erfaßbar. Ebenso ist das reflektierende Subjekt aus dieser Denkweise systematisch ausgeschlossen."

[210] Dem Handwerker des Mittelalters ging es um solide technische Fertigung im Einklang mit Brauch und Tradition. Der Drang zu immer neuen Verwendungen, Neues zu schaffen, Modifizierung bis hin zum „letzten Schrei", sind erst der neuzeitlichen Technik als Gestaltungs- und Motivationskriterium eigen. Jener Handwerker früherer Jahrhunderte orientierte seine Arbeit an konkret geforderten Produkten und real gegebenen Fertigungstechniken. Die Massenfertigung der Gegenwart hat nicht selten zur Folge, daß Bedürfnisse für ihre Produkte erst mühsam mit Werbung geweckt werden müssen.

[211] Bammé u.a. 1983, S. 30.

[212] Es fehlt nicht an Versuchen, das Alltagsdenken in den Griff zu bekommen und Algorithmen als „Rahmen für jedes und alles, was dem menschlichen Verstand unterkommen mag", zu formulieren (Coy 1984, S. 8). Selbst wenn der Mensch versucht, seinen Alltag nach Mustern und Regeln berechenbar zu planen, wird Alltag nicht zu monoton-identischem Handeln. Der Mensch bleibt situationsbewußt unberechenbar und zieht damit eine dauerhafte Grenze zur Rekonstruktion seiner selbst in und durch Maschinen. Coy schildert die Versuche von Instituten in den USA, den „Common sense" als Standards in Computern aufzufangen und

Computerprogramme werden als z. B. computergestützte Lernprogramme dann besonders gut angenommen, wenn ihre logische Struktur eine möglichst realitätsnahe Projektion menschlicher Wahrnehmungs- und Lernprozesse zeigt.[213] In dem Maße, wie es gelingt, menschliche Denkstrukturen zu isolieren, ihre logische Struktur nachzuziehen und somit für andere nachvollziehbar in Computerprogrammen bereitzustellen, wird in Rechnern gebundene Handlungsintelligenz in Zukunft zunehmen. Nachvollziehbarkeit verweist das Erlernen der sicheren Beherrschung der neuen Massenmaschine Computer in den Bereich der betrieblichen Bildung und gibt allgemein ihrer humanen Anwendung den Rang einer Bildungsfrage.

4.7.5 Enteletische Maschinen contra menschliche Intelligenz

Damit computergestütztes Handeln realitätsbezogen nur jene Kognitionen verknüpft und sinnvoll wiedergibt, die in der Gesellschaft als richtig, eindeutig und als nicht disponibel anerkannt sind, bedarf es zum Verständnis der neuen Massenmaschine zumindest der Akzeptanz der Gültigkeit der Kriterien. Besser wäre die bewußte Erkenntnis und nachfolgende Anerkenntnis der in Programmen wirksamen Axiome und Prinzipien in interpersoneller bzw. objektiver Setzung. Soll ein Computerprogramm Texte auf Sprache, Stil, Interpunktion und Grammatik überprüfen, dann muß im Programmpaket nach allgemein anerkannten Regeln zur Handhabung der Sprache z. B. bereits genau definiert sein, welche Wörter wann groß und wann klein zu schreiben sind. Taschenrechner zeigen auf Tastendruck, daß 2 mal 2 = 4 und 27 mal 32 = 864 ergeben; für jedermann sind diese Resultate nach der bereits erfolgten Eingewöhnungszeit von mehr als 20 Jahren selbstverständlich, ohne daß ein Benutzer fragt, wie der Rechner diese Operationen bewerkstelligt hat. Demgegenüber mutet es noch immer als sehr futuristisch an, wenn ein Roboter mit Hilfe geometrischer Definitionen und Sensortechnik aus einer Kiste die jeweils richtigen Montageteile herausfischt.[214]

als schlichtes Weltbild artifizieller Intelligenz zur Lebenspraxis auszubauen. Praktische Erfolge – so Coy – sind nicht zu erkennen. Nach Keilhacker wird es allerdings notwendig sein, „unser gesamtes pädagogisches Denken und Handeln angesichts und unter dem Einfluß der Maschinenwelt neu zu entwickeln und aufzubauen" (1967, S. 96).

[213] Hier liegt der Grund, weshalb für computerunterstütztes Lernen Operationalisierung der Lernziele eine unabdingbare Voraussetzung der Programmentwicklung bildet. Art, Tempo, Umfang und Kontrolle des Lernens sind als Potential-Algorithmen in Programmen gespeichert. Daß vor der in Computerspeichern abgelegten menschlichen Intelligenz weit mehr Ehrfurcht als vor möglicherweise wesentlich klügeren in Büchern niedergelegten Ideen herrscht, ist zum einen mit der Neuheit des Mediums, zum anderen durch die im Vergleich zur Gegenständlichkeit eines Buches abstrakte Struktur der Computerprogramme erklärbar. „Lernen von Computern" stellt an den zu speichernden Lernstoff detaillierte Anforderungen: Bestimmtheit, Eindeutigkeit, Endlichkeit, Formalität (vgl. Bunk 1974, S. 117).

[214] Das Nachdenken über die sogenannte künstliche Intelligenz haben die deutschen Universitäten, so lautet Wieners Vorwurf, 25 Jahre lang ignoriert. Erst der soziale Aspekt erhob sie zum öffentlichen Problem: Arbeitsplatzvernichtung, Enteignung und Monopolisierung von Wissen, Verlust zwischenmenschlicher Beziehungen. „Doch gegeben den künstlichen Menschen, würde er sich überhaupt noch vom natürlichen unterscheiden, könnte man sich nicht zwanglos mit ihm arrangieren (oder ihn zwanglos bekämpfen), hätte er nicht die gleichen Gefühle und Zwecke wie wir, hätte sein künstliches Leben nicht einen vergleichbaren Sinn?

Trotz dieser atemberaubenden „Auslagerung" seiner Intelligenz braucht der Mensch keine Sorge zu haben, er könne sich immer mehr selbst ins Abseits programmieren, sogar vielleicht bis zur vollständigen humanen Nutzlosigkeit mit Maschinen und deren Programmen substituieren. „Enteletische Maschinen" bewirken ohne die kreative Denkleistung des Menschen nichts Eigenständiges.

Die künftig verstärkt zu durchdenkenden Konsequenzen konzentrieren sich auf diejenigen, die Computerprogramme erstellen und beherrschen, sowie auf jene, die programmierte Arbeitsplätze zu akzeptieren haben. Konkret lautet die Frage, ob es den Computerspezialisten gelingen könnte, aus ihrem exklusiven Wissen Macht abzuleiten, ob Informatiker das erreichen, was Comte den Soziologen zugedacht hatte: als kleine mächtige Oligarchie Arbeit, Freizeit, Gesellschaft und Politik beherrschen.

4.7.6 Die politische Dimension artifizieller Intelligenz

Bei allem Optimismus gegenüber der computererleichternden Zukunft kumuliert diese Frage zu einem zentralen gesellschaftlichen Thema. Es muß durch kollektive Regeln sichergestellt sein, daß keine Majorisierung der Mehrheit durch die Technik und das technische Wissen Weniger eintritt. Technik wächst damit in eine wesentliche politische Dimension hinein. In einer Demokratie bilden Schutz vor der Technik selbst, Innovationsschutz und Datenschutz wichtige politische Anliegen.

Schutz vor der Technik selbst meint Gewährung des Rechtes auf Selbstbestimmung in der Technikverwendung auf individueller und kollektiver Ebene. Es muß in einer Gesellschaft – notfalls per Gesetz – möglich bleiben, auch ohne Fernseher, ohne Spülmaschine, ohne speicherprogrammiertes Telefon als geachteter Bürger leben zu können. Gleichermaßen muß es dem Willen der Mehrheit überlassen bleiben, ob sie den Ausbau dieser oder jener Energie fördern will. Demokratisches Verhalten wird hinsichtlich der Verwendung immer komplexerer Technik eine unabdingbare Tugend.

Technikeinsatz hängt in der Zukunft elementar davon ab, ob das menschliche Dilemma der Diskrepanz zwischen „der zunehmenden Komplexität und unserer Fähigkeit, ihr wirksam zu begegnen",[215] beseitigt werden kann. Die bisher nicht gelungene Komplexitätsreduktion ist noch nicht die Fortsetzung des niemals gänzlich gelungenen Versuchs, der Natur den Schleier zu heben, sondern nur der Versuch, der durch den Menschen selbst verursachten „Komplexität" Herr zu werden. Technik beruht auf Regeln, „in mathematischen Modellen beschrieben ..., auf eine axiomatische Form gebracht".[216]

Was wäre anders? (Wiener 1984, S. 14). Es ist in der Tat eine recht banale Angelegenheit, wenn der Mensch mit großem Eifer, mit viel Intelligenz und Energie versucht, künstlich das herzustellen, was er bereits hat bzw. was er ist.

[215] Botkin 1981, S. 43. Mit „menschliches Dilemma" meint Botkin die Dichotomie zwischen wachsender selbstverschuldeter Komplexität und der nur schleppenden Entwicklung eigener Fähigkeiten.

[216] Hübner 1974, S. 1478.

4.8 Gestaltungsformen gesellschaftlicher Arbeit

Arbeit ist in ihrer gemeinschaftlichen und gesellschaftlichen Dimension teleologisch darauf angelegt, kulturell-ideelle Ziele der Gemeinschaft und Zwecke der gesellschaftlichen Teilbereiche zu verwirklichen.[217] Dieses Anliegen besteht zum Erhalt und zur Fortentwicklung des Gemeinwesens weiterhin. Daher ist festzustellen, welche Gestaltungsformen gesellschaftliche Arbeit günstig auf dieses Ziel hin verpflichten. Die Suche nach deren Optimum hat generell zu beachten, ob das Ergebnis auch in jenem übergeordneten Sinn menschlich verantwortbar bleibt, den Schmale mit „nicht das, was möglich ist, sondern zudem auch noch sinnvoll",[218] als realisierungswürdig herausgestellt hat.

Arbeit als gesellschaftliche Veranstaltung erschöpft sich damit nicht in lediglich ihrem ökonomischen Beitrag, sondern hat als Enkulturationsfaktor[219] zudem humane Bedürfnisse nach Entfaltung und Entwicklung zu erfüllen. Es ist in drei wichtigen Gestaltungskriterien gesellschaftlicher Arbeit, Arbeitszeit, Arbeitsinhalt, Arbeitsorganisation (Übersicht 13), erkennbar.

Übersicht 13

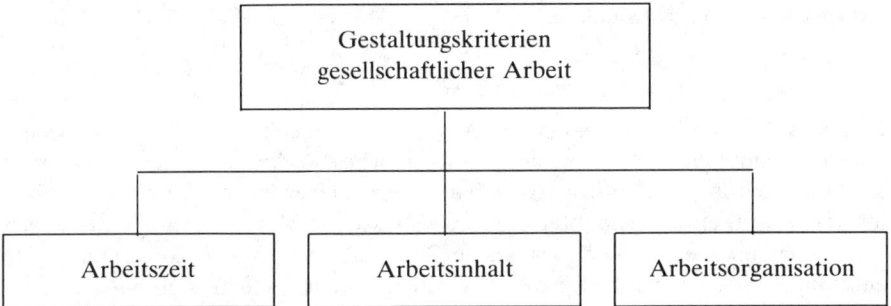

4.8.1 Arbeitszeit

Gegenwärtig wird trefflich darüber gestritten, wieviel Zeit der arbeitende Mensch an seinem Arbeitsplatz verbringen soll. Arbeitslosigkeit und Rationalisierung verlocken zu Überlegungen, den Mangel an Arbeitsplätzen durch zeitliche Begrenzung der Tages-, Wochen- und Lebensarbeitszeit zu beheben. Ob Abhilfe durch Arbeitszeitvariationen überhaupt möglich ist, bedarf jedoch erst der Nachprüfung.

Als Arbeitszeit gilt in diesem – noch engen – Verständnis die Erwerbstätigkeit im

---

[217] Vgl. die von Schmale (1983, S. 19f.) angeführten makrosozialen Definitionen der Arbeit bei Giese (1932), Böhrs (1969) und Rohmert (1973).

[218] Ebenda. S. 26.

[219] Enkulturation im Sinne von Wurzbacher auf Maßstäbe der Kultur zur „Entfaltung und Sinndeutung der eigenen wie der Gruppenexistenz" (1963, S. 14) bezogen.

Rahmen vertraglich geregelter Arbeitsverhältnisse. Die Begriffe „Erwerbstätigkeit" und „Arbeit" sind nicht identisch;[220] ersterer kann immer nur Teil des umfassenderen Handlungszusammenhanges „Arbeit" sein. Für die meisten Menschen besteht Arbeitszeit als verpflichtende Verweildauer am Arbeitsplatz, z. B. täglich 8 Stunden an 5 Tagen in der Woche. Die in der so vereinbarten Zeit zu erstellende Leistung wird durch Verlaufs- und Ergebniskontrolle gemessen und entsprechend entlohnt. Solches unmittelbare Verbinden von Zeit und Leistung ist nicht ohne weiteres auf andere, z. B. verwaltende Tätigkeiten übertragbar. „Arbeitszeit im absolut schematischen Sinn gleichmäßig für sämtliche Arbeitsarten festzulegen",[221] ist ohnehin nicht möglich. Es läßt sich nicht starr vorgeben, in welcher Zeiteinheit die Sozialabteilung eines Betriebes wie viele Mitarbeiter beraten kann. Individuelles Betreuen setzt zeitliche Dispositionsfreiheit voraus. Erfahrungswerte schaffen Anhaltspunkte zur zeitangemessenen Zuteilung von Arbeit, und die Dauer der Anwesenheit bestimmt die Höhe der Entlohnung.

Bezugnahmen zur Zeitdauer entfallen dort, wo Entlohnung unabhängig von der investierten Zeit erfolgt. Gelingt es z. B. einem Vertreter, an einem Tag 10 Produkte zu verkaufen, erhält er 10mal die vereinbarte Provision; muß er an einem anderen Tag seine ganze Zeit für lediglich einen Abschluß aufwenden, bekommt er nur diesen vergütet. Ein festvereinbartes Grundgehalt schützt den Mitarbeiter meist vor allzu großen Einkommensschwankungen.

4.8.1.1 Quantitativer und qualitativer Zeitbezug

Zeit hat als Beurteilungskriterium der Arbeit zwar graduell unterschiedliche Bedeutung, bestimmt jedoch jede Tätigkeit als wesentliches Strukturelement mit. Arbeit ist als Arbeitszeit in den Industriegesellschaften mit unterschiedlichen Leistungseinheiten kombiniert, etwa Stückzahl je Stunde, Aufträge pro Monat. Solche Bewertungen von Arbeit nach erbrachter Leistung je Zeiteinheit sind reine Konstruktion und entspringen mechanistischem Denken. Leistung ist auf Zeiteinheiten bezogen, und der Zeitraum, in dem die Leistung gezählt wird, ist quantitativ vorbestimmt. Mechanistischem Denken entspricht es, zwischen Arbeitszeit und Arbeitsergebnis einen unmittelbaren Wirkzusammenhang zu sehen. Ist ein Acht-Stunden-Tag vereinbart, wird erwartet, daß ihn der Mitarbeiter mit Anwesenheit ausfüllt. Zusätzlich ist ihm genau vorgegeben, was er in diesem Zeitraum zu leisten hat. Standardzeit und Normalleistung bestimmen Arbeit als quantitative Größe. Das zwanghafte Ausfüllen der von außen vorgegebenen Zeit gilt als Tugend traditionell-industrieller Arbeit.

Eine derart konstruierte Bezugnahme auf quantitatives Zeitempfinden vernachlässigt, daß dem Menschen quantitativer Zugang zur Zeit nicht möglich ist. Der arbeitende Mensch erlebt Zeit nicht als Abfolge von Zeiteinheiten, sondern ausschließlich in ihrer Qualität.[222] Sein Bewußtsein registriert, was sich in der Zeit an

---

[220] Vgl. Jany und Wallmuth 1978, S. 75.

[221] Schilling 1954, S. 83, mit Verweis auf Leo XIII.

[222] Bereits in primitiven Kulturen hat der Mensch versucht, seine Zeit einzuteilen. Die Zeitmessung primitiver Völker stand gewöhnlich mit vertrauten Vorgängen der Arbeit in Beziehung.

Positivem und Negativem ereignet. Das Gedächtnis speichert keinesfalls primär die Zeiteinheit, in der etwas Angenehmes oder Unangenehmes geschehen ist, sondern das qualitativ wohltuende oder das Mißbehagen erzeugende Ereignis bleibt ihm erhalten.

Die künstlich gesetzte Einheit von Datum und Tageszeit dient lediglich zur näheren Bestimmung. Arbeit als Arbeitszeit muß in Zukunft wieder stärker qualitativ bestimmbar und erlebbar sein. Arbeit qualitativ bestimmen heißt, dem Menschen zur Erledigung der ihm übertragenen Aufgaben einen Zeitraum zu eigenständiger und eigenverantwortlicher inhaltlicher Ausgestaltung zur Verfügung stellen. Entscheidend für Messung und Beurteilung von Leistung ist das in einer Zeiteinheit Vollbrachte. Wer nur einige Monate im Jahr arbeitet, wer also „sich selbst auf diese Zeit beschränkt hat",[223] muß auch hierin ein Dauerarbeitsverhältnis sehen dürfen. Nicht ein genau vorgeschriebenes Tun in bestimmten Zeiteinheiten, sondern die erbrachte Leistung als Ergebnis des Arbeitsprozesses vermittelt zeitliches Empfinden.

Der Instandhaltungsfacharbeiter etwa, dem bei quantitativem Zeitmanagement genau vorgegeben ist, wie viele Reparaturen er je Schicht durchzuführen hat, erreicht gegenüber der als Normalisierung festgelegten Bewertung seiner Arbeit eine unterdurchschnittliche, normale oder überdurchschnittliche Leistung. Erhält dieser Facharbeiter die eigenverantwortliche Betreuung einer automatischen Produktionsanlage übertragen und kann über seine Arbeitszeit frei entscheiden, wird er danach beurteilt, ob die Anlage störungsfrei arbeitet. Grundlage der Leistungsmessung und -betreuung sind jetzt vermiedene Stillstandszeiten durch verantwortungsvolle selbständige Gesamtbetreuung der ihm anvertrauten Geräte. Die traditionelle Tugend Fleiß wird bei diesem qualitativ bestimmten Zeitmanagement zur Nebensache; er hat, falls er nicht eingreifen muß, „fleißig" gearbeitet.

In dieser Weise sollte jede zeitliche, inhaltliche und organisatorische Neubestimmung von Arbeit als Gestaltungsaxiom berücksichtigen, daß Zeit dem Menschen nur qualitativ, niemals quantitativ zugänglich ist. Indem der Mensch „als ein zeitliches Wesen die Welt in der Zeit erkennt, schafft er in die Welt eine Wirklichkeit, die in der Idee der Dauer und als die Dauer der Idee die Welt transzendiert"; Zeit in qualitativer Fassung schließt alles ein, „was der Mensch ist und was er werden kann".[224]

4.8.1.2 Arbeit als in der Zeit verwirklichtes Dasein

Arbeit ist stets mit dem in der Zeit zu verwirklichenden Dasein – Lebenswerk, Lebensabschnitt, Lebensrhythmus – verbunden und weist zeitlich immer über das

---

Die Menschen merkten sich allmählich, wie lange wiederkehrende Tätigkeiten dauern. Das quantitative Zeitempfinden leitete sich aus den Tätigkeiten ab. Durch mühevolles Disziplinieren hat sich diese Bezugnahme in der industriellen Arbeit umgekehrt. Der künstliche Rhythmus der Maschine löst den natürlichen Rhythmus des vorindustriellen Arbeitstages ab, „die Bedeutung der Zeit nimmt in dem Maße zu, in dem der Arbeitsprozeß synchronisiert werden muß" (Thompson 1973, S. 88).

[223] Then 1984, S. 260.

[224] Dupré 1974, S. 1810–1813 (2 Zitate).

jeweils konkrete Dasein des einzelnen ins Transzendentale. In solcher Antizipation überschreitet Arbeit die individuelle Sinngebung des Handelns. Der Mensch schafft im Vollzug seiner Arbeit und mit deren Ergebnis eine jeweils neue (bessere) Wirklichkeit. Dabei erfolgt der Vollzug der Arbeit im transzendierenden Überstieg über das eigene augenblickliche Dasein hin zu einem neuen Seienden als So-Sein einer neuen Identität von Mensch und Welt. In der Transzendenzproblematik schneiden sich die konträren zukünftigen „neuen" Wirklichkeiten als einerseits unfreie Verdinglichung und andererseits aus personaler Freiheit bewußt geschaffene Welt. Sind dem Menschen die Ziele seiner Arbeit fremdgesetzt, entfremdet er sich im Vollzug der bezugslosen Arbeit von sich selbst, seiner Leistung und seinen Artgenossen.

Transzendenz der Arbeit als Rückbezug auf sich und auf die daraus frei gewonnenen Ziele humaner Arbeit meint „die durch Arbeit, Interaktion und Kommunikation zustandekommende Überschreitung vorhandener Wirklichkeit auf einen dadurch erwirkten Grund, Freiheit genannt, der – als rückbezogener – vorhandene Wirklichkeit verändert und verbessert".[225] Arbeit als transzendentale Bezugnahme vereinigt zweckimmanente menschliche Arbeitsbezüge und in Freiheit zu setzende finale Bezugnahme der Arbeit. Transzendenz im ersteren Sinn ist Urgrund, Antrieb menschlichen Handelns überhaupt. Transzendenz im zweiten Sinn steigt über das Instrument Arbeit zum Ziel jener Existenz auf. Im Bezug auf die Grundkategorie und im Rückbezug auf die eigene Persönlichkeit vereinigen sich die beiden Quellen transzendentaler Motivation: Transzendenz als generelle humane Grundkategorie und Transzendenz als Überhöhung subjektiver Endlichkeit. Arbeit als transzendentaler Bezug versteht sich als überzeitlicher Wert kulturellen Werdens. So sind Arbeit und Zeit dreifach verbunden:
– Erstens verbinden Sie sich zum geschaffenen Werk, zur Gestalt, zur Idee Arbeit und Zeit. Sie bleiben als in vergangener Zeit geleistete Arbeit subjektiv dem Bewußtsein und objektiv der Kultur erhalten.
– Zweitens ist Arbeit als konkrete Möglichkeit menschlicher Selbstverwirklichung im hic et nunc als empirisch-erfahrungsgebundene Arbeit in der Zeit zu sehen. Jeweils in der Gegenwärtigkeit der Augenblicke arbeitet der Mensch, nimmt er sich Zeit zur tätigen Selbstverwirklichung in der Umgestaltung von Natur zu Welt.[226] Arbeit ist dem Menschen stets Gegenwart, die es im dialektischen Widerspruch einerseits dauernd gibt, die aber andererseits als lediglich zwischen Vergangenheit und Zukunft gedachte Nahtstelle überhaupt nicht real ist.

[225] Simons 1974, S. 1554.
[226] „Obwohl der Mensch die Zeit nur qualitativ erfahren kann, operiert er fast ausschließlich mit einem quantitativen Zeitbegriff und läßt sich von ihm gängeln (Derschka und Gottschall 1981, S. 160). In der Sprache der Nuer, Rinderzüchter im südlichen Sudan, gibt es kein Wort für Zeit; deshalb sehen sie nicht die Notwendigkeit, „Handlungen mit einem abstrakten Zeitabschnitt zu koordinieren. Denn ihre Bezugspunkte sind hauptsächlich die Handlungen selbst, die meist keine Zeitbindung haben" (Evans-Pritchard, zitiert von Thompson 1973, S. 103). Die Wiederentdeckung der Arbeits- und Freizeithandlungen selbst, nicht das Ergebnis zeitaufwendiger Produktionen von Waren wird helfen, die Arbeitsprobleme, die Identitätskrisen und die sozialen Mängel zu beheben.

– Drittens erfolgt Arbeit über den Augenblick hinaus in final-transitiver oder transzendentaler Absicht, so daß sich Arbeit und Zeit in der Dimension Zukunft berühren. Was ein Mensch durch Arbeit werden kann und soll, hängt davon ab, wieviel Zeit er zur Verfügung haben wird. Das Bewußtsein von Zeit als Möglichkeit wirkt als Motivation zu individueller und kultureller Entwicklung, ohne daß der Mensch das genaue Maß der ihm möglichen Zeit in der Zeit zu reflektieren vermag. Er weiß sich als endlich, denkt den Tod als zeitliche Dimension stets mit; er wünscht sich unendlich, ordnet daher in den Mythologien die Ewigkeit als Zeit ohne Zeit in sein Bewußtsein ein.

Diese kurze ontologisch-anthropologische Reflexion des Faktors Zeit für die Daseinsgestaltung des Individuums sowie als Strukturelement jeder Gemeinschaft und aller gesellschaftlicher Form von Arbeit dürfte verdeutlichen, daß es keinesfalls beliebig und damit für den Menschen bedeutungslos ist, wieviel Zeit er für Arbeit aufwendet und welche Qualität er in der Arbeitszeit erfährt.

4.8.1.3 Arbeit als dauerhaft vermittelnde menschliche Kategorie

Der teleologisch-finale Zweck des Arbeitens ist auf Bedürfnisbefriedigung durch Herstellen materieller und immaterieller Güter gerichtet.[227] Bedürfnisse werden erfüllt und kehren wieder, verlangen dann erneut nach Befriedigung. Damit wird Arbeit eine im zeitlichen Sinne dauerhafte menschliche Kategorie. Daseinsvorsorge und Daseinsbewältigung setzen Arbeiten als „dauerndes am Werke Sein"[228] voraus. Fortschritte in Technik und Wissenschaft haben diese elementare Bindung der Arbeit an die Zeitkategorie Dauer verdeckt und ihren mühseligen Charakter gemildert, Arbeit als mühevolles Tun jedoch nicht aufgehoben. Seit der Erfindung von Vorratshaltung, der Teilung von Arbeit, der Nutzung von Maschinen, der Spezialisierung in Berufe, der Einführung von Geldwirtschaft und Privateigentum ist die wiederkehrende Notwendigkeit der zu erarbeitenden Daseinsvorsorge aus dem Blickfeld gerückt. Arbeit und Zeit werden über diese kulturellen Hilfskonstruktionen ökonomisch vermittelt.

Durch diese Veränderungen hat Arbeit an Effizienz gewonnen und an benötigter Dauer abgenommen. Technik und Wissenschaft ermöglichen es dem Menschen, weniger und leichter zu arbeiten und dennoch ein „vermitteltes" höheres Arbeitsergebnis verbuchen zu dürfen. Eine solche Ergebnismehrung vermag nicht der einzelne zu erzielen, sondern sie erwächst aus der gemeinsamen Anstrengung aller in organisierter Arbeit. Ohne betriebliche und ohne berufliche Arbeitsteilung sowie ohne gesellschaftliche Ordnungshilfen, z.B. im Rechtssystem, ist höhere Arbeitsteilung bei zugleich geringerem Zeitaufwand nicht erreichbar.

---

[227] Diese ökonomische Zwecksetzung liegt auch der Definition Sprangers zugrunde (1921, S. 131): „Es bedarf also einer rationalen, d.h. zweckbewußten Tätigkeit, die sie (stoffliche Güter oder Naturkräfte) räumlich herbeischafft oder unter Benutzung bekannter Naturgesetzlichkeit umformt. Diese kraftausgebende Tätigkeit heißt Arbeit, und sie ist nur dann wirtschaftlich, wenn im Endergebnis ... der Kraftgewinn den Kraftverlust überwiegt."

[228] Riedel 1973, S. 140.

4.8.1.4 Ansätze zur Flexibilisierung der Arbeitszeit

Diesen Arbeitszeit-Vorteil erhält der einzelne zu Lasten seiner Freiheit. Nicht nur die zu leistende Arbeitszeit, sondern auch den Zugang zu bestimmten Arbeiten bzw. Berufen vermittelt ihm die Gesellschaft statt eigener freier Wahl. Ebenso bestimmt sie sein Austrittsalter aus dem Berufsleben, regelt für ihn Wochenarbeitszeit, Pausen und Schichtordnung, Urlaub und Feiertage statt individueller Gestaltbarkeit. Gesellschaftliche Arbeit ist in ihrer zeitlichen Dimension kollektiv bestimmt. Wenn die Gestaltungshoheit für die Arbeitszeit mehr und mehr der Gesellschaft zukommt, bindet sie die Menschen an kollektive Regeln. Individuelle Arbeitszeiteinteilung weicht, selbst beim selbständigen Handwerker, zunehmend allgemeinverbindlichen Regelungen auf gesetzlicher und tarifvertraglicher Basis. Damit verbundene Vorteile sozialer Gerechtigkeit erlangen die arbeitenden Menschen nur über den Nachteil der Preisgabe individueller Freiheit.

Es läßt sich bezweifeln, ob als Kompensationsmöglichkeiten für diese langfristigen Nachteile an Motivation und Zufriedenheit bei zudem zunehmend fremdbestimmter Arbeit „sichere" Abfederung des Berufslebens in kollektiven Verträgen gelten kann. So verwundern die zahlreichen Versuche und Ansätze nicht, Arbeitszeiten flexibler den individuellen Bedürfnissen anzupassen (Übersicht 14). Zusätzlich zu diesen Arbeitszeitmodellen sind bereits seit längerer Zeit praktizierte Möglichkeiten individueller Gestaltung wie Teilzeitarbeit mit alternierender Arbeitswoche, Gleitzeitregelung, Bildungsurlaub, Mutterschaftsurlaub zu nennen.

4.8.2 Inhalt der Arbeit

Zeit ist dem Menschen – wie bereits ausgeführt – quantitativ nicht originär, sondern nur über die Konstruktion in Stunden, Tage, Monate und Jahre zugänglich. Originärer Zugang zur Zeit findet sich über Geschehnisse. In deren Erfahrung erlebt der Mensch die Qualität des in der Zeit Gewordenen, erkennt Arbeit als etwas für ihn Wertvolles oder Wertloses. Empfindet der arbeitende Mensch die Inhalte seiner Arbeit als persönlich nützliches Tun und als achtenswerten Beitrag zur betrieblichen Leistung, dann steigen seine Zufriedenheit in der Arbeit und seine Zufriedenheit aus der Arbeit. Erfüllt dagegen seine Arbeit nicht seine Bedürfnisse nach anerkannter Leistung und Integration, wird er unzufrieden. Leistungswille und Leistungsfähigkeit sinken.[229] Herzbergs „Pittsburg Studie" hat diese Zusammenhänge aufgezeigt.[230]

---

[229] Leistungsmotivation resultiert aus dem Vergleich individueller Wertvorstellungen mit der an die Arbeitssituation geknüpften Erwartungshaltung. Die Valenz als subjektiv erlebter Anreizwert einer Arbeitssituation reizt um so mehr zur Arbeitsleistung, je mehr der Arbeitende seine individuelle Leistung als Konsequenz des persönlichen Einsatzes erlebt, je mehr ihm der erhaltene Gegenwert der erbrachten Leistung adäquat erscheint (vgl. Schmale 1983, S. 191).

[230] Vgl. Herzberg u. a. 1959. Hetzler nennt auch Schwächen jener Zweifaktorentheorie (Motivation, Hygiene): einseitige Interviewmethode, fehlender Einbau von Maslows Bedürfnishierarchie (vgl. Hetzler 1975, Sp. 458).

Übersicht 14: Einige typische Ansätze zur Flexibilisierung der Arbeitszeit

Maßnahme	Regelung
Vorruhestand auf gesetzlicher Grundlage	flexible Altersgrenze zwischen 63 und 65 Jahren oder flexible Altersgrenze ab 60 Jahre
Sonderregelung für bestimmte Berufsgruppen	Altersgrenze für Polizisten 60 Jahre Fluglotsen 53 Jahre Bergleute 50 Jahre Flugzeugführer 40 Jahre
Gleitender Ruhestand auf betrieblicher oder tarifvertraglicher Basis	stufenweise Verringerung der Tages-, Wochen- oder Jahresarbeitszeit, z. B. Daimler Benz AG, Siemens AG (für Schichtarbeiter), Zigarettenindustrie
Sabbatjahr	im Abstand von X Jahren bei entsprechender Betriebszugehörigkeit Y Wochen „Ausstieg" möglich. Beispiele: US-Stahlindustrie; Times Magazin nach 15 Jahren 1 Jahr; Rohn Corporation im 7-Jahres-Zyklus 1 Jahr frei
Job-Sharing	2 Beschäftigte teilen sich eigenverantwortlich einen Arbeitsplatz
Bandbreitenmodell	in jedem Halbjahr Wahl unter einer Palette möglicher Wochenarbeitszeiten, z. B. Santa-Clara-Modell: 40, 38, 36, 32 Stunden
Baukastensystem	Arbeitszeiten sind in Module eingeteilt, der Mitarbeiter wählt z. B. das 3-Gruppen-System: Gruppe A: Mo/Do Gruppe B: Mi/Sa Gruppe C: Fr/Di

4.8.2.1 Arbeit als Produktivität der instrumentalen Vernunft

Die Arbeitsinhalte, fachliche und verhaltensorientierte, verändern sich gegenwärtig in ihrer Zweck-Mittel-Beziehung zu den gesellschaftlichen, betrieblichen und persönlichen Zielen in so raschem Tempo, daß sich eine neue industrielle Revolution andeutet. Für die Bestimmung der Arbeitsinhalte ist zunehmend bedeutsam, ob vom Arbeitenden sein Tun als Arbeit und das Produkt als Ergebnis von Arbeit subjektiv gewollt sind. Güter und Dienste, die zwar von ihren Produzenten hergestellt, aber nicht gewollt werden, hat Marcuse als „den produktiv destruktiven Fortschritt" des kapitalistischen Wirtschaftssystems gekennzeichnet und will gegen diese „Produktivität der instrumentalen Vernunft" die kreative „Rezeptivität der Sinnlichkeit"[231] setzen.

Ohne der generellen Kritik Marcuses an der kapitalistischen Arbeitswelt und deren Leistungsprinzip zu folgen, bleibt für künftige inhaltliche Ausgestaltung der Arbeit stärkere Beachtung befriedigender Arbeitselemente zu fordern. Mit Arbeit muß wieder Freude einhergehen. Das ist nicht über kürzere Arbeitszeiten erreichbar, sondern über anspruchsgerechte inhaltliche Ausgestaltung der Arbeit. Hier, auch hier, treffen sich die Anliegen von Wirtschaftspädagogik und Betriebswirtschaftspolitik: Insbesondere, sagt Sandig, gehört es zu den Aufgaben der Unternehmen, die Mitarbeiter „derart in den Betrieb einzugliedern, daß der Objektcharater der Arbeitsleistung erbracht wird und der Subjektcharakter der die Arbeit Leistenden dabei erhalten bleibt".[232] Freude in der Arbeit und Zufriedenheit mit dem Ergebnis der Arbeit sind nur zu erlangen, wenn Arbeit wieder stärker zur Sache derjenigen wird, die sie leisten und die die Produkte ihrer Arbeit über den Umweg der Märkte dann auch akzeptieren.

Der gegenwärtige technische, soziale und organisatorische Wandel ist groß, die Veränderung der Arbeitsinhalte erfolgt für viele Tätigkeiten in rapidem Tempo und entwertet nicht selten bisheriges Tun total. Erst wenn Art, Intensität, Zeitraum und Zahl der von inhaltlichen Veränderungen betroffenen Berufe und Tätigkeiten im Trend hinreichend bekannt sind, kann Bildungsarbeit den Wandel mit dem Ziel vorbereiten und begleiten, Veränderungen der Lebens- und Arbeitsbedingungen inhaltlich zu wollen, sie lernend zu bewältigen und moralisch kontrollierbar zu gestalten.[233] Ist eines dieser Akzeptanzkriterien außer Kraft gesetzt, gewinnen technische, soziale und organisatorische Entwicklungen an Eigendynamik. Der Mensch verliert die Herrschaft über die Gestaltungskriterien seiner eigenen Lebens- und Arbeitswelt. Er wird als einzelner zum Fremden in der Welt, die er sich geschaffen hat.

Die künftig in Büros und Werkhallen von Menschen erwartete Sachkompetenz verändert sich in Art, Struktur und Geschwindigkeit ihres Bedeutungswandels rasch, hier als Wachstum und dort als Schwund. Dabei hängt das Tempo von einer Vielzahl die Arbeit festlegenden Faktoren ab. Sie bestimmen als externe Variablen die Arbeit von außen her, als interne Variablen von innen heraus. Die trendbewirkenden Faktorausprägungen sind herauszufinden, ihre Konsistenz ist zu ermitteln, Aussagen über ihre Eintrittswahrscheinlichkeit sind zu formulieren.

---

[231] Marcuse 1981, S. 21 (3 Zitate).

[232] Sandig 1966, S. 159f.

[233] Der Ort der Kontrolle liegt gegenwärtig nicht mehr bei der eigenen Person, sondern bei anderen; Fremdbestimmung steht statt Selbstbestimmung. Diese Preisgabe der eigenen Beurteilung dessen, was der einzelne tut und läßt, markiert die Hilflosigkeit des einzelnen. Der Zyklus fremdbestimmten Lebens beginnt in der Arbeitswelt mit dem Verzicht oder dem

4.8.3 Organisation der Arbeit

Arbeit folgt als in industriellen Betrieben organisierte Tätigkeit organisationswissenschaftlich zwei grundsätzlichen Anliegen, ihrer Aufteilung in Einzeltätigkeiten und anschließend deren Zusammenfassung zu einem Ganzen. Die Organisationsstruktur umschließt also, mit Schanz gesprochen,[234] die Untergliederung der Gesamtaufgabe in Instanzen und die Koordination der betrieblichen Leistungsbeiträge.

Jede Organisation industrieller Arbeit bringt für den arbeitenden Menschen Restriktionen mit sich. Institutionelle Regelungen verlangen im Interesse von Produktivität und Durchschaubarkeit angepaßtes Verhalten. Sie erhöhen die Standardisierung der Arbeitsleistung, sie vermindern Individualität und den persönlichen Gestaltungsraum. Diese Wirkungen der Organisation treten hauptsächlich im bürokratischen System industrieller Betriebe auf. Führungsstil, Aufgabenzuweisung, Kommunikation sowie Aufbau und Ablauf erlangen durch solche Institutionalisierung Verbindlichkeiten von relativer Dauer.

Die Organisation des betrieblichen Leistungserstellungs- und Leistungsverwertungsprozesses soll fern von jedem Selbstzweck zur optimalen Form der Aufgabenerledigung im Sinn der betrieblichen Zielsetzung führen. Da sich Ziele und die sie bestimmenden Parameter im Zeitablauf wandeln, bedarf auch die Organisation der Anpassung.

4.8.3.1 Organisatorischer Wandel

Bennis erwartet solche Änderungen für die Zukunft verstärkt und begründet von dort her, daß einst die industrielle Welt das Ende der Bürokratie bringen wird. Er nennt als daher „vier echte Gefahren für die Bürokratie" die rapide verlaufenden Umstellungen, die Konzentration, die neuen Technologien und das unbewußte Gefühl von Bedrohung; diesen Gegebenheiten sei die Bürokratie „mit ihrem so schön ausgeklügelten Befehlsschema, ihren Regelungen und ihrer Unbeweglichkeit"[235] nicht gewachsen.

Folgt die Entwicklung der 1972 getroffenen Prognose? Veränderungen sind in Wirtschaft und Gesellschaft in dem seitdem abgelaufenen Dutzend Jahre in sogar unvorhergesehener Intensität eingetreten: Es stehen gegenwärtig weit weniger Menschen in Arbeit, als die Prognostiker jeweils angenommen haben.[236] Steigendes

---

Ausschluß der Mehrheit der ausführenden Mitarbeiter von der Zielsetzung betrieblicher Arbeit, setzt sich in fremd geplanter und fremd organisierter Ausführung der Arbeit fort und gipfelt im Abweisen von Verantwortung für das, was der arbeitende Mensch zwar selbst, aber in fremdem Auftrag produziert hat. „Spezialisten und Experten, Sachzwänge und internationale Abhängigkeiten scheinen uns mehr und mehr zu regieren, der ‚Ort der Kontrolle' liegt nicht mehr bei uns und kaum noch bei denen, die wir alle vier Jahre mit der Abwicklung unserer gemeinsamen Angelegenheit beauftragen" (Ernst 1981, S. 6).

[234] Schanz 1982, S. 3. Ähnlich spricht Diederich von „strukturierender Gestaltung ... zu einem zielgerichteten System" (1979, S. 163), und Weidner hebt „das planmäßige Gestalten eines organischen Ganzen mit einer gefügehaften Ordnung" (1982, S. 12) hervor.

[235] Bennis 1972, S. 40f. (2 Zitate).

[236] An dem Tage, an dem diese Zeilen geschrieben wurden (22.9.1984), meldeten die Zeitungen

Umweltbewußtsein hat das Postulat vom zwanghaft quantitativen Wachstum grundlegend erschüttert. Der Mensch sieht die Arbeit nicht mehr total. Zunehmend gelten ihm Arbeitszeit und Freizeit gleichwertig. Als Wertmaßstäbe stehen weniger die Kategorien Lohn und Zeit, vielmehr zunehmend die psychische und physische Belastung im Vordergrund. Tätigkeiten in Fabriken und Büros verlieren den Rang unabänderlicher Systeme, denn immer mehr Beschäftigte wollen Inhalt und Organisation ihrer Arbeit selbst bestimmen. Arbeitszufriedenheit ist zur stärker zu beachtenden Schlüsselkategorie der Arbeitsorganisation aufgestiegen.

Hier wird die betriebspädagogische Relevanz der Rückführung notwendiger Selbständigkeit in der Arbeit an den einzelnen deutlich. Will die Betriebspädagogik den hohen Anspruch, den ihr Abraham vorgibt,[237] erreichen und halten, muß sie durch Lernprozesse zur aktiven Teilnahme am Arbeitsprozeß hinführen. Lernen gehört zur Arbeit, die Arbeit der Zukunft sieht Fütterer „in das ‚Lebenlernen'"[238] eingebettet.

4.8.3.2 Grundlegende Organisationsprinzipien

Die Organisation betrieblicher Arbeit muß in anderen, in neuen Prinzipien gründen. Das Prinzip demokratischer Entscheidung, Ausführung und Kontrolle soll als Möglichkeit breiter und dauerhafter Beteiligung das Gefühl großer Ohnmachtserfahrung ablösen. Diesem jetzt benötigten Prinzip kann der kybernetische Mensch, der sich selbst als Funktionsteil der komplexen, von ihm geschaffenen Maschinerie sieht, nicht entsprechen. Als für ihn kennzeichnend zählen Bammé u. a. „seine narzißtischen, seine schizoiden und autistischen Eigenschaften, seine Selbstbezogenheit, die Spaltung von Denken und Fühlen" sowie die Neigung auf, „sich auf routinemäßige, stereotype, unspontane Weise zu verhalten".[239] Der arbeitende Mensch muß aus den zahlreichen zwanghaften Funktionszusammenhängen wieder heraustreten. Er muß sich aus der Isolierung der ihm zahlreich zugedachten Rollen befreien und zu ganzheitlicher Lebensführung zurückkehren.[240] Nur in humaner Arbeit vermag der Mensch zur Totalität seines Wesens zurückzufinden.

12,8 Millionen Arbeitslose in den Staaten der Europäischen Gemeinschaft. Die Nachricht war knapp gefaßt, sie reichte nicht einmal für eine Schlagzeile. Man stelle sich die Reaktion vor, wenn es heißen würde: „Der gesamten niederländischen Bevölkerung (ca. 13,5 Millionen Einwohner) ist von der EG in Brüssel jegliche Arbeit verboten worden." Weltweite Proteste, Aufstände in den Niederlanden wären die sichere Folge, sogar Kriege sehr wahrscheinlich. Wird in der Gesamtbevölkerung der drei Beneluxstaaten eine Erwerbsquote von 45% unterstellt, so entsprechen die 12,8 Millionen Arbeitslosen der Gesamtheit der dort arbeitenden Bevölkerung.

[237] Abraham über das Bildungswesen der Wirtschaft (1978, S. 236): „Was dort heute vorgeht, hat Modellcharakter für die ganze jetzige pädagogische Epoche."

[238] Fütterer 1984, S. 111. Es sind nicht selten die schwache Lernfähigkeit und die geringe geistige Beweglichkeit, die der notwendig werdenden beruflichen und regionalen Mobilität Grenzen setzen (vgl. Zohlnhäfer 1983, S. 152).

[239] Bammé u. a. 1983, S. 189 (2 Zitate).

[240] Litt hat die in der Arbeit überzogene menschliche Bedeutung des Mittel-Zweck-Denkens angeprangert (1964, S. 47): „Der Mensch, der die ihm begegnende Welt nur in der Absicht durchwühlt, sie seinen selbstsüchtigen Begehrungen dienstbar zu machen, tut damit das Gegenteil dessen, was von ihm im Namen der Humanität zu fordern wäre. Er würdigt zum bloßen ‚Mittel' herab, was als es selbst gesichtet und geachtet zu werden verlangt."

In prinzipiengeleitetem Denken ist wieder sinnvoll zusammenzubringen, was heute getrennt steht: Mensch und Welt, Mittel und Zweck, Denken und Handeln, Theorie und Praxis, Teil und Ganzes, Möglichkeit und Wirklichkeit, Mensch und Gattung. Dann wird die Arbeit der Zukunft zeigen, ob die Zerrissenheit des Menschen zu einer humanen Einheit von Mensch und Arbeit zurückführbar ist. Auer hat 1966 veranschlagt, es bedürfe „der geduldigen sittlichen Bemühung wenigstens einer Generation .., um den technischen Fortschritt personal ‚einzuholen‘ ".[241]

Die Funktionen, die Industriegesellschaften in Zukunft zu vergeben haben, sind gegenwärtig zum großen Teil noch nicht vorhanden. Eines jedoch ist absehbar: Der bereits begonnene Umbruch der industriellen Tätigkeiten – darüber hinaus der Erwerbstätigkeit in der Industriegesellschaft schlechthin – wird zahlreiche Arbeiten überflüssig werden lassen, Maschinen übernehmen immer mehr Teile. Gentechnologie, Roboterarbeit, Mikrochips stehen noch als Schreckgespenste einer total umgekrempelten Arbeits- und Lebenswelt. Dieser Schub technischer Evolution führt nach Ansicht zahlreicher kompetenter Beobachter in eine transindustrielle, postindustrielle Welt, in eine Maschinenwelt.[242] Die Zahl der arbeitenden Menschen nimmt in vielen Arbeitsbereichen rasch und dauerhaft ab. An ihre Stelle, so lautet die simple Prognose, treten Maschinen mit künstlicher Intelligenz. Die dem Menschen verbleibenden bzw. die ihm neu zuwachsenden Arbeitsinhalte sind in zunehmendem Maße Tätigkeiten des Planens, Programmierens, Überwachens und Reparierens. Direkte Produktionsarbeit sinkt; indirekte, gestaltende Arbeit wächst.

4.8.3.3 Zunehmende Mittelbarkeit in der Arbeit

Viele Menschen leisten schon heute irgendwelche Beiträge zur Produktion von Gütern, ohne die Zusammenhänge der Fertigung insgesamt zu durchschauen und ohne auch nur zu ahnen, was ihre Arbeit zum Gelingen des Ganzen beiträgt. Solche zunehmende Unmittelbarkeit industrieller Arbeit muß der Mensch lernend bewältigen. Historisch zeigt sich die zunehmende Mittelbarkeit der Arbeit wie folgt:
– In primitiv-agraischen Gesellschaften fehlten Werkzeuge zunächst ganz. Säen und Ernten erfolgten unmittelbar in Handarbeit. Es gab weder Arbeitsplanung noch Vorratshaltung. Dann beginnt mit der Erfindung der ersten Geräte und der Nutzung domestizierter Tiere die bis heute noch nicht beendete Kette der Entwicklung immer indirekter werdender menschlicher Arbeit (Übersicht 15). Weil Geräte- und Nutztiereinsatz der Kapitalbildung bedürfen, fallen Arbeit und Verwertung der Arbeitsergebnisse machtbezogen auseinander. Der feudale Grundbesitzer hat über Jahrtausende – teilweise bis in die Gegenwart – Sklaven, Leibeigene und Landarbeiter für sich arbeiten lassen. Er selbst ist von der Arbeit, seine Arbeiter sind vom Ergebnis ihrs Tuns getrennt. Beide durchlaufen den Prozeß der Entfremdung von der Arbeit.

---

[241] Auer 1966, S. 142. Ähnlich Nöll von der Nahmer mit Blick auf die erst seit knapp 200 Jahren bestehende Schulbesuchspflicht (1957, S. 191): „Menschen zum Guten, Edlen, Schönen zu erziehen, dauert eben doch wesentlich länger als die Entwicklung synthetischer Spinnfasern."
[242] Vgl. Ratz 1984, S. 28 f.

Die ständische Gesellschaft des Mittelalters schloß zahllose Landflüchtige von der Arbeit in den Städten und damit von den Privilegien der zunftgeschützten Handwerker und städtischen Kaufleute aus. Ähnlich den Arbeitslosen der Gegenwart warteten sie vor den Stadttoren auf ihre Chance. Obwohl sie nicht heiraten durften, vermehrte sich die Zahl der Landflüchtigen „Freien" rasch. Ihre „Chance" fanden sie schließlich in den aufkommenden Manufakturen und später in den Fabriken. Dort blieben sie lange Zeit die Manövriermasse der nun beginnenden anonymen Massenfertigung des Frühkapitalismus. Der industrielle Arbeiter der Frühzeit industrieller Arbeitsorganisation ist zwar von Standesschranken vorangegangener Zeiten emanzipiert, dennoch ist er nicht frei. Seine neue Unfreiheit entstammt dem unerbittlichen Takt der ruhelosen Maschinen, die seine Arbeit an die Apparate bindet. Diese 3 Stufen der Entwicklung mechanisierter Arbeit hat Müllges – vergleichbar dem soeben per Skizzierung gebrachten Versuch didaktischer Reduktion – in bildhafter Sprache geschildert.[243] Die Segnung der industriellen Märkte – ständig wachsendes Angebot an Waren – genießt zunächst nur der Leistungsstarke, der Fabrikpatron als Besitzer der Produktionsmittel.

Heute sind jene menschenverachtenden Fabriken der Gründerzeit abgerissen. Hoher Lebensstandard bei stark reduzierter Arbeitszeit und humanere Arbeitsbedingungen kennzeichnen die Situation derjenigen, die Arbeit haben. Doch das industrielle System der Warenproduktion und Warenverteilung ist krisenbelastet. Millionen Menschen sind arbeitslos, weil die zu ihrer Beschäftigung notwendigen Produktionszuwächse fehlen. Der erreichte Wohlstand ist nicht für alle zu halten. Es zeigt sich ein neues Zwei-Klassen-System, privilegierte Arbeitsbesitzer und nichtprivilegierte Arbeitslose.

An die Verantwortlichen in Wirtschaft und Politik richtet Ratz kritisch die Frage: Was soll der Mensch tun, der weder im Primär- noch im Sekundär- noch im Tertiärsektor einen Arbeitsplatz findet? Bleibt ihm, „wie manche Zukunftsforscher bereits vor 15 Jahre angedeutet haben, nichts anderes als die zwar gesicherte, aber problematische Existenz als Haustier: Ernährt, gepflegt, aber ohne die Herausforderung produktiver Arbeit?"[244]

4.8.3.4 Notwendigkeit kollektiver Korrekturstrategien

Es hat keineswegs den Anschein, als hätten es Politiker und Arbeit„geber" mit der Beantwortung dieser Frage besonders eilig, im Gegenteil: Die Tendenz zeigt eine Entwicklung zu noch mehr Automation in Fertigung und Verwaltung. Auf den internationalen Kapitalmärkten steht ausreichend Investivkapital zur Verfügung, um die Rationalisierungsvorhaben der Zukunft zu finanzieren.

Trendunternehmen haben aus den Gewinnen der Vergangenheit riesige Liquiditäten aufgebaut, die sie selbst bei umfangreichen Rationalisierungsinvestitionen über weite Strecken von Fremdkapital unabhängig machen. Ohne groß angelegte Korrekturstrategien und Kompensationsmöglichkeiten für obsolet gewordene Arbeitsplätze wer-

---

[243] Vgl. Müllges 1979, S. 37f.
[244] Ratz 1984, S. 29.

Übersicht 15: Entwicklungsschritte von direkter zu indirekter menschlicher Arbeit

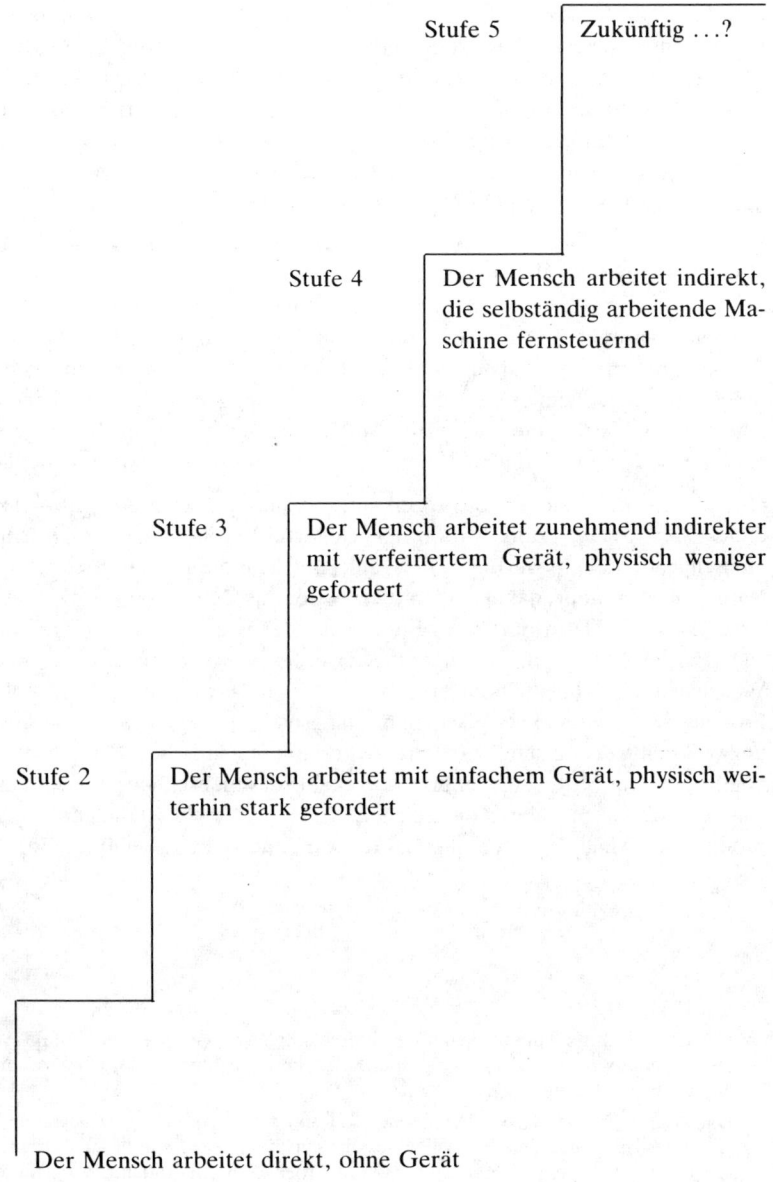

Stufe 5   Zukünftig …?

Stufe 4   Der Mensch arbeitet indirekt, die selbständig arbeitende Maschine fernsteuernd

Stufe 3   Der Mensch arbeitet zunehmend indirekter mit verfeinertem Gerät, physisch weniger gefordert

Stufe 2   Der Mensch arbeitet mit einfachem Gerät, physisch weiterhin stark gefordert

Stufe 1   Der Mensch arbeitet direkt, ohne Gerät

den in den nächsten Jahren weitere Millionen Menschen ihre Arbeit verlieren. Gegenwärtig scheinen zur umfassenden Reform weder der feste Wille noch brauchbare Konzepte vorhanden zu sein. Die Menschen haben sich daran gewöhnt, daß es Politiker und Arbeit„geber" zunehmend vorziehen, immer mehr Menschen lieber aus Rationalisierungsgewinnen zu alimentieren als ihnen Arbeit zu schaffen. Rationalisierung und Automation, so die Argumentation, seien zur Erhaltung internationaler Wettbewerbsfähigkeit dringend geboten. Automaten mögen menschliche Arbeit erleichtern, doch dürfen sie nicht dazu dienen, Millionen Menschen Lebensfreude aus eigener Arbeit vorzuenthalten.

Eindringlich ist allerdings vor jenem simplen Naturalismus zu warnen, der die Unantastbarkeit der Natur attestieren will. Der Mensch ist und bleibt darauf angewiesen, kraft seines denkenden, planenden, konstruierenden Geistes selbst hervorzubringen, „was dem Tier als Gabe der Natur in den Schoß fällt".[245] Dieser Notwendigkeit kommt imperativ-existenzieller Stellenwert zu, sie beansprucht dauerhafte Geltung. Zur Befriedigung seiner existenziell notwendigen Bedürfnisse muß der Mensch „die Welt zur Sache, die Sache zum Mittel umdenken, um ihr dasjenige abgewinnen zu können, was ihm zur Erhaltung und Förderung seiner Existenz dienlich ist".[246]

Der Denk- und Aneignungsprozeß der organischen und anorganischen Welt zur dienstbaren Sache, zum Mittel der Bedürfnisbefriedigung, entspricht sinnvoller menschlicher Lebensführung. Die Denk- und Handlungsweisen zur Aneignung von Natur müssen über das Denken der Natur als Mittel den Zweck einschließen. Aneignung der Natur darf nur zum Zwecke der Erhaltung und Erhöhung menschlicher Existenz erfolgen. Um humane Zwecke zu erkennen und zu verfolgen, sind Weitsicht und Beharrlichkeit erforderlich. Es mag kurzfristig die Produktion eines Produktes zweckdienlich erscheinen, langfristig kann sie sich als ausgesprochen unzweckmäßig erweisen. Wirtschaftlicher und technischer Fortschritt, der in der Denkebene der Mittel steckenbleibt, verkehrt das menschliche Werk in menschliches Schicksal. Die vom freien menschlichen Willen zur Zwecksetzung entfesselte Massenproduktion zwingt den Menschen zu Konsum und Arbeit, die ihm beide nicht Zweck sind.[247]

---

[245] Litt 1964, S. 45.

[246] Ebenda. – In Litts Äußerungen über Mensch und Sache, Subjekt und Objekt, vermißt Klafki die ökonomisch-gesellschaftlich-politische Analyse; Bildungstheorie müsse hier „über Litt hinausgehen" (Klafki 1979, S. 256).

[247] Dazu sagt Litt (1964, S. 34): „In der Tat müssen wir ... uns eingestehen, daß es kein ‚Seiendes' gibt, das den Menschen so wirksam hindere, Mensch zu werden, wie die dem Gebot der Sache gehorchende Lebens- und Arbeitsordnung. Indem sie den ihr Verpflichteten anhält, seine ganze Kraft in eine manchmal engstens umschriebene Sonderleistung zu verlegen, lenkt sie ihn mit unwiderstehlicher Nötigung von dem ab, was ihn als diesen einmaligen und einzigen Menschen – als ‚Individualität' – kennzeichnet ... Wie scharf der Gegensatz ist, zu dem hier Mensch und Sache auseinandertreten, beweist die Tatsache, daß der Mensch als Mensch um so empfindlicher zu Schaden kommt, je mehr die Sache als Sache sich der Vollkommenheit annähert."

4.8.3.5 Wertwende industrieller Arbeit

Was noch vor 10 Jahren als technischer Fortschritt, als wirtschaftliches Wachstum gepriesen und gefördert wurde, zeigt sich heute als existenzbedrohende Schädigung der lebensnotwendigen Natur. Der einzelne und die Menschheit insgesamt müssen wieder lernen, intensiv und ganzheitlich zu denken. Egoismus von Personen und Generationen sind zugunsten interpersonaler und intergenerativer Zwecksetzungen abzulösen. Der Mensch muß den die Menschheit bedrohenden Irrtum aufgeben, die Welt aus eigener Endlichkeit heraus begreifen und ergreifen zu können. Sieht er sich wieder als sinnvolles Teil in der Kontinuität des Weltganzen, verliert sein Denken und Handeln das ambitiöse Streben nach totaler Herrschaft. Der Mensch muß seine Wirklichkeit aus der stetig wachsenden Fülle der Möglichkeiten zweckbewußt wählen lernen. Wenn erkannt ist, daß er der Umwelt mehr abverlangt bzw. zumutet als sie geben bzw. vertragen kann, diese Einsicht aber noch nicht herrschendes Prinzip geworden ist, dann sollten für die Übergangszeit des individuell und kollektiv notwendigen Lernens Verbote, etwa als Verfassungsnorm, den Zugriff auf die Natur erschweren bzw. verringern. Hat sich die Ratio irgendwann wieder vom Ego emanzipiert, wird Autonomie freier, vernünftiger Entscheidungen das Verbot ablösen.

4.8.3.6 Arbeit als conditio sine qua non

Gegenwärtig gibt es Diskussionen, ob der Schutz der Natur vor dem Menschen in Form einer freiwilligen Selbsteinschränkung des Menschen Verfassungsnorm erhalten soll. Die Absicht ist lobenswert, doch gleichzeitig erscheint ebenso dringend geboten, die Menschen durch konstruktive Rechtsetzung vor dem Schicksal des Arbeitsverlustes bzw. des Versagens der Arbeitsaufnahme zu schützen. Ein solches Recht auf Arbeit muß als einklagbarer Verfassungsgrundsatz die Organisation der Arbeit in einer von hoher Automationsgeschwindigkeit gekennzeichneten Industriegesellschaft – zumindest temporär – begrenzen. Lediglich Arbeitsverwaltung ist mit ihren regulierenden und alimentierenden Bemühungen auf lange Sicht ungeeignet, mehr zu leisten, als Mangel leidlich zu verwalten. Für jeden Menschen ist das Recht auf Arbeit Teil seines Menschenrechtes, es darf nicht länger zur Disposition stehen. Der kategorische Imperativ des Rechtes auf Arbeit ist als Maxime kollektiver Regelung im anthropologischen Axiom menschlichen Tätig-Sein-Wollens, Tätig-Sein-Müssens und Tätig-Sein-Könnens begründet.

Arbeit bietet als conditio sine qua non die humane Möglichkeit der Selbstverwirklichung durch Selbsttätigkeit. An diesem Axiom des kategorischen Imperativ menschlicher Arbeit müssen Schnitte ansetzen, um die überall in der Welt bestehenden Beschäftigungsprobleme ursächlich zu bekämpfen. Der Ausgangspunkt aller Konzepte zur Überwindung der Arbeitslosigkeit liegt nur in der Achtung der Würde des Menschen durch ihm mögliche und ihm gemäße Arbeit. Arbeit ist und bleibt dem Menschen originäres Anliegen. Wer sich darüber hinwegsetzt, handelt zutiefst inhuman und menschenverachtend. Aller technischer Fortschritt muß dem Menschen dienen, von ihm gewollt sein und durch seine freie Entscheidung beherrschbar bleiben.

4.8.3.7 Krise industrieller Arbeit

Ein Blick auf die historische Entwicklung der Gesellschafts- und Arbeitssysteme zeigt, daß Systemübergänge stets durch Arbeitslosigkeit, Massenelend und menschenverachtende Arbeit gekennzeichnet waren. Auch gegenwärtig sind solche Umbruchsignale deutlich auszumachen. Szenarien für die Zeit nach der Jahrtausendwende prognostizieren weltweit „Hunderte Millionen von Menschen strukturell ganz oder zeitweise arbeitslos".[248] Als strukturell arbeitslos sind zudem jene Menschen zu zählen, die zwar Lohn oder Gehalt beziehen, jedoch sinnlos in Büros und Fabriken herumsitzen. Der Arbeitsvertrag schafft materielle Sicherheit, gewährt jedoch mangels sinnvoller Arbeit keine innere Zufriedenheit. Das Potential Unzufriedener erhöht sich um diese Gruppe. Die Boten unruhiger Zeit sind weltweit und massenhaft im Aufmarsch.

Ansätze zur Überwindung der tiefen Krise industrieller Arbeit sind – soweit es sich um Reformen an den Ursachen handelt – nicht zu sehen. Durch das Kuren an Symptomen mag es gelingen, Arbeitslose mittels finanzieller Zuwendung weiterhin „stillzusetzen" und – ebenfalls mit finanzieller Unterstützung – obsolete Arbeitsplätze noch eine gewisse Weise zu erhalten. Andere Vorschläge zielen teils auf freiwillige oder notfalls gesetzliche Beschränkung möglicher Rationalisierungen zugunsten der Weiterbeschäftigung von Menschen, teils auf Überlegungen, wie der Mensch die gewonnene Freizeit für sich selbst und zur Verbesserung seiner sozialen Beziehungen nutzen könne. Dagegen muten auf Konsumeinschränkung bzw. auf Produktionsverzicht gerichtete Vorschläge, wenn ohnehin Arbeit für Massen fehlt, bei dann noch geringerer Arbeitsnachfrage seltsam an.

Allerdings enthalten solche Verzicht-Strategien in aller Regel Hinweise auf die geringe individuelle Werthaftigkeit vieler Produkte und weisen auf deren gleichzeitig zu beklagende ökologische Schäden und/oder den unnützen Verzehr nicht reproduzierbarer Rohstoffe hin. Es bleibt zu hoffen, daß der gegenwärtige Mangel an zündenden Ideen und damit der Mangel an Arbeit momentane Konditionsschwächen der Verantwortlichen darstellen und nicht als systembedingte Unfähigkeit zu durchgreifenden Reformen einen weiteren Boten unruhiger Zeiten ankündigen. Welche kollektive Prinzipien also müssen künftig die Organisation industrieller Arbeit bestimmen, welche Maximen individueller Handlungen sollen in der Arbeit wieder stärkere Beachtung finden?

4.8.4 Bildungsrelevante Konsequenzen

Hinsichtlich der beschriebenen künftigen Gestaltungsformen gesellschaftlicher Arbeit – Zeit, Inhalt, Organisation – müssen personale und soziale Prinzipien instrumental der Herausbildung, Erhaltung und Förderung des arbeitenden Menschen als sittlich autonome Persönlichkeit dienen. In dieser Forderung erhalten Prinzipien der Arbeit stets zugleich den Rang von Prinzipien personaler Bildung. Es sei an den Dualismen zwischen den beiden elementaren menschlichen Kategorien,

---

[248] So der polnische Philosoph Schaff (vgl. Ratz 1984, S. 36).

Arbeit und Bildung, erinnert: Arbeit ist ohne Bildung nicht erreichbar, Bildung bleibt ohne Arbeit unmöglich. Als wesentliche – und stets bildungsrelevante – Prinzipien der Arbeit sind in gewissermaßen Wiederentdeckung und Erweiterung der vor 60 Jahren von Kerschensteiner geschaffenen Bildungstheorie Totalität, Individualität, Sozialität, Aktualität, Aktivität, Autorität und Freiheit auszuwählen.[249] Die Realität der Arbeit wird mit Geltung dieser Prinzipien in ein normativ-humanes Zielsystem eingebunden. Arbeit erhält, normativ vorbestimmt, eine eindeutige Wert- und Zielkonzeption, „indem ihre Verfolgung z. B. vorgeschrieben, verlangt, gefordert, empfohlen, vorgeschlagen oder erbeten wird".[250] Die gegenwärtigen Formen organisatorischer Arbeitsgestaltung können kognitiv nur dann kritisiert werden, wenn die aus normativ gesetzten Prinzipien wirkenden Forderungen als Brücken-Prinzipien im Sinne Alberts, als „Überbrückung der Distanz zwischen Soll-Sätzen und Sachaussagen",[251] der Realität gegenüberstehen.

Arbeit ruht auf ethischem Fundament. Objektive Kriterien ethisch wertvoller Arbeit sind in wissenschaftlicher Reflexion methodologisch nachvollziehbar auf ihren normativen Gehalt hin zu prüfen. Als Erfahrungsbereich dient die tatsächliche Arbeit, das was der Mensch tut und was ihm widerfährt. Wissenschaftliche Erkenntnis müßte dann den in der Realität der Arbeit auffindbaren Sinngehalt offenbaren. Diesen Vorgang leiten erkenntnistheoretische Denkprinzipien, und objekt-rationale Prinzipien konstituieren den Begründungszusammenhang des Seienden mit dem Sein-Sollenden.[252] Beides ist zu erforschen, sollen erziehungsrelevante Aussagen möglich werden. Mit dieser Forderung ist die Trennung zwischen der nur deskriptiven Betrachtung der Arbeit und dem normativen Gehalt von Arbeit zugunsten ganzheitlicher Erschließung aufgehoben.

---

[249] Vgl. Kerschensteiner 1926, S. 402 ff. Der Auffassung von Müllges ist zuzustimmen (1967, S. 62), Kerschensteiner habe dabei „an eine allgemeine Arbeitserziehung, ... noch von spezial-beruflichen Anforderungen freigehalten", gedacht.

[250] So formuliert Kröger (1981, S. 2) für Zielkonzeptionen einer normativen Wirtschaftslehre.

[251] Albert 1975, S. 76.

[252] Diese methodologische Sichtweise entspricht dem Verständnis normativer Betriebswirtschaft. So gibt es für Nicklisch (1932, S. 29) keine wertfreie Wissenschaft von der Betriebswirtschaft. Vgl. auch den normativ-situationstheoretischen Ansatz von Staehle (1973, S. 1 und 7).

Übersicht 16

Nach Staehle kommt es in demokratischen Staaten darauf an, daß alle Teilsysteme, somit auch Wirtschaftsunternehmen, nach demokratischen Grundprinzipien gestaltet sind. Er versteht darunter nicht die Übertragung demokratischer Regierungsformen in die Betriebe, „sondern die Einführung demokratischer Prinzipien des Zusammenlebens und -arbeitens". Dies entspricht hinsichtlich der Gestaltung soziotechnischer Systeme dem der Erziehung gestellten Auftrag, in Lernprozesse personale, instrumentale und soziale Prinzipien einzubringen. Im folgenden werden 10 Prinzipien industrieller Bildung und Arbeit diskutiert (Übersicht 16).

[253] Staehle 1973, S. 22.

5. Aspekte betrieblicher Bildung und Arbeit

Menschliches Dasein ist immerfort werdend. Es bedarf steter Sorge um sein Gelingen. Der betrieblichen Bildung erwächst daraus eine besondere Verpflichtung: Sie hat dem Menschen bei seiner andauernden Suche nach Orientierung, Kontinuität und Fortschritt behilflich zu sein. Solche menschliche Entwicklung vollzieht sich wesentlich in der Arbeit, und Arbeit bedeutet existentielle Begegnung des Menschen mit Bildungsrelevanz. In dem Maße, in dem der Mensch Arbeit erfährt und erlebt, geschieht Bildung oder – auch das ist möglich – wird Bildung verhindert.

Der Pädagogik kommt die Aufgabe zu, die vox humana zu Gehör zu bringen. Betriebliche Bildung thematisiert als humane Anliegen Grundbedingungen, Ziele, Inhalte und Wege einer anthropologisch – nicht primär anthropometrisch – begründeten erziehungswissenschaftlichen Disziplin. Es ist im Sinne Weinstocks Antwort auf die Frage zu finden, was geschehen soll, falls „das Arbeiten weithin oder gar überwiegend inhuman zu werden droht".[254] Zu fast gleicher Zeit wie Weinstock, um 1950, hatte es Krasensky „als die schönste Aufgabe der Wirtschaftspädagogik"[255] bezeichnet, den Menschen vom Gefangenen der Wirtschaft zum schöpferischen Mittätigen zu führen.

Betriebliche Bildung kann – wie Bildung überhaupt – Humanisierung der Arbeit im besonderen und kulturellen Fortschritt menschlichen Lebens im allgemeinen nur begünstigen, wenn sie primär nicht lediglich den gesetzten Zwecken der Arbeit dient, also nicht nur angewandte Betriebspädagogik bleibt. Vielmehr muß betriebliche Bildung im Bemühen um den Menschen und in steter Sorge um dessen Durchstieg zu sich selbst primär bei ihm anknüpfen, ist doch „die Wurzel für den Menschen ... der Mensch selbst".[256] Der anthropologische Teilaspekt betrieblicher Bildung sucht zu klären, welche konstanten Voraussetzungen und Bedingungen dazu in der Natur des Menschen liegen. Die Sinnmitte betrieblicher Bildung – der Mensch – soll nachstehend in prinzipieller Erörterung seiner individualen und sozialen Bedürfnisse sowohl grundlegend als auch in der personalen Einheit seines Wesens zu Wort kommen.

In den Industriebetrieben der Gegenwart und Zukunft wird Arbeit nur dann für den Menschen „der Königsweg der Bildung"[257] sein können, wenn sie sich nicht als kreisförmig-eintönige Tretmühle fremdgesetzter und fremdbestimmter Zwecke erschöpft, sondern der Mensch Form, Inhalt und Ziele in freier Entscheidung selbst mitsetzen darf und kann. Gegenwärtig ist das Verhältnis von Bildung und Arbeit nicht durch jene Harmonie der sie regelnden Prinzipien bestimmt, die zur Sicherung eines möglichst großen Maßes an individueller Zufriedenheit und kollektiver Ergiebigkeit der Arbeit erforderlich ist.

---

[254] Weinstock 1954, S. 32.
[255] Krasensky 1952, S. 55.
[256] Weinstock, S. 5, in Anlehnung an Karl Marx.
[257] Blankertz 1963, S. 120.

5.1 Humanisierung der Arbeit durch Bildung

Es gilt, die Aporie zwischen Bildung und Arbeit aufzuheben. Heitger spricht von Schizophrenie, wenn sich der Mensch erst dort eigener Bildung widmen kann, „wo er dem Arbeitskollektiv, der Produktionsmaschinerie entronnen ist".[258] Das Auflösen vorhandener Widersprüche zwischen einerseits Zwecken, Inhalten und Organisation der Arbeit und andererseits den dazu inkongruent bestehenden Zwecken, Inhalten und Organisationsformen betrieblicher Bildung setzt allerdings voraus, daß die Pädagogik als unbestechliche Wissenschaft Anwalt des Menschen bleibt.

Humanisierung der Arbeitswelt als Aufgabe der Betriebspädagogik verfolgt als oberstes Ziel stets menschliche Sinnerfüllung in der Arbeit und durch die Arbeit.[259] Humanisierung des Arbeitslebens – Schlagwort und Modetrend der Gegenwart zur Revision von Fehlentwicklungen – läßt sich pädagogisch nur begünstigen, wenn der Mensch Maß und Ziel aller Bemühungen bleibt. Formal- und Sachkompetenz für künftige Arbeit sind pädagogisch, historisch und systematisch als „Mediatisierung der Welt"[260] auszuloten, um Bildung als Anstoß für eine menschenwürdige Welt gestalten zu können. Deshalb sind, nachdem die Prinzipien betrieblicher Bildung als grundlegende pädagogische Aspekte geklärt werden konnten, Struktur und Inhalte der erforderlichen formalen und sachlichen Qualifizierung zu bestimmen.

Daraufhin tritt wieder die praktische Bildungsarbeit in den Betrieben in den Blick, und zur Annäherung an die historisch günstige Gestaltung betrieblicher Bildung wird der Grad der Allgemeingültigkeit der Aussagen zugunsten situationstheoretisch inhaltsreicher Annahmen verringert. Was haben – so lautet die zentrale Frage – die in den Betrieben für Bildungsarbeit Verantwortlichen zur Bewältigung der kurz- und mittelfristig zu erwartenden Veränderungen zu leisten?

Es soll verdeutlicht werden, daß in formaler und materialer Bildung die beiden Seiten ganzheitlicher pädagogischer Sorge um die Humanitas liegen. Stets vollzieht sich Bildung an Inhalten. Die Auseinandersetzung mit Gedanken und Ideen, mit Menschen und materialer Welt erfolgt sinnvoll oder formal auf personale Bildung hin, sie ist folglich stets formal prinzipiengeleitet.

5.2 Selbstbeschränkung der Arbeits- und Betriebspädagogik

Die lernende Auseinandersetzung ist als Bildungsprozeß zu verstehen, das gewonnene Ergebnis an verfügbarer Lebensbewältigung ist als Bildungsstand und somit einfach als Bildung zu bezeichnen. Es gibt keine formale Bildung ohne die Mediatisierung der Welt in Bildungsinhalte. Deren Auswahl überträgt Blankertz, sind die originären Prinzipien der Beachtung und Förderung der Humanität gesichert, zu Recht an die „historisch bedingten Mächte des Lebens, die als solche außerhalb pädagogischer Zuständigkeit verbleiben".[261] Mithin fällt das Bestimmen der bildungs-

---

[258] Heitger 1965, S. 226; ebenfalls 1960, S. 99.
[259] Vgl. Dörschel 1975a, S. 65.
[260] Blankertz 1963, S. 99.
[261] Blankertz 1963, S. 122.

relevanten Inhalte nicht primär in die Verantwortung der Betriebspädagogik. Würde sie diesen didaktischen Anspruch erheben, obläge ihr aus der unaufhebbaren Zweck-Mittel-Beziehung von Arbeit und Bildung heraus im Durchgriff des Pädagogischen auf die Arbeit ebenfalls die Autorität festzulegen, was zu arbeiten sei.

Einen solchen omnipotenten Anspruch kann Betriebspädagogik nicht leisten. Die Bildungsverantwortlichen in den Betrieben sollen in wohlverstandener Selbstbeschränkung auf ihren eigentlichen pädagogischen Auftrag alle Versuche zurückweisen, für die inhaltliche Bestimmung betrieblicher Bildung in die Pflicht genommen zu werden. Vielmehr hat sich die Pädagogik in der ihr aufgetragenen Sorge um die Vorbereitung des Menschen zur humanen Leistung seines Daseins – ihn zur Arbeit zu befähigen – auf „die prinzipielle Inhaltlichkeit aller Bildung"[262] zu verständigen. Alle Arbeit umschließt, wenn sie sich wesensgemäß zeigt, prinzipiell mögliche Bildungsinhalte.

Die zu empfehlende Selbstbeschränkung verpflichtet die Betriebspädagogik, sich ihres dienenden Auftrages bewußt bleibend, Legitimation und Inhalte des Handelns gewissermaßen von außen zu beziehen.[263] Sie hat als Wege zum Erreichen individuell, betrieblich und gesellschaftlich grundgesetzter Ziele geeignete Inhalte und Methoden bereitzuhalten und einzusetzen. Der Betriespädagoge kann diesem Auftrag allerdings nur genügen, wenn ihn der Betrieb, in dem Menschen in freier Entscheidung die jeweils gewünschte Arbeit im Rahmen der gesellschaftlich möglichen Vielfalt der Tätigkeiten bestimmen, als kompetenten Gesprächspartner in die Entscheidungsprozesse einbindet. Diesen Prozeß des sozialen, gesellschaftlichen und technischen Wandels begleitet der Pädagoge, um mit der historischen Entwicklung Schritt zu halten, kompetent und kritisch. Ohne Informationen über Ziele und Planung kann er seine Aufgabe also nicht erfüllen.

Von den personalen, betrieblichen und gesellschaftlichen Arbeitszielen her formuliert der Betriebspädagoge Bildungsziele, ordnet ihnen Inhalte zu, gibt Wege der Bemeisterung an. Im konkreten und im nachfolgenden Vermitteln der relevanten Bildungsinhalte zeigt sich das Praktische der angewandten Betriebspädagogik. Will sie dem arbeitenden Menschen helfen, selbst sein berufliches Leben kompetent und zufriedenstellend zu verwirklichen, muß sie, versorgt mit dem Proviant der theoretischen Basiswissenschaften, in die jeweils historisch, gesellschaftlich, betrieblich und individuell bedingte Arbeitswelt durchsteigen, muß in die Einmaligkeit des Individuums eindringen, muß dort Anlagen und Neigungen ausloten und so den Menschen zur Persönlichkeit aufrüsten.

---

[262] Ebenda. „Inhaltliche Kanonisierung von Allgemeinbildung", so fährt Blankertz fort, wird es dann nicht mehr geben.

[263] In Petzelts Unterscheidung zwischen argumentatio ad rem und ad hominem liegt die Verantwortlichkeit des Lehrenden, in „der Ebenbildlichkeit zum Urbilde" (1965, S. 166) das Ausgerichtetsein der Inhalte auf den zu Bildenden zu betonen. Inhalt und Form sind zu trennen, konstituieren dennoch als Aufgabe der Fachdidaktik die Einheit des jeweils neu zu bestimmenden pädagogischen Verhältnisses.

5.2.1 Personaler Bezug der Bildung

Da sich Persönlichkeit ihrem eigentümlichen Sein gemäß nur im personalen Austausch mit dem Du entfaltet,[264] weist das Abgrenzen des pädagogischen Terrains auf jene Aspekte der Bildung hin,[265] die Gemeinschaft stiften und Gesellschaft konstituieren. Bildung kann nicht gelingen, wenn Arbeit vereinzelt und entfremdet. In der Arbeit und für die Arbeit kann sie fruchtbar werden, wenn Arbeitsplätze, Arbeitsorganisation und Arbeitsbedingungen – einschließlich der Aspekte Mitbestimmung und Mitarbeiterführung – Äcker bilden, auf denen der Samen der Bildung, der nisus formativus, aufgeht. Nicht selten zeigt sich die Arbeitsumgebung als steiniger Acker ohne ausreichendes Geflecht intakter Beziehungen zu Mitarbeitern und Vorgesetzten. Beides, Mitarbeit und Führung, sind eng mit einerseits den Prinzipien der Freiheit und andererseits der Verantwortung verbunden.

Will betriebliche Bildung, wie es Fütterer erhofft, „wirklich Korrekturfunktion gegenüber der Verdinglichung und Verplanung des Menschen sein",[266] dann hat sie in der Sorge um das Werden des Menschen Mitbestimmung für jeden erfahrbar zu machen. Die demokratischen Prinzipien Partnerschaft und gegenseitige Achtung sollen in Zukunft alle gesellschaftlichen Bereiche deutlicher bestimmen.

Bereits der Themenaufriß dürfte zeigen: Die Bildungsverantwortlichen in den Betrieben haben einen in Bescheidenheit zu leistenden Dienst für den arbeitenden Menschen zu erbringen. Nicht die pädagogische Wissenschaft – oder noch näher: die Betriebspädagogik – bestimmt autonom Ziele und Inhalte ihrer Bildungsarbeit, und dies ist prinzipiell gut.

Beim Betriebspädagogen vor Ort und bei den Erziehungswissenschaftlern in ihren Instituten liegt die Aufgabe, die – ausgehend vom personalistischen Menschenbild – autonome, freie und verantwortliche Entscheidung der Menschen für ihre Arbeit, die Organisation und die Resultate der Arbeit kritisch zu begleiten. Der Pädagoge hat darauf zu achten, daß jene Prinzipien der Humanität, die Würde und Wagnis der Person konstituieren, Geltung behalten. Betriebliche Bildung hat jeglicher Entpersönlichung in der Arbeit Einheit zu gebieten, sie zeigt dem Menschen die Sinnmitte seines Tuns auf: die verantwortungsbewußte Persönlichkeit.[267]

Guardini definiert Person als „das gestalthafte, innerliche, geistig-schöpferische Wesen, sofern es ... über sich selbst verfügt",[268] d. h. die Personalität des Menschen

---

[264] Holzamer nennt Beispiele (1965, S. 152 f.): Freundschaft, Ehe, mitunter auch Hausgemeinschaft, Verein.

[265] Natürlich weist der personale Aspekt auch auf das Verhältnis von Lehrenden und Lernenden zurück, das Bildung konstitutiv bewirkt.

[266] Fütterer 1984, S. 110. „Gesunder Menschenverstand, Gewissen und Gerechtigkeitsempfinden, emotionale Fähigkeiten und Phantasie und naive Fragen", so fügt er hinzu, sollen neben Expertenwissen und Erfahrung Platz erhalten.

[267] Petzelt definiert Persönlichkeit als „den zu einem Zeitpunkt erreichten Wert der Personalität ... in der Forderung vor dem Gesollten"; Persönlichkeit benötigt Bildung, die sich „gegliedert durch Akte" vollzieht (1965, S. 163).

[268] Guardini 1965 a, S. 11.

erwächst aus der Geschlossenheit der Gestalt und der Innerlichkeit des Lebens, aus geistbegründetem Wissen und Wollen, Handeln und Schaffen. Diese wesentlichen formgebenden Eigenschaften bilden gewissermaßen den Baustoff der Persönlichkeit, doch sind sie nicht identisch mit ihr.

Die ganze Wirklichkeit der Person erwächst erst aus selbständiger, aus freier und verantworteter Begegnung mit dem Mitmenschen und der Auseinandersetzung mit der Welt. Dann ist Person, wie Nosbüsch trefflich formuliert hat, „weder das Ich für sich noch das Du für sich, sondern das Ich nur in bezug auf das Du und das Du nur in bezug auf das Ich".[269] Der Mensch bleibt in der Emporbildung seiner selbst an die individuellen Anlagen und Aktivitäten gebunden und gleichzeitig auf den Mitmenschen, den Artgenossen verwiesen. Prinzipien kennzeichnen den formalen Aspekt der Bildung.

5.2.2 Betriebspädagogik zwischen Empirie und Normativität

Damit gewinnt die Betriebspädagogik Autorität und erlangt Anweisungscharakter. Gleichzeitig gerät sie in das Spannungsverhältnis von Normativität und Empirie. So hat die Wirtschaftspädagogik die obersten Erziehungsziele, hergeleitet aus – wie Peege belegt – Ethik, Ästhetik, Logik und Politik, fruchtbar zu machen. Sie arbeitet im Auffinden dessen, was ist, empirisch, und im Bestimmen dessen, was sein soll, mit Anleihen bei den gesellschaftlich relevanten Grunddisziplinen. Für das dann sichtbar werdende Spannungsverhältnis zwischen Empirie und Normativität forderte Peege 1967 – aus der damaligen Sicht des allerdings zu überschwenglich einsetzenden Reformwillens aller Pädagogik sicherlich trendkonform –, die Wirtschaftspädagogik möge „für die nächste Zukunft ihre Hauptaufgabe darin sehen ..., stärker als bisher die empirische Forschung zu pflegen".[270]

Doch gegenwärtig ist ein Umdenken zugunsten normativer Erforschung dessen, was sein soll, unaufschiebbar. Die Sinnkrise industrieller Arbeit und Bildung wird nur überwindbar, wenn vor jeder Sachlichkeit in Anerkennung und konsequenter Anwendung pädagogisch-humaner Prinzipien wieder der Mensch als Ziel und Mitte der Arbeit dominiert. Die im folgenden zu untersuchenden Prinzipien gesellschaft organisierter Arbeit müßten für die Betriebspädagogik zeigen, was Holzamer für alle Pädagogik ausspricht, „daß die Person des Menschen Herr der Dinge ist und auch im Gebrauch der Güter und der Technik dieser Herr zu bleiben hat".[271]

Mit seinem Lehrsatz, „die Allgemeingültigkeit des im Bildungsbegriff enthaltenen Bildungszieles – der sittlich autonomen Persönlichkeit – verbürgt zugleich die Allgemeingültigkeit der sich aus dem Bildungsbegriff ergebenden Grundsätze des Bildungsverfahrens",[272] hat Kerschensteiner festgehalten, daß objektiv gültige Prinzipien alle Bildung bestimmen. Bevor solche pädagogischen Prinzipien für die Bildung im

---

[269] Nosbüsch 1965, S. 36.

[270] Peege 1967b, S. 152.

[271] So Holzamer (1965, S. 160) zu einem mißverstandenen Ausspruch von Marie Curie, ob Sachlichkeit oder Persönlichkeit höheren Rang besitze.

[272] Kerschensteiner 1926, S. 402.

Betrieb zusammengestellt werden und deren Bedeutung diskutiert wird, ist darzulegen, was inhaltlich mit Prinzipien gemeint ist.

5.3 Axiome

Kerschensteiner faßt den axiologischen Gesichtspunkt der Bildung als „ein durch die Kulturgüter geweckter, individuell organisierter Wertsinn von individuell möglicher Weite und Tiefe"[273] auf. Damit ist Bildung für jedermann unabdingbar axiologisch postuliert. Bildungsnotwendigkeit und Bildungsmöglichkeit sind dem Menschen wesensgemäß, für niemand abweisbar und niemandem vorenthaltbar; Bildung ist als Seinskategorie selbstevident; sie relativiert sich im individuellen Vollzug quantitativ (Weite) und qualitativ (Tiefe). Bildung als Seinskategorie – ihr axiologisch-humaner Kern – trägt in der industriellen Arbeitswelt zur Klärung praktischer Bildungsfragen nur den absolut gültigen Rahmen des human Möglichen bei. Praktische Denk- und Handlungsanweisungen sind aus dieser rein formal-abstrakten Grundannahme nicht zu gewinnen. Will der Betriebspädagoge zu brauchbaren Eckdaten seiner Bildungsarbeit gelangen, muß er die Gültigkeit pädagogischer Prinzipien auf mittlerem Abstraktionsniveau herausarbeiten. Welche Bildungsziele (Ideale) in einer konkreten historischen Situation anzustreben sind, welche Form Bildung haben soll, wie Inhalte und Wege zu bemessen sind – das alles ist immer wieder neu festzulegen.[274]

5.3.1 Geltungsreichtum contra Inhaltsleere axiomatischer Aussagen

Bei solchem Ausgestalten des pädagogischen Feldes wird der Geltungsreichtum der zeitlich und räumlich, kulturell und individuell gültigen Axiome mit dem Inhaltsreichtum prinzipieller Bildung zu einem Theorie-Praxis-Verbund pädagogischen Handelns verwoben. Axiomatische Vorentscheidungen favoritisieren meist geistes-, erfahrungs- oder gesellschaftswissenschaftlich orientierte Menschenbilder.[275] Damit folgt die Erörterung konkreter Bildungsprinzipien dem wissenschaftspropädeutischen Ansatz der Situationstheorie und vermeidet zweierlei: Zum einen zwingt jeder praxisrelevante Ansatz zum Überwinden ansonsten blutleer bleibender Theorie ohne Notwendigkeit zur Bewährung in der jeweiligen Realität; zum anderen unterbleibt die Postulierung einer als gesetzt gegebenen Realität, die ansonsten empirisch-zufällige Bedingungen zu Prinzipien erheben könnte. Das Seiende würde im Rückgriff auf seine eigenen Strukturen zum normativen Maß seiner selbst; nicht was sein soll, wäre bestimmend, sondern in plumpen Historismus und Empirismus bestimmte dereinst das, was ist, auch das, was sein wird.

---

[273] Ebenda S. 17.

[274] Hierauf bezieht sich eine Bemerkung von Baur-Pantoulier in seiner 1983er Münchner wirtschaftspädagogischen Dissertation: Er spricht von der nur 20 Jahre zuvor geschriebenen wirtschafts- und berufspädagogischen Analyse Abrahams als von „einer globalen Interpretation der wirtschaftlichen Gegebenheiten seiner Zeit ... als Ausdruck einer bestimmten Phase" (1984, S. 154). Ähnlich Zabeck: „Die Aufgabe, allgemeine Normen in die Realität zu überführen, ist jeder Generation neu gestellt" (1984, S. 21).

[275] Vgl. Baumgardt 1979, S. 197; er orientiert sich weitgehend an geisteswissenschaftlichen

5.3.2 Theoretische Ausschließlichkeit und absoluter Praktizismus

Theoretische Ausschließlichkeit gipfelte dann in dem Satz: in thesi gut, in hypothesi nicht brauchbar. Ein solcher Ansatz spaltet Theorie und Praxis in zwei unabhängige Bereiche. Die Absolutheit eines empirischen status quo als absoluter Praktizismus ohne Entwicklung und ohne Entfaltung trennt Theorie und Praxis ebenfalls. Der Mensch würde gezwungen, die Hände in den Schoß zu legen und stumpfsinnig abzuwarten,[276] was ihm die jeweilige Realität beschert. Es klingt extrem, doch scheint es notwendig, auch einige gegenwärtig anzutreffenden Tendenzen zur Handlungsbeschneidung des einzelnen als entwicklungsfeindlich aufzudecken. So wird zwar zu Recht verlangt, menschliche Arbeit künftig stärker nach ihren Folgen, Nebenfolgen und Langzeitfolgen zu beurteilen. Diese an sich richtige und wichtige Forderung zwingt – als Extrem formuliert – zum Handlungsverzicht, sind doch Folgen und Nebenfolgen erst aus der Entscheidungssituation, damit stets unter Ungewißheit abschätzbar und selbst die Alternative des Unterlassens bzw. Belassens bringt für die Folgenabschätzung keine Sicherheit. Die gegenwärtige Technikdiskussion – ein Beispiel – tendiert als Pendelschlag von folgenblindem Aktivismus zur Parole der Technikabtinenz zurück.

5.4. Andragogische Prinzipien

Prinzipien stellen ein normatives System von Regeln dar, nach denen menschliches Handeln jeweils erfolgen soll. Als zeitabhängige und situationsorientierte Normen bestimmen sie konstitutiv den Wertmaßstab industrieller Arbeit und Bildung.[277] Prinzipien leiten, positiv gesetzt und daher im Zeitablauf veränderbar, regulativ das Bildungsgeschehen und den Vollzug industrieller Arbeit. Ihr normativer Kern ist aus übergeordneten Axiomen der Menschlichkeit deduziert. Daher gewährt er aller prinzipiellen Ausgestaltung von Bildung und Arbeit die unwandelbare Kontinuität des moralisch Grundsätzlichen.[278]

Prinzipien bestimmen als Maximen des Handelns das individuelle Tun und das kollektive Handeln gleichermaßen. Sie gelten für alle Lebensbereiche. Die prinzipielle Ausgestaltung industrieller Arbeit muß daher prinzipiengeleiteter Bildung

---

Axiomen und nennt als Varianten „die Ansätze von Kerschensteiner, Spranger, Litt, Feld, Schlieper, Abraham" (ebenda).

[276] Statt dessen gilt Meimbergs Feststellung, „daß der Mensch bei dem Versuch, Seiendes zu erfassen, dieses für sich verändert" (1951, S. 13).

[277] Kerschensteiner (1926, S. 406) erinnert daran, daß Bildungsprinzipien „keine Gesetze sind, sondern eben Grundsätze, Normen, und daß Grundsätze oder Normen immer nur soweit gelten, als die Bedingungen gegeben sind, unter welchen sie aufgestellt wurden".

[278] Anderer Auffassung ist Müller: Er zählt betriebspädagogische normative Ansätze auf, von Kautz und Geck bis Vietzke und Abraham, und kritisiert in Anlehnung an Wellendorf deren „äußerste Abstraktion von jedem konkreten Inhalte, z.B. von dem, was in der gegenwärtigen Gesellschaft' sittlich ist" (1973, S. 37f.), als Instrumente der Herrschaft. An Lisops Hinweis, „daß die Normen der Erziehung nicht allgemeingültige, sozusagen von Ewigkeit zu Ewigkeit geltende Maßstäbe sind" (1976, S. 41), schließt die gleiche Schlußfolgerung an.

kongruent sein. Bildungsprinzipien haben für die Gestaltung industrieller Arbeit sowohl deontologische als auch teleologische Bedeutung.

Deontologisch erhalten Sollensvorgaben des Bildungswesens für die Arbeitswelt aus der Strukturgleichheit der Prozeßprinzipien beider Bereiche Gewicht. Eigenschaften und Handlungsweisen, die das Bildungsgeschehen an sich als richtig erweisen, gelten auch für den Vollzug der Arbeit.

Teleologisch sind Bildungsprinzipien für die Arbeit deshalb bedeutsam, weil der moralische Wert der Bildung danach beurteilt wird, was er für die Arbeit an guten und schlechten Folgen bringt. Es ist jene Bildung zu begünstigen, die Arbeit in transitiver Wirkung ermöglicht und dem Menschen – unter Abwägung gegenüber anderem Vorgehen – den jeweils größten Nutzen verspricht. Bildung hat in ihrer prinzipiellen Ausgestaltung teleologisch das Wohl des einzelnen und die Wohlfahrt aller optimal vorzubereiten.[279]

5.4.1 Normen als Orientierungsrahmen

Die in der Bildung geltenden Normen geben im Vorgriff auf das Arbeitsleben Orientierung und ermöglichen spätere Integration durch prinzipiell gleiche Handlungsmuster und übergeordnete Geltung der Normen. Präidentifikation und Begünstigen allgemein richtiger Handlungsgrundmuster leisten insbesondere das berufsvorbereitende Bildungswesen und die Berufsausbildung. Sie halten in stetem Rückbezug der arbeitenden Menschen auf die jeweils geltenden Prinzipien gesellschaftlicher Arbeit Anschluß an den dauernden Bedeutungswandel des normativ vermittelten gesellschaftlichen Daseins. Allgemeine, verhaltensorientierte und fachliche Weiterbildung verstärken diese Orientierung.

5.4.2 Maximen des Handelns

Als pädagogische Prinzipien rangieren somit jene für wesentlich angesehene Grundsätze und Grundlagen, nach denen sich adressatengerechte und anforderungsadäquate betriebliche Bildung richtet.[280] Der betrieblichen Bildung fällt dann die Aufgabe zu, die Prinzipien und Wertvorstellungen humaner Arbeit in ihrem Vollzug zu beachten und Verhaltensweisen zu erzeugen, die den sozial-ethischen Forderungen einer humanen Arbeitswelt gerecht werden. Damit betriebliche Bildung als humaner Ordnungsfaktor die Maximen individuellen Handelns und das System gesellschaftlicher Wertvorstellungen insgesamt positiv zu beeinflussen vermag, ist nun herauszuarbeiten, welche Prinzipien als gewissermaßen Brückenprinzipien vom Bildungswesen her die Arbeit human bestimmen.

---

[279] Allerdings streiten Teleologen darüber, „wessen Wohl es ist, das man fördern sollte" (Frankena 1981, S. 34). Nach Auffassung des ethischen Egoismus sollte jeder sich selbst der Nächste sein, nach Ansicht des ethischen Utilitarismus sollte das letzte Ziel des Handelns im größten allgemeinen Wohl bestehen (vgl. ebenda, S. 34f.).

[280] Vgl. Eggersdorfer 1954, Sp. 954.

5.5 Individualität als Einmaligkeit des Ich

Ontologisch betrachtet ist das Individuum ein aus Stoff- und Formmomenten zusammengesetztes Ganzes, das in seiner Totalität nicht faßbar ist. Für die praktische Beachtung der Individualität als Bildungsprinzip reicht es aus zu erkennen, daß Individuen in freier Verantwortung ihre Bildungswege selbst wählen. In sittlich geleiteter Individualität dokumentiert sich sowohl die jeweilige Einmaligkeit des Ich als auch die Freiheit gewährende Einmaligkeit der anderen Individuen des Du.[281]

5.5.1 Die individuelle Wertpersönlichkeit

Das Schicksal eines jeden Menschen ist damit wesentlich individuelles Bildungsschicksal. Lernend nimmt das Individuum die Imperative der eigenen wertenden Instanz, des Gewissens, als Maximen des Handelns auf; lernend akzeptiert es prinzipielle Vorgaben anderer – Eltern, Erzieher, Vorgesetzte, Gesellschaft – als Leitlinien für eigenes Handeln; in solchem Mensch-Mensch-Bezug sieht Ballauff „eine der vorzüglichsten Intentionen der personalen Funktion".[282] Die Annahme äußerer Sollensvorgaben erfolgt auf Grund individueller Autonomie in gradueller Umdeutung oder als Neubestimmung der Wertimperative. Nach Kerschensteiner hängt der Grad der Annahme gesetzter Normen als Bausteine individueller Wertpersönlichkeiten von den jeweils individuellen Dispositionsanlagen und der erreichten Geistesstruktur des Individuums sowie der Forderungsintensität der Bildungsgüter ab. Begabung, Bildungsstand und Attraktivität der Bildungsinhalte prägen Tiefe und Weite individueller Lebensführung.

Das betriebliche Bildungsgeschehen hat auf die so gekennzeichnete individuelle Befindlichkeit Rücksicht zu nehmen, Weite und Tiefe der autonomen Entscheidung dem einzelnen zu überlassen. Bildung muß freiwillig nachgefragt und vollzogen werden. Es darf niemand durch Arbeit permanent überfordert sein, seine Bildungswünsche müssen realisierbar bleiben. Wollen, Können und Dürfen sind im Interesse des einzelnen graduell zu unterscheiden. Es müssen sich Kerschensteiner zufolge die individuelle Aktstruktur der Person „ganz oder teilweise decken, wenn das Kulturgut Bildungsgut werden soll".[283]

5.5.2 Wollen und Können – Bausteine der Individualität

Ausbildung und Weiterbildung, erkennbar nach diesem Prinzip gestaltet, fordern die Mitarbeiter zur eigenen Weiterentwicklung heraus. Sollen sie sich selbst gerecht werden, gemäß ihren Begabungen lernend Anpassung an Veränderungen vollziehen, darf ihnen jeweils nur so viel an Veränderung zugemutet werden, wie der einzelne lernend bewältigen kann. Ausbildung und Weiterbildung haben Wollen und Können

---

[281] Daher nennt Pieper Individualität „nie etwas isoliert für sich Bestehendes, sondern immer schon wesentlich auf die Individualität anderer, sich ebenfalls in freier Selbstbestimmung realisierender Individuen bezogen" (1973a, S. 733).

[282] Ballauff 1984, S. 154.

[283] Kerschensteiner 1926, S. 472.

dem Prinzip der Individualität folgend potentialorientiert zu beachten. In solcher am Potential der Menschen orientierter Ausbildung und Weiterbildung liegt wandlungsoffen auf positive Entwicklung hin orientiertes Bildungshandeln. Die Neigung des einzelnen, Neues zu entdecken und zu leisten sowie Unbekanntes zu beherrschen, spornt zum Lernen an.

In der Individualität kommt das in sich Eigenartige und Einzigartige zum Ausdruck. Betriebliche Arbeit soll alle Charaktere dem jeweiligen Wollen und Können gemäß Betätigung und Zufriedenheit, Arbeit und Wachstum erfahren lassen. Das Berücksichtigen der Einzigartigkeit jeder menschlichen Existenz zieht für Veränderungen – etwa Rationalisierungsbemühungen – dort die Grenze, wo Menschen im individuellen Bedürfnis nach Betätigung Schaden nehmen. Automaten und Computer dürfen nur eingesetzt werden, um den Menschen zu entlasten, um ihn frei für von ihm beherrschte und gewollte Arbeitsgebiete werden zu lassen. Tritt maschinelle Arbeit über die individuelle Ebene der Anpassungsfähigkeit hinaus an die Stelle menschlicher Arbeit, ist das Prinzip der Individualität verletzt und die Persönlichkeit nimmt Schaden.

Am Individualprinzip orientierte Arbeit und Bildung gleicht einer Gradwanderung persongerechter Forderung mit den schädigenden Grenzen von einerseits Unterforderung und andererseits Überforderung. Der jeweilige Vorgesetzte im Betrieb ist dafür verantwortlich, die Mitarbeiter anforderungsbezogen und leistungsadäquat einzusetzen. Im Interesse der optimalen Entwicklung der ihm Unterstellten hat er mit ihnen und den für die betriebliche Bildung Verantwortlichen die notwendige und gewünschte Ausbildung und Weiterbildung zu gewährleisten. Mit der Bereitschaft des einzelnen, die benötigten Kompetenzen erwerben zu wollen, wächst die Fähigkeit zur Bejahung, nach Lübbe sogar zur „Zustimmungspflichtigkeit"[284] für Industrialisierungsprozesse.

Individualität achten heißt stets auch dafür Sorge zu tragen, daß jeder gemäß seinem Wollen und Können in seiner Arbeit Achtung und Anerkennung findet. Industrielle Arbeitsteilung kommt mit ihren Ordnungskriterien Spezialisierung und Segmentierung der Einzigartigkeit und der Einmaligkeit jeder menschlichen Existenz entgegen. Ein Leistungsprinzip i. e. S., in dem sich der gesellschaftlich vermittelte Preis individueller Arbeit niederschlägt, darf jedoch nicht der generelle Wertmaßstab von Arbeit und Bildung sein, „nur durch berufliche Leistung im weitesten Sinn des Wortes, nämlich durch Leistung am Arbeitsplatz und darüber hinaus im Gesamt des Betriebes und in der Volkswirtschaft ... ist weitere Verbesserung der Lebenssituation ... möglich".[285]

---

[284] Lübbe 1984, S. 8. Dabei erhält Zustimmungspflichtigkeit den Charakter eines bedeutsamen Schrittes zur Selbstverwirklichung in der von Merk dreifach über Individualität hinaus gezeichneten Bedeutung (vgl. 1983, S. 15), auch allgemein-menschlich und sozial.

[285] Peege 1969, S. 593.

5.5.3 Individualität als stets singulärer Selbstvollzug

Individualität bleibt ein stets singulärer und freier Selbstvollzug, nicht allgemein und auch nicht positiv faßbar. Sie ist niemals vorgegeben, sondern stets aufgegeben.[286] Ohne allgemeinen Maßstab erwächst Individualität aus der unermeßlichen Fülle möglicher Lebensgestaltung. Maß der betrieblichen Bildung ist und bleibt der arbeitende Mensch in seiner Einzigartigkeit, im Bildungsgeschehen unter die imperativen Forderungen der geltenden Prinzipien gestellt: „Principium, das besagt Anfang, Maßgabe und Richtung".[287]

Am Anfang steht der im jeweils eigenen Anlagen und Begabungen ausgestattete Mensch, Maßgabe des Bildungsgeschehens, dem die individuellen Maximen des situationsbezogenen Handelns und die funktionale Einheit der weiteren wesentlichen Prinzipien menschlichen Handelns die Richtung verleihen, ist stets die sittlich autonome Persönlichkeit. Alle Entwicklung der Individualität fußt in den naturrechtlichen Gesetzen der Humanität. Individualität ist als Inventar selbstgewollter Attitüden und Handlungsmuster hervorragend geeignet, sich als einzelner zu verwirklichen. Individualität ist selbstverantwortetes Leben (So-Sein), gewählt aus der unendlichen Fülle möglicher Lebensführungen (Da-Sein).

5.5.4 Spannungsverhältnis zwischen Individualismus und Kollektivismus

Individualität steht im Spannungsverhältnis zwischen Individualismus und Kollektivismus. Nur kurz ist für Beck der Schritt „vom Regen der individualistischen Überheblichkeit ... in die Traufe einer kollektiven Gleichschaltung".[288] Individualistische und kollektivistische Pendelschläge kennzeichnen die historische Entwicklung von Arbeit und Bildung gleichermaßen, auch im Wechsel der Überbetonung individueller Zielsetzungen und gesellschaftlicher Notwendigkeiten.[289] Jede konkrete Sachaussage, ob eine Aktivität dem Individuum zu überlassen oder gesellschaftlichen Autoritäten zu überantworten sei, ist zeit- und kulturabhängig. Prinzipiell erfolgt die Zuordnung nur subsidiär. In Freiheit, Autonomie und Verantwortung für die eigene Lebensführung soll von Fall zu Fall dem Individuum die Entscheidung bleiben, ob es der Hilfe der Gesellschaft schon oder noch nicht bedarf.

Individualität als Vorerfahrung der Einmaligkeit und Einzigartigkeit erwächst nicht aus der Tat des einzelnen, sondern gestaltet sich erst als auch Produkt des dialogischen Verhältnisses mit anderen Individuen. Sie ist hinsichtlich ihrer Würde auf die Individualität anderer angewiesen, denn jede Realisierung ihrer selbst verwirklicht mehr als die eigene Besonderheit.[290] Individualität wächst bei optimaler Entwicklungsmöglichkeit nicht absolut, sondern innerhalb der für andere Individuen beste-

---

[286] Individualität ist ein kein formulierbarer Inhalt, ist „geschichtliche Selbstrealisierung" (Pieper 1973a, S. 734).
[287] Ballauff 1970, S. 81.
[288] Beck 1979, S. 179.
[289] Vgl. Becker 1979b, S. 79ff.
[290] Vgl. Pieper 1973a, S. 736.

henden und anerkannten Freiräume. In der Auseinandersetzung mit dem Mitmenschen erhöht sich der einzelne zur Person, die ihr So-sein unter die Gesetze der Sittlichkeit stellt, indem sie andere als gleichberechtigt anerkennt, das eigene Handeln ihnen gegenüber verantworten und zu rechtfertigen bereit ist.

5.6 Aneignung und Begegnung

In dieser Bezogenheit auf den Mitmenschen weist Individualität deutlich auf die funktionale Einheit aller bildungsrelevanten Grundprinzipien hin. Nur die hier separierende Darstellung trennt im Nacheinander die Prinzipien aus der ganzheitlichen Struktur menschlicher Lebensäußerung heraus. Dies geschieht gegen die Realität in der Absicht, jedem der wesentlichen Prinzipien die ihm im Kanon der Totalität gebührende Betonung zu verschaffen.[291] Der auf Entwicklung und Entfaltung bedachte Mensch ist als sich in weltoffener Aneignung und Begegnung formende Persönlichkeit wesensgemäß auf Lernen verwiesen.[292] Arlts Beschreibung des Betriebes als „lernendes Lernsystem"[293] trifft hier zu.

Im Prinzip der Bildsamkeit wird imperativ bedeutsam, daß menschliche Existenz ohne Inhaltsauswahl und Richtungsangabe – ob im primitiven oder kulturellen Sinn – in der Fülle potentieller Lebensführungen hilflos stecken bliebe. Mensch werden heißt erzogen sein, und „Erziehung meint Auseinandersetzung um Ziele und Inhalte, Wege und Alternativen".[294] Dieses Sichauseinandersetzen mit den Bildungsangeboten – den Offerten der Welt – muß der einzelne in wachsender Selbstbestimmung selbst übernehmen.

Den Mitarbeitern industrieller Betriebe steht daher sowohl für die Gestaltung der Arbeit als auch für Planung, Organisation und Inhalte der betrieblichen Bildung ein Mitwirkungs- und Mitbestimmungsrecht zu. Unternehmer und Mitarbeiter entscheiden mit ihrem Willen zur Veränderung durch Lernen über Art, Intensität und Qualität ihrer Arbeit.

5.6.1 Anpassungsfähigkeit und Anpassungsnotwendigkeit

Bildsamkeit hat stets die Relation zwischen einerseits individuell gewollter und gekonnter Veränderung und andererseits der imperativ vom einzelnen selbst und

---

[291] So ist Spranger zur Ableitung der „Lebensformen" vorgegangen, indem er den Sinn des jeweils herrschenden Wertes isoliert und „bis zum Maximum seiner Verwirklichung entfaltet" hat (Spranger 19212, S. 67).

[292] Vgl. Kerschensteiners Grundaxiom des Bildungsprozesses (1964, S. 71): „Die Bildung des Individuums wird nur durch jene Kulturgüter ermöglicht, deren geistige Struktur ganz oder teilweise der Struktur der jeweiligen Entwicklungsstufe der individuellen Lebensform adäquat ist."

[293] Arlt 1980, S. 273.

[294] Becker 1980, S. 177; Erziehung umfaßt bewußte und planmäßige, auf ein Ziel gerichtete Vorgänge im logischen, psycho-logischen und motorischen Bereich menschlicher Lebensäußerungen sowie alle unbewußten, nicht geplanten Vorgänge positiver Beeinflussung durch andere Menschen, kultürliche und natürliche Umwelteinflüsse.

oder von der Umwelt geforderten Veränderung zu beachten. Gegenwärtig übersteigt das in den Unternehmen benötigte Veränderungswissen die Anpassungsfähigkeit der Mitarbeiter. Rationalisierungs-know-how steht zur Verfügung, Maschinen übernehmen viele Arbeitsplätze, doch ausreichend sinnvolle neue Arbeitsplätze sind nicht verfügbar. Der Bildungsfortschritt der Computerhersteller produziert im Wettbewerb der arbeitenden Menschen mit den „klug" gewordenen Maschinen immer größere Heere Arbeitsloser.

Die Bildsamkeit des einzelnen ist von der Möglichkeit ihrer Verwertbarkeit abgekoppelt. Der Identifikationsprozeß mit der Betriebsarbeit vollzieht sich überwiegend nur noch bei demjenigen Mitarbeiter, so faßt Schwebler seine Erfahrungen aus der Versicherungswirtschaft zusammen, „dessen Rat gesucht wird, den man nach seiner Meinung fragt, der sich aktiv ... einschalten kann";[295] betriebliche Bildungsarbeit muß dazu jedoch mehr Mitarbeiter befähigen. Es bestimmen sonst zunehmend externe Dienstleistungen, nicht mehr das Potential der eigenen Mitarbeiter, das technische Entwicklungstempo eines Unternehmens.

5.6.2 Bildungsprozeß und Bildungsertrag

Sich auszubilden und weiterzubilden macht aber nur Freude, wenn sich die Anstrengungen in zufriedenstellender und gerecht entlohnter Arbeit verwerten lassen. Die Menschen müssen lernend mit der technischen und sozialen Entwicklung, mit den Produktions- und Verwertungsprozessen Schritt halten können. Fortschritt wird durch menschliches Forschen, Erdenken, Planen und Handeln Realität, doch zugleich, so Litt, bleibt der Mensch „immer hilfloser hinter dem ... selbst entfesselten Geschehen zurück".[296]

Betriebliche Bildung dient dem Menschen somit nur, wenn sich sein individuell-historischer Bildungsweg und sein Streben nach weiterer Bildung an den technisch-gesellschaftlichen Bedingungen orientieren. Für Erlernen von „Eingriffskompetenzen"[297] plädieren Kern und Schumann, doch darüber hinaus bestimmen der Mensch selbst, seine eigene Wünsche und Befähigungen, sowie das gesellschaftlich Mögliche und Nötige den Grad der individuell erreichbaren Bildung. Bildsamkeit ist der innere Kern des Menschen, aus dessen Kraft er zu sich selbst, zu Lebenssinn und Selbstverwirklichung lernend aufzustellen vermag.

5.7 Pädagogische Freiheit und Freiheit in der Arbeit

Die personale Einheit des Menschen mit sich selbst und die personale Einheit des anderen gehören zusammen, bedingen einander als sich gegenseitig gewährend und begrenzend. Im Anerkennen dieser Verhältnisstruktur, in der „das Individuum seine ureigenste Besonderheit geschichtlich so verwirklicht, daß dadurch die Besonderheit

---

[295] Schwebler 1983, S. 586.
[296] Litt 1955, S. 71.
[297] Kern und Schumann 1984b, S. 35.

anderer Individuen in ihrer Positivität sichtbar wird",[298] liegt ein weiteres Bildungsprinzip, die Freiheit.

5.7.1 Pädagogische Freiheit

Pädagogische Freiheit bzw. Freiheit im erzieherischen Verhältnis verlangt nach Kerschensteiner, sobald wie möglich „Selbstbestimmung ... in einer weise ausgewählten Mannigfaltigkeit der Lebensverhältnisse"[299] zu gewähren. Dieses Prinzip der Freiheit ist methodisch und inhaltlich zu sehen.

Betriebliche Bildung hat sich stets um Methoden zu bemühen, die den Denk- und Arbeitsgewohnheiten der Menschen verwandt sind. Insbesondere betriebliche Weiterbildung darf die persönliche Freiheit des Lernenden nicht durch schulpädagogischen Drill einschränken. Günstig, im Sinn weitgehender Selbstbestimmung, erweist sich Weiterbildung am Arbeitsplatz, in der gewohnten Umgebung. Alle pädagogische Anstrengung muß darauf zielen, den größtmöglichen Grad an Eigenaktivität im Lernen zu erreichen. Erst im eigenen Tun erweist sich die Leistungsfähigkeit des erworbenen Sinngefüges. Bereits erlangtes Wissen und Können, erprobte Attitüden und Handlungsmuster werden zielstrebig in das Lernhandeln eingebracht. Lernend profitiert der Mensch von vorgetaner Bildungsarbeit.

Zweifellos bleibt jeder Lernakt als Denken und Handeln mit ungewissem Ausgang risikobehaftet. Eine gestellte Aufgabe kann sich als zu schwierig, ein Problem als mit dem individuellen Handlungsvorrat nicht lösbar erweisen. Niemals jedoch, so formuliert Kerschensteiner, wird sich der Mensch „auf andere Weise selbst erkennen lernen, als im Handeln nach eigener Selbstbestimmung".[300]

5.7.2 Freiheit in der Arbeit

Freiheit in der Arbeit und Freiheit in sie ermöglichende Bildung bedingt Selbständigkeit im Wollen und Selbstbestimmung. Ballauff sieht Freiheit als unbedingte Autonomie des Wollens. Nur der menschliche Wille ist im axiomatischen Sinne wirklich frei, er kann „weder von außen beeinflußt und gelenkt noch sich selbst abgenommen werden".[301] Hierin mag der tiefere Sinn des Teamworkprinzips liegen: Weder kann der Betrieb den einzelnen restlos dirigistisch verplanen, noch kann jeder in ungebundener Freiheit werken, „er bleibt weder ‚draußen' ... noch wird er ‚drinnen' absorbiert".[302] Ähnlich hat Flitner Freiheit von außen von der inneren Wahrnehmung eines Ideellen unterschieden und dies ebenfalls am Arbeitsleben verdeutlicht: Neben dem Urteil der öffentlichen Meinung über den Einsatz des einzelnen an seinem

---

[298] Pieper 1973a, S. 737.
[299] Kerschensteiner 1926, S. 441.
[300] Ebenda, S. 440.
[301] Ballauff 1970, S. 123.
[302] Beck 1979, S. 62.

Arbeitsplatz steht dessen Freiheit, in geistiger Wahrnehmung eines Ideellen sein Tun „als etwas Sinnvolles, das ihm von hohem Wert ist",[303] aufzufassen.

Die Wahrnehmung des Ideellen in der Arbeit macht sie zum selbstgewollten Werk im Dienste der anderen. Derjenige, der Arbeit aus sittlich-ideeller Überzeugung, aus innerer Freiheit für das Bedeutsame, Schöne, Nützliche leistet, „objektiviert seinen tätigen Geist und teilt sich durch sein Werk anderen mit".[304] Das Moment der Freiheit liegt bei eigenverantworteter Arbeit darin, daß der Arbeitende aus der Konvention öffentlicher Meinungen und Erwartungen heraustritt und sich in seiner Arbeit persönlich und produktiv selbst verwirklichen kann. Konventionelle Freiheit ist bedingt, ideelle Freiheit ist unbedingt.

5.7.3 Konventionelle und ideelle Freiheit

In Bildung und Arbeit treffen sich stets beide Elemente der Freiheit. Bildung folgt stets irgendwie schon gesetzten Zwecken; sie zu erfüllen, entspricht extrinsischer Motivation zum Lernen. Bildung des Menschen untersteht auch immer dem unbedingten Selbstzweck; zu handeln ohne etwas anderes zu wollen, entspricht intrinsischer Motivation. Die wahren und richtigen Beziehungen der Menschen untereinander „können nur aus dem aus der Vernunft hervorgehenden Willen entwickelt werden".[305]

Menschliche Freiheit – als moralisch-ethische Dimension – meint Willensfreiheit und ermöglicht es dem Menschen, „zwischen mehreren Gütern bzw. den auf diesen Gütern beruhenden jeweiligen Werten"[307] zu wählen, sich für oder gegen etwas zu entscheiden. Die Willensfreiheit ist begrenzt in der Parallelität menschlichen Begrenztseins überhaupt. „Absolute Freiheit kommt nur in Gestalt der Entscheidung zu sich",[307] nur wenn Entscheiden unbedingt erfolgt, kann von Willensfreiheit im absoluten – und damit in rein formalem – Sinne gesprochen werden. Diese absolute Freiheit ist inhaltsleere Freiheit des bloßen Aktes, sie abstrahiert von der Bedingtheit aller praktischen Entscheidungen; sie ist axiomatisch ebenso unleugbar wie realitiv unerreichbar. Absolute Freiheit vermag der Mensch ebenso wenig zu erreichen,[308] wie

---

[303] Flitner 1980, S. 43.

[304] Ebenda, S. 44.

[305] Braun setzt sich kritisch mit dem weltenthobenen Konstrukt der Kantschen Pflicht auseinander. Pflicht, Vernunft und Wille bedürfen der begrifflichen und realen Ergänzung durch Autonomie und Sorge. Innere Freiheit besteht aus Einsicht und Wille, aus Wert und Welt. Pflichtbewußtes autonomes Handeln kann nicht einem transzendentalen, weltenthobenen Ich apriori übereignet werden. Der Mensch kann – so Brauns Kritik an Kant – nicht so handeln, „als ob es die ganze Welt nicht gäbe", sondern das In-der-Welt-Sein des Menschen kann gar nicht anders verstanden werden, „als daß es der Mensch immer mit den Mitmenschen und Dingen und damit auch mit Gütern und Werten zu tun hat" (1983, S. 22, 2 Zitate).

[306] Holzamer 1949, S. 68.

[307] Ballauff (1970, S. 123); er charakterisiert Freiheit „als der sich selbst setzende Vollzug, dem es nur um sich selbst geht, d. h. als Wille, der nur sich selbst will" (ebenda, S. 122f.).

[308] Diese Feststellung findet sich auch bei Marx. Groth hat in seiner Analyse von Marx' pädagogischen Dimensionen als „das Positive und eigentlich Humanistische" dessen Auffassung herausgestellt, daß der Mensch „der Freiheit entgegenstrebt, ohne … je absolute Freiheit zu erlangen" (1978, S. 39, 2 Zitate).

es ihm versagt bleibt, die reine Wahrheit zu ergründen. Er muß sich um beides bemühen, nach besten Kräften um Wahrheit ringen und mit steter Anstrengung Freiheit verwirklichen.

Freiheit hat als Gegensatz Unfreiheit oder Determination. Unfrei wird der Mensch durch Gebote, durch Verbote. „Unter dem Gesetz gibt es nichts mehr ‚selbst zu bestimmen‘, sondern alles ist bestimmt".[309] Erziehung als aktive Beeinflussung bewirkt in diesem Verständnis ebenfalls Beschränkung der personalen Freiheit. Ein Umstand, der – wie es Ballauff formuliert – Pädagogen, die auf dem Boden „dieser Metaphysik des freien Willens"[310] stehen, ziemlich ratlos werden läßt.

Freiheit kann erzieherisch nur wirksam werden, wenn sie in personalen Grenzen gedacht wird. Nicht absolute raum-zeitliche Denkfreiheit, sondern in Grenzen bedingte Freiheit setzt erziehungspraktische Hilfen für Lehrende und Lernende. Bedingte Freiheit ist immer Anerkennen von Notwendigkeiten. Metaphysik als ein System notwendiger Gebote, Verbote, Konventionen, Traditionen, Normierungen und Gesetze umschließt den Handlungsfreiraum des einzelnen und begrenzt damit seine Freiheit. Daher behindern auch Rahmenordnungen der Sozialen Marktwirtschaft nicht den Freiheitsgedanken; Handeln verlangt dort Rechenschaftslegung nach zwei Seiten, von Kramer als Vor-Verantwortung gegenüber diesem System und als Für-Verantwortung gegenüber den Mitmenschen bezeichnet.[311]

Indem sich der einzelne in Relation zu den Faktoren eines determinierenden Systems setzt, macht er sich von der reinen Faktizität dieses Systems frei. Aus der Distanzierung und nachfolgendem Beurteilen der normativen Setzungen eines Systems ergeben sich für den einzelnen Gründe zur Bejahung oder Ablehnung des Systemganzen oder einzelner Systemfaktoren.

5.7.4 Freiheit des Miteinanders

Die Betrachtung der Freiheit als bedingt-mögliche Freiheit innerhalb der gesetzten Grenzen von Systemen leistet zu dem für den Menschen bedeutsamsten System, zu seiner Individualität zurück: „Jenes System, in das der Mensch mit unentrinnbarer Notwendigkeit gebannt zu sein scheint, ist das der eigenen Individualität".[312] Individualität als Monade des Ich ist unverwechselbar vorbestimmt und einzigartig einmalig-faktisch vorhanden. In den Systemgrenzen der eignen Individualität, ist der Mensch „nicht frei, ein anderer Mensch zu sein als der, der er ist".[313]

Da diese Festlegung für alle Individuen gilt, begrenzt sie die Freiheit zweifach. Zum einen ist es dem Menschen nicht möglich, sich in einer absoluten Katharsis von seiner Individualität zu befreien, der Mensch ist eben nicht frei, ein anderer zu sein als der, der er nun einmal ist. Zum anderen vollzieht sich Freiheit stets und notwendig in der

---

[309] Ballauff 1982, S. 275.
[310] Ballauff 1970, S. 125.
[311] Kramer 1983, S. 39.
[312] Krings 1973, S. 500.
[313] Ebenda, S. 501.

Bezugnahme zum Mitmenschen: „ein Mensch allein kann nicht frei sein".[314] Freiheit des einen ist nur dort möglich, wo sie die Freiheit des anderen ermöglicht. Personale Freiheit bedarf zu ihrem Vollzug imperativ der Freiheit von Ego und Alter. Freiheit in dieser dualen Bestimmung korrespondiert mit der ontologischen Überlegung Kants von Zweck und Mittel der menschlichen Existenz.[315]

5.7.5 Verantwortungsbewußter Gebrauch der Freiheit

Freiheit als die Möglichkeit – im Rahmen der ethisch-normativen Vorgaben –, das sein zu können, was der Mensch sein will, schlägt auf Arbeitsprozeß und Arbeitsergebnis voll durch. Wird Arbeitsteilung als einerseits Spaltung zwischen Entscheidung für oder gegen bestimmte Arbeit und andererseits als gänzlich von dieser Entscheidung abhängige Durchführung verstanden, dann leidet die Freiheit derjenigen Not, die unfrei verrichten, was andere wollen. Es leuchtet ein, daß nur in Freiheit selbstgewollte und selbstgewählte Arbeit personale Verantwortung erzeugt. Der lediglich Ausführende überläßt die Beurteilung von Qualität und Quantität demjenigen, nach dessen Anweisungen er arbeitet. Dieses passive verantwortungsarme Verhalten entstammt meist individuellem Bildungs- und Arbeitsschicksal. Wer niemals gelernt hat, Entscheidungen vorzubereiten, zu treffen und auszuführen, kann es auch nicht tun; das gilt erst recht seit dem Einstieg der Computer in die industriellen Arbeitsabläufe. Deshalb hat für Bunk jede „industriepädagogische Theorie ... das Schwergewicht auf eine adäquate Arbeitsmethodik zu legen", um dank der Computer zu menschlicher „Plusqualität"[316] zu gelangen.

Der verantwortungsbewußte Gebrauch der Freiheit muß gelernt werden. Ballauff weist ausdrücklich auf die Notwendigkeit des Erlernens von vier Möglichkeiten der Freiheit hin: Katharsis, Askese, Fernhalten, Durchhalten.

5.7.6 Frei sein von ... und frei sein für ...

Der Mensch muß sich um Objektivität bemühen, er muß „sich freimachen von Wille und Selbst".[317] Er muß in der selbstüberhöhten Objektivität des Kulturwesens Freiheit von dumpfer Leidenschaft, von sinnlich empfundenen Bedürfnissen loslösen, und muß sie dem ichdistanzierten Bewußtsein als kritischer Instanz der Beurteilung relativ möglicher Freiheit überantworten. „Katharsis soll hier besagen ... ein Freiwerden von ...".[318]

Die zweite Weise der Freiheit nennt Ballauff Askese; sie besagt, sich für neue Aufgaben freihalten, also – so Ballauff bereits in seiner Interpretation zu Platons

---

[314] Ebenda, S. 507.
[315] Kant verpflichtet das menschliche Handeln auf Rücksichtnahme, indem er verlangt, „daß du die Menschlichkeit sowohl in deiner Person als in der Person eines jeden anderen jederzeit zugleich als Zweck, niemals bloß als Mittel brauchest" (1982, S. 429).
[316] Bunk 1972, S. 385 (2 Zitate).
[317] Ballauff 1970, S. 127.
[318] Ebenda.

Höhlengleichnis – „eine Freigabe zu ...".[319] In Freiheit der Person zu vollziehende Bildung realisiert sich schrittweise in der Zeit. Gebildet wird nur derjenige, der in weltvergessener Hingabe an jeweils ein herausforderndes Bildungsgut Tiefe des Verstehens sucht und findet. Nicht derjenige, der in allen Händeln der Welt mitzumachen versucht, erlangt die Freiheit der gebildeten Persönlichkeit, sondern Einsicht erreicht derjenige, der verzichten und sich in Geduld üben gelernt hat.

Menschen, die solchermaßen verfahren, opfern die Fülle möglicher Begegnung und Aneignung der Konzentration auf Ausschnitt und Einzelne. Um diese dritte Weise der Freiheit „Fernhalten" mit Erich Fromm auszudrücken, wird Freiheit gegeben in der Kategorie des Seins und Freiheit vorenthalten in der Kategorie des Habens. „In der Existenzweise des Habens findet der Mensch sein Glück in der Überlegenheit gegenüber anderen".[320] Nicht primär Freiheit, sondern Macht bestimmt das Verhältnis. „In der Existenzweise des Seins liegt es im Lieben, Teilen, Geben".[321] Die Seinskategorie denkt den Mitmenschen mit, läßt ihn in seiner Freiheit sein. Sich ein Leben nach der Seinskategorie einzurichten, bedarf ausdauernder Übung und Beharrlichkeit im Denken. Der denkende Mensch, „der zu ermessen gelernt hat, wem gegenüber jeweils die Freiheit des Denkens durchzuhalten ist",[322] der ist wahrhaft gebildet.

Durchhalten im Denken, Stetigkeit im Bemühen um Bildung, nennt Ballauff die vierte Weise der Freiheit. Konzentration auf wesentliche Ideen, Erscheinungen, Dinge und Menschen in der lernenden Absicht, sie vollkommen zu begreifen, vertieft individuelle Bildung. Freiheit verlangt vom Pädagogen, den Heranwachsenden als werdende Persönlichkeit „zum Denken anzuhalten".[323]

Es ist klar herauszuheben, Freiheit in Bildung und Arbeit ist nicht laissez faire, Freiheit heißt nicht Anarchie im lernenden und arbeitenden Miteinander. Freiheit vollzieht sich innerhalb der spezifischen Struktur der Individualität und in Übereinstimmung mit dieser. Freiheit wächst als individuelle Verfügung aus gesellschaftlichen Leitprinzipien.

5.7.7 Freiheit in industrieller Arbeit

Jede Autorität, die im Bildungsprozeß die Zielsetzung Autonomie statt Heteronomie fördert, ist nach Fromm[324] rationale Autorität, Aktivität, kritisches Denken und der Glaube an das Leben gehören zum Vollzug der Freiheit. Es ist Karl Marx nicht zuzustimmen, und es ist für die Zukunft alles zu unternehmen, daß er unrecht behält, wenn er im Kapital erklärt, Freiheit könne es im Reich der Notwendigkeit industrieller Arbeit nicht geben. „Das Reich der Freiheit beginnt in der Tat erst da", so

---

[319] Ballauff 1966, S. 73.
[320] Fromm 1980, S. 83.
[321] Ebenda.
[322] Ballauff 1970, S. 127.
[323] Ballauff 1966, S. 234.
[324] Vgl. Fromm 1980, S. 82 f.

formuliert Marx, „wo das Arbeiten, das durch Not und äußere Zweckmäßigkeit bestimmt ist, aufhört".[325] Doch deswegen ist Marx nicht gegen Arbeit eingestellt. Scarbath, der Marx pädagogisch zu interpretieren unternommen hat, liest aus dem „Kapital" heraus, daß erst Arbeit menschliches Sein konstituiert; Leben ohne Arbeit muß nach Marx „dem Bereich vormenschlicher Naturprozesse zugerechnet werden".[326]

Nach Marx kann also Freiheit in der Arbeit – gleichviel, ob vereinzelte oder vergesellschaftete – nur darin bestehen, „daß der vergesellschaftete Mensch, die assoziierten Produzenten"[327] den Arbeitsprozeß rationell und menschenwürdig gestalten: „Aber es bleibt dies immer ein Reich der Notwendigkeit. Jenseits desselben beginnt die menschliche Kraftentwicklung, die sich als Selbstzweck gilt, das wahre Reich der Freiheit, das aber nur auf jenem Reich der Notwendigkeit als seiner Basis aufblühn kann".[328] Sinnentleerte Arbeit läßt humanen Selbstzweck und damit Menschenbildung vermissen. Jedes Verschieben per Arbeitszeitverkürzung in die Freiheit nennt Fütterer falsche Wege.[329] Es gilt vielmehr, Arbeit sinnvoll zu gestalten, damit der Arbeitende in freier Selbstbestimmung Güter und Dienst produzieren und konsumieren, Menschen begegnen und annehmen kann. Liberale, an Selbstbestimmung und Selbsttätigkeit orientierte Bildung sichert die Basis freier Lebensäußerung im Betrieb.

5.8 Verantwortung lernender und arbeitender Menschen

Verantwortung meint dem Wort nach „dafür zu sorgen, daß (innerhalb eines bestimmten Rahmens) alles einen möglichst guten Verlauf nimmt, daß jeweils das Notwendige und das Richtige getan wird und daß möglichst kein Schaden entsteht".[330]

„Rahmen" weist auf die dem einzelnen in der Gesellschaft und ihren Subsystemen zugewiesene Verantwortung hin. Um dieses Prinzip Verantwortung scheint es, obwohl „die individuelle Verantwortlichkeit zu den Grundwerten der westlichen Kultur gehört",[331] nicht besonders gut bestellt zu sein. Klärung, welcher Geist und welche Inhalte Verantwortung ausmachen, muß umfassend angelegt sein.[333]

---

[325] Marx 1973, S. 828.

[326] Scarbath 1979, S. 25.

[327] Marx 1973, S. 828.

[328] Ebenda.

[329] Vgl. Fütterer 1984, S. 91.

[330] Duden 1981, Bd. 6, S. 2729.

[331] Loebl und Roman 1983, S. 176.

[332] Das Wort Verantwortung „hat insbesondere seit dem ersten Weltkrieg ein solches Gewicht und eine solche Vertiefung gewonnen, daß wir mit Recht von ihm als einem neuen Grundwort unserer Sprache reden" (Schwartländer 1974, S. 1577).

[333] „‚Man' hält es für unmoralisch", so erklärte Spranger 1921 die kollektive Verbindlichkeit, „zu lügen, sein Wort zu brechen, außerehelichen Geschlechtsverkehr zu pflegen, seine Eltern zu vernachlässigen und sein Hab und Gut zu vertrinken" (S. 270).

5.8.1 Kollektive und personale Verantwortlichkeit

Verantwortung tritt in zwei Ausprägungen auf, kollektiv und personal. Für die kollektive Seite hat Spranger das allgemeine Wort „man" gesetzt und damit auf die Gesellschaft als Ganzes verwiesen,[333] in der sich für jede Zeit und jedes Lebensgebiet, von der Moral des Handelns bis zur Räubermoral, eine allgemeine Moral herausbildet, ohne den einzelen dafür in die Verantwortung zu nehmen.

Demgegenüber schafft personale Verantwortlichkeit Verpflichtungen vor der eigenen Person und zu anderen. Was „man" tut und was „ich" tue, fällt damit oft graduell oder sogar total auseinander. Vom einzelnen her gesehen „müßte strenggenommen ... eine doppelte Moral unterschieden werden".[334]

Zum Menschen gehört beides. Er muß kollektive Sollensvorgaben im Verlauf seiner Erziehung lernen, und er hat eigene Verantwortlichkeit als normativ bewertbares Verhalten und Handeln sein gesamtes Leben hindurch immer wieder zu reflektieren. Das Werten und Handeln im Namen der Gemeinschaft und das vor dem eigenen Gewissen zu vertretene Tun bestimmen sein sittliches Bewußtsein.[335] Damit bezieht sich Verantwortung auf autonomes Handeln, und der Handelnde ist für Auswahl, Ausführung und Folgen des von ihm aus dem Gesamt der möglichen Handlungen Gewählten verantwortlich. Eine solche Verantwortung ist nur in Freiheit übernehmbar. Sie muß sich in konkreten Situationen praktisch bewähren, sie muß tätig gelebt werden.

5.8.2 Verantwortung in industrieller Arbeit

Für die Arbeit in den Betrieben und für die zu ihrer Erfüllung erforderliche Bildung ist als erster Schritt zur konkreten Verantwortungszuweisung zu klären, welche Person welche Aufgaben wahrzunehmen hat. Verantwortung soll tragen, wer zuständig ist. Dieses Zuständigsein ist zweifach zu definieren: Der verantwortliche Mitarbeiter muß „von seinem Zustand her" der zu übertragenden Verantwortung gewachsen sein, denn Überlast an Verantwortung treibt in Konflikte aus personaler Überforderung, verursacht Verantwortungslücken als Konfliktfelder sozialer und kollektiver Lebensführung. Zudem ist der „Objektzustand", das zu Verantwortende, auf seine Notwendigkeit und dann auf gute und schlechte Wirkungen hin zu überprüfen. Sachlich begründetes Einschätzen des Verantwortungsspielraumes[336] ist zur betriebspädagogischen Aufgabe geworden. Inkongruente Beurteilungen bleiben dabei möglich, Unterschiede zwischen individueller und kollektiver Folgenabschätzung sind denkbar.

---

[334] Ebenda, S. 276. Hier sei nochmals (im Anschluß an S. 20, Fußnote 13) auf die sich scheinbar so zeitgemäß gebenden Kritiker Sprangers hingewiesen. Spranger, sagt Kirsch, habe seine Begriffe unverbindlich gesetzt, so daß sie in jede Ideologie passen, und somit zeige sich „eine solche Pädagogik ... ausgesprochen demokratiefeindlich" (Kirsch 1980, S. 316).

[335] Das „normative Kollektivbewußtsein im einzelnen" und „das Gewissen des einzelnen" (ebenda, S. 277, 2 Zitate) kennzeichnen als vermittelte und als vermittelnde moralische Instanz personale Verantwortung.

[336] Vgl. Bunk 1972, S. 383.

5.8.3 Verantwortung und Folgenabschätzung

Solche Differenzierungen zeigen sich – ein Beispiel – hinsichtlich der Beurteilung der Arbeit erleichternden Funktion von Robotern im Produktionsbereich.

Der Unternehmer, der in der Verantwortung für das Ganze steht, sieht rationelle Arbeitsweise als verbesserte Wettbewerbsfähigkeit, damit als Maßnahme für den Fortbestand des Unternehmens. Er opfert der Verantwortung für die Gesamtheit der Belegschaft die Partikularinteressen der durch Robotereinsatz freigesetzten Mitarbeiter. Diese betroffenen Mitarbeiter dagegen empfinden die Technik als Bedrohung und können nicht verstehen, wieso ihre bisherigen verantwortungsvollen Beiträge, ausgeführt zum Wohl der Betriebsgemeinschaft und zum Nutzen des Unternehmens, nun wertlos sein sollen. Wer Maschinen vor Menschen setzt, setzt Kapital vor Arbeit,[337] handelt aus dieser Sicht zutiefst sozial unverantwortlich. Wenn der Unternehmer den Mitarbeiter an anderer Stelle weiterbeschäftigt und der Mitarbeiter bereit ist, sich für jene andere Tätigkeit weiterzubilden, nähern sich die Sichtweisen.

Erst unlängst hat Berke von „Arbeit vor Kapital", von jedem „programmatischen Titel"[338] her, vor Wirtschaftspädagogen und zudem auf dem historischen Boden des Hambacher Schlosses an die Verantwortung der Erzieher appelliert, in ihre auf die Wohlfahrt des Menschen gerichtete Verantwortung die Folgenabschätzungen deutlicher einzubeziehen.

Wie individuelle Verantwortung und kollektive Verantwortung auseinanderlaufen können, zeigt die Reaktion Hahns nach Bekanntwerden des Atombombenabwurfs über Hiroshima. Die Uranspaltung, Hahns bedeutendste wissenschaftliche Entdeckung, war zum von niemandem vorhergesehenen Schritt in die Atomtechnik geworden. Entdeckung ist nicht synonym mit Erfindung. Während der Entdecker in der Regel vor seiner Entdeckung nichts über die Anwendungsmöglichkeiten weiß, steuert ein Erfinder ein bestimmtes Ziel an, ist überzeugt, „daß die Erreichung dieses Zieles einen Wert darstellt, und man wird ihn mit Recht mit der Verantwortung dafür belasten".[339]

5.8.4 Verantwortung und Moral

Ist jedoch individuelle Verantwortung in kollektive Verantwortung eingebettet, gilt die Erfindung der Atombombe als gesellschaftlich notwendiges Gegenmittel zur Beendigung des Zweiten Weltkrieges. Die Moral der amerikanischen Nation hat dann zwar die Bombe sanktioniert, doch läßt sich dennoch einwenden, daß jemand grundsätzlich nicht bereits deshalb verantwortungsbewußt handelt, weil dieses Handeln den geltenden Rechtsnormen und dem allgemeinen Wertempfinden entspricht;

---

[337] In Umkehrung des von v. Nell-Breuning 1983 gewählten Titels „Arbeit vor dem Kapital" seines Kommentars zur Enzyklika Laborem exercens.

[338] Berke 1983, S. 412.

[339] C. F. von Weizsäcker im Gespräch mit Heisenberg (Heisenberg 1981, S. 277).

„die Masse ist immer gewissenlos".[340] Verantwortung schließt die Sorge dafür ein, „daß das beste Recht existiert".[341]

Dieses Verständnis leitet alle Verantwortung letztlich so auf den einzelnen zurück, wie auch Spranger das Entstehen moralischer Wertsetzungen „in der Autonomie, d. h. in der Gewissensentscheidung des einzelnen",[342] sieht.[343] Solche als personale Pflicht empfundene Verantwortung gewinnt ihren prinzipiellen Charakter aus der „Abhängigkeit des Sittlichen von zeitlich realen Faktoren"[344] wie allgemeine Kulturlage der jeweiligen Zeitepoche, herrschende Moral und singuläre Fälle.

Verantwortung als Arbeits- und Bildungsprinzip hat die transitive Aufgabe, im Vollzug von Lernen und Arbeiten stets pflichtbewußt die berechtigten Interessen anderer und die eigenen zur Geltung zu bringen. Ballauff hat als „das vorzüglichste Gebot aller Pflichten gegen sich selbst"[345] das Gebot der Rechenschaftslegung vor sich selbst herausgestellt, ob die Gebote der Moralität erfüllt worden sind; das weist der Betriebspädagogik die Aufgabe der Bildung statt nur Ausbildung zu.

5.8.5 Verantwortung als Pflicht gegen sich selbst

Verantwortung für die eigene Lebensgestaltung erwächst dem arbeitenden Menschen aus der Wahl des Berufes, der Ausübung bestimmter Tätigkeiten, der lernenden Anpassung an notwendige Veränderungen und – wenn es erforderlich wird – aus der Neuorientierung in einem anderen Beruf. Sprangers Hinweis auf „die im Erlebnis enthaltene objektive Höhe der Wertklassen"[346] meint, jemand ist für sein Tun bzw. Unterlassen nur insoweit verantwortlich, wie das personale Sein bereits von der Weite und Tiefe des jeweiligen Kulturgutes durchdrungen ist, insoweit es der wertenden Person bewußt verfügbar ist. Seine Arbeit kann mithin nur derjenige verantworten, der deren Struktur, Inhalt und Ziel sowie die für ihre Realisierung erforderlichen Bedingungen lernend durchdrungen hat.

---

[340] Spranger 1947, S. 39.

[341] Schwartländer 1974, S. 1584.

[342] Spranger 1921, S. 279. Auf solche Äußerungen Sprangers bezieht sich Röhrs: „Die Stellungnahme Sprangers, die weitgehend als beispielhaft für die geisteswissenschaftliche Pädagogik gelten kann, ist einsichtig. Eine voraussetzungslose Wissenschaft ist nicht möglich, denn jede Theorie gründet trotz aller Objektivierungstendenzen in einer letztpersönlichen Art zu sehen, zu beschreiben und zu deuten" (1973, S. 41).

[343] Hier liegt auch die tiefere Ursache dafür, daß es den Alliierten nach dem Zusammenbruch des NS-Regimes nicht gelungen ist, die Deutschen für die nationalsozialistischen Schandtaten „in Bausch und Bogen" verantwortlich zu machen; die These von der deutschen Kollektivschuld war Kogon zufolge bereits ein Jahr nach ihrer Verkündung gescheitert, denn dieser „Anwurf der Kollektivschuld" erreichte die Gewissen nicht, sondern bewirkte eine allgemeine Ablehnung der Deutschen, „auf eine und dieselbe Anklagebank mit Verbrechern und Aktivisten der NSDAP" gesetzt zu sein (Kogon 1974, S. 409, 3 Zitate).

[344] Spranger 1921, S. 281. Spranger gibt als Beispiel die Fragen der Priorität, bei einem Brand „erst ein unersetzliches Kunstwerk oder ein Kind" zu retten (ebenda, S. 285).

[345] Ballauff 1957, S. 34.

[346] Spranger 1921, S. 280.

Arbeit im Taylor-System, atomisiert und vereinzelt zu erbringen, erfüllt das verantwortungsbewußte Erledigen ebenso wenig wie undurchschaubare computergeleistete Arbeit. Nur der Mensch, der Herr der Dinge ist, der Beschäftigte, der die Beziehungen im Arbeitsprozeß durchschaut, der Mitarbeiter, der seinen Beitrag an Arbeit zum Gelingen des Unternehmensauftrages kennt, nur diese alle können ihre Arbeit pflichtbewußt vor sich selbst und verantwortungsvoll für andere leisten. Das für alle Ränge im Betrieb, bis hin zur Leitung; denn dort kristallisiert sich diese Pflicht gegen sich selbst als „Aufgabe der sittlichen Wirtschaft",[347] von Stiefel als Lernziele der humanistischen Management-Schulung formuliert.[348] Betriebliche Bildung muß zu solcher Verantwortung erziehen, konsekutiv gestützt von Unternehmensphilosophie, Führungskultur und Arbeitsorganisation.[349]

5.8.6 Verantwortung als gewissenhaftes Werterleben

Permanentes Bildungsbemühen bewirkt hohe Intensität der Werterlebnisse personaler Verantwortung, erkennbar in wachsender personaler Instanz kritischer Überprüfung der Arbeit und der Arbeitsverhältnisse. Das gebildete Gewissen weiß zu unterscheiden, was gut ist und deshalb realisiert werden soll und was als schlecht zu unterlassen ist.

Individuelles Werterleben variiert mit der Seelenstruktur des erlebenden Individuums.[350] Junge Menschen beurteilen den Einsatz vollautomatischer Produktionsanlagen meist positiver als ältere, die aus Erfahrungen mit negativen Folgen technischer Produktion skeptisch geblieben sind oder aus persönlicher Befürchtung, arbeitslos zu werden, nein sagen. Jugend paßt sich oft deshalb leichter an neue Situationen an, weil ihr Werterleben bisher weder quantitativ noch qualitativ abgeklärt ist. Sie wachsen zunächst in Arbeit hinein, so wie sie diese vorfinden.

5.8.7 Gesinnungsethik und Verantwortungsethik

Verantwortung als Prinzip betrieblicher Bildung und Arbeit muß sich, um voll wirksam werden zu können, in praxi bewähren. Es reicht nicht aus, Verantwortung in gesinnungs-ethischen Postulaten zu predigen, Verantwortung will gelebt sein. Im Bereich gesellschaftlich organisierter Arbeit und kollektiv verwalteter Arbeitslosigkeit ist es hoch an der Zeit, daß Verantwortung aus den Lippenbekenntnissen der Gesinnungsethiker in die zupackenden Hände der Verantwortungsethiker übergeht. Verantwortung ist dem Gewissen unterstellte Betätigung der Freiheit menschlichen Geistes. Verantwortung heißt, Sorge dafür zu tragen, daß Arbeit, daß technischer

---

[347] Weddigen 1951, S. 67.

[348] Vgl. Stiefels tabellarische Auflistung (1975, S. 21).

[349] Müller-Merbach beklagt allerdings die Seltenheit betriebswirtschaftlicher Lehrbuchliteratur zu Themenkomplexen wie „Ethik der Marktwirtschaft" (1983, S. 815). Ähnlich argumentiert Schröder (vgl. 1978, S. 37), so daß Kalverams Vorwurf an die in den Hochschulen gelehrte Betriebswirtschaftslehre (vgl. 1949, S. 102) weiterhin gilt.

[350] Vgl. Spranger 1921, S. 280 und 285f.

und sozialer Fortschritt Werk des Menschen bleiben und nicht negativ zu seinem Schicksal werden.[351]

Verantwortung muß prinzipiell so wahrgenommen werden, daß sie entsprechend der subsidiär abgestuften Kraft der einzelnen und der Gruppen für die Funktionstüchtigkeit und Leistungsstärke der Wirtschaft jeden einbezieht. Initiative gehört dazu. Es ist jedem, zuerst in der Ausbildung und dann in der Arbeit, als selbstverständlich zu vermitteln, daß seine Arbeit individuell anerkannt wird und daß sie für die Gesellschaft ihren Sinn hat.[352]

Tauscht der Mensch seine Freiheit gegen den Takt von Maschinen ein, dann opfert er personale Verantwortung technischen Sachzwängen. Schon vor fast 30 Jahren hat Litt einen etwaigen menschlichen Willen, sich unter die Vormundschaft der Sache stellen zu wollen, als „nichts Geringeres als – die Abdankung des Willens"[353] gegeißelt. Einheit und Ganzheitlichkeit der Person nehmen Schaden. Zur pädagogischen Forderung nach erzieherischer Verantwortung für den ganzen Menschen gehört daher auch „die Entgrenzung des fachlichen Horizontes"[354] als Prinzip der Totalität.

5.9 Totalität ganzheitlicher Lebensführung

Prinzipien leiten als normative Grundsätze menschliches Denken und Handeln, bestimmen als pädagogische Setzungen Wissenserwerb und Erziehung[355] in Art, Intensität und Richtung. Das Prinzip der Totalität verlangt, daß der Mensch, gerüstet durch Bildung, in seiner Arbeit ganz Mensch wird. Zu Arbeit befähigt ist er nur als mit der Einsicht des Verstandes und der Selbstbestimmung des Willens verantwortlich handelnde ganzer Mensch. Beteiligt an Arbeit ist „der ganze Mensch, und zwar sowohl mit seiner Individual- als auch mit seiner Sozialnatur".[356] Schon deshalb sind Aufwendungen der Betriebe für Bildung keine Kosten, „sondern dringend erforderliche und die Existenz voraussetzende Investitionen".[357]

---

[351] Ethik in diesem Sinne gebraucht, umfaßt nach Weber drei ethische Bezüge der Arbeit: Arbeitsethik (ontologisch), Arbeitsethos (motivational), Arbeitsmoral (psychologisch); vgl. Weber 1975, S. 826 ff.

[352] Vgl. Loebl und Roman 1983, S. 176 f.

[353] Litt 1964, S. 35 (1. Auflage = 1957). Litt sieht die technische Entwicklung zu einem atemberaubenden Ungetüm aufgewachsen, dem „der ganze Mensch doch nicht nachkommt, sondern hoffnungslos hinter einem Geschehen herläuft, das ihn ... hinter sich herschleift" (ebenda, S. 33).

[354] Müllges 1967, S. 144.

[355] „Das Bildungsverfahren übernimmt das pädagogische Objekt als teleologische Einheit eines individuellen Triebwesens und soll es nach Entfaltung aller in dieser Einheit organisierten Funktionen als normbestimmte Einheit eines individuellen Vernunftwesens entlassen" (Kerschensteiner 1926, S. 406).

[356] Nell-Breuning 1983, S. 75.

[357] Krause 1961, S. 15, parallel zu Sandigs Eintreten dafür, sogenannte soziale Lasten des Betriebes als „in Wahrheit betriebsbedingte und betriebsnotwendige Aufwendungen" (1966, S. 64) zu sehen.

Das Prinzip der Totalität besagt, alle „menschlichen Kräfte sollen in Harmonie ausgebildet werden".[358] Kant faßt die Kategorie Totalität als Teilkategorie der Quantität: „So ist die Allheit (Totalität) nichts anderes, als die Vielheit als Einheit betrachtet".[359] Diese Einheit der sittlich autonomen Persönlichkeit zu fördern, ist Ziel der Pädagogik. Kant, der Allheit oder Totalität auch universitas nennt und daneben die universalitas bzw. Allgemeinheit stellt, verwendet diese Begriffe absolut mit unbedingter Geltung.[360] Dieser rein logischen – unbedingten – Betrachtung kann zwar das pädagogische Interesse nicht folgen, da Totalität und Universalität dem in seiner Bedingtheit eingeengten Menschsein nicht entspricht, doch ist die enge Verbindung aller Seinsbereiche als objektive Kategorie pädagogischen Bemühens stets mitzudenken.

5.9.1 Totalität als Norm des Sittlich-Möglichen

Totalität umschließt individuell das transitivisch Sittlich-Mögliche, zu dem ein Mensch durch Bildung gelangen kann. Gegen das Bemühen, durch mannigfache Lernprozesse das Sittlich-Mögliche an Humanität zu erreichen, steht das Bemühen um Perfektionismus. Der junge Mensch darf in Schule und Ausbildung nicht zu früh auf seine besonderen, möglicherweise deutlich hervorstechenden Begabungen festgelegt werden. In den Betrieben sind die Mitarbeiter vor zu weitgehendem Spezialistentum zu bewahren. Bildung muß in Schule und Betrieb die Totalität der Seinsbereiche ansprechen. Herz, Hand und Verstand gilt es im symbiotischen Gesamt der Persönlichkeit gleichermaßen zu formen und zu fördern.

Spezialistentum widerspricht dem Prinzip der Totalität. Versteht der Mensch – gewissermaßen in produktiver Einseitigkeit – von immer Weniger immer mehr, nähert er sich (zumindest gedanklich) dem Stadium, in dem er von Nichts alles weiß. Es ist Kerschensteinr zuzustimmen, wenn er bezweifelt, ob mit einseitig-ausschließlicher Pflege nur einer besonderen Begabung „wirklich auch die maximale Leistungsfähigkeit"[361] erreichbar ist.

5.9.2 Verbot der Einseitigkeit

Wer einseitig ausgebildet und in der Arbeit eintönig eingesetzt ist, vernachlässigt sehr bald andere Interessen. Aus der Fülle des Möglichen gewinnt sein Dasein selektiv nur jene Bereicherung, die in die Einseitigkeit beruflichen Tuns paßt. Anlagen und Begabungen bleiben ungenutzt, Befähigungen verkümmern, aus Entwicklung wird Stagnation. Da menschliche Lebensäußerung stets ganzheitlich alle Seinsbereiche betrifft, stagniert der einseitig Ausgebildete bald auch in der Leistungsfähigkeit seines Spezialgebietes. Spezialisten sind von Arbeitslosigkeit eher als Generalisten betrof-

---

[358] Ballauff 1970, S. 112.
[359] Kant 1981, S. 122; vgl. dazu die Tafel der Kategorien mit ihren 4 Kategorienklassen als reine Verstandsbegriffe, „die der Verstand a priori in sich enthält" (S. 119) und vermöge derer der Verstand zu urteilen vermag.
[360] Vgl. ebenda, S. 328.
[361] Kerschensteiner 1926, S. 407.

fen. Veraltern Teilqualifikationen des Generalisten durch technischen oder sozialen Wandel, findet er auf anderen Gebieten Möglichkeiten zur Substitution. Entfällt beim Spezialisten die Nachfrage nach seiner Befähigung, ist kurzfristig nichts entgegenzusetzen. Es bedarf – so nicht selten auch die Denkweise der Spezialisten – des Aufbaus eines neuen Spezialgebietes. Einseitige Interessen, eingefahrene Gewohnheiten, überkommene Attitüden aus der als Spezialist erfahrenen Wertschätzung sowie singuläres Lernen und Arbeiten verhindern notwendige Anpassungsweiterbildung.

Kurzsichtiges Vernachlässigen personaler Tiefe und Breite in Bildung und Arbeit verpaßt sowohl das individuelle Optimum beruflicher Leistungsfähigkeit als auch die höchste Leistungsfähigkeit eines Menschen im Gesamt gesellschaftlich vermittelter und damit geteilter Arbeit.[362] Es muß beklemmen, daß das Wissen um unproduktive Einseitigkeiten im Bildungsverfahren in den nunmehr fast 50 Jahren, seit Kerschensteiner es in seiner Theorie der Bildung verständlich und gut begründete, so wenige Anhänger gefunden hat. Kurzfristige Denkweisen, Handeln nach der Maxime greifbarer (und begreifbarer) kurzfristiger Erfolge verstellen dem Prinzip der Totalität noch immer den Weg zum allgemeinen Durchbruch.[363]

5.9.3 Ganzheitliche Arbeit

In den Industrieunternehmen ist stärkere Beachtung des Totalitätsprinzips dergestalt erkennbar, daß Teilfunktionen stärker zu ganzheitlichen Tätigkeiten zusammengefaßt werden. Produktionsbereiche laborieren verstärkt an der Fusion der Teilfunktionen Produzieren, Produktionsüberwachung, Qualitätskontrolle, Instandhaltung, Materialdisposition und -bereitstellung zu hybriden Gesamtfunktionen, intrapersonell und interpersonell. Hybridfacharbeiter als „bieducated" bzw. „multieducated worker" gibt es im Modellversuch. Der Steuerungstechniker erlernt zwei Berufe – mechanisch der eine, elektrisch der andere – nacheinander mit dem Ziel der Flexibilisierung des Einsatzes und damit der Erhöhung der Eingreifgeschwindigkeit bei Defekten bzw. Stillstand von Anlagen. Einseitigkeit der Ausbildung widerspricht der benötigten Vielseitigkeit in den Produktionsstätten. Ausbildung und Weiterbildung müssen diesen Aspekt der verwertungsadäquaten Qualifizierung künftig verstärkt beachten. Unter den wissenschaftlichen Disziplinen, die sich mit realen Arbeitssystemen befassen, weist Ambrosy „besondere Bedeutung" der Arbeitspädagogik zu, weil sie es ist, die Wissen, Können und Verhalten arbeitender Menschen „auf der Basis

---

[362] Überall, so formuliert Kerschensteiner (ebenda, S. 408), „kann man die Erfahrung machen, daß die dauernde größte Leistungsfähigkeit nicht der geschulten einseitigen Funktionslage, sondern dem Charakter zukommt. Charakter aber ist die organisierte Gesamtheit der Maximen, die in einer Seele aufgerichtet sind, Charakter ist Totalität."

[363] Daran ändern auch Buchtitel nichts, etwa das von Kern und Schumann scheinbar verkündete „Ende der Arbeitsteilung" (1984a), versehen allerdings mit einem Fragezeichen. Der Inhalt bestätigt dann weitgehend: Es bleibt alles beim alten, die Arbeitsteilung findet nicht ihr Ende, vielmehr teilt der arbeitende Mensch in Zukunft nicht nur die Gesamtaufgabe mit den Kollegen, sondern auch in zunehmendem Umfang mit „intelligenten" Maschinen.

der Erziehungswissenschaft beeinflussen will".[364] Da sich die Ordnungsmittel der beruflichen Erstausbildung dem rasch wachsenden Bedarf an hybriden Facharbeitern in Produktion und Instandhaltung nicht in gleichem Tempo anpassen lassen, verlagern die Unternehmen die Doppel- bzw. Mehrfachqualifizierung ihrer Mitarbeiter in die fachliche Weiterbildung, etwa in der Adam Opel AG (Übersicht 17).

Interpersonelles Vereinigen bisher singulärer Tätigkeiten gibt es in Qualitätszirkeln, teilautonomen und autonomen Arbeitsgruppen, in interdisziplinär besetzten Instandhaltungsteams. Das interdisziplinäre Bündeln von Qualifikationen bietet insbesodere älteren Mitarbeitern Möglichkeiten, Spezialbefähigungen und Erfahrungen weiterzunutzen. Auf diese Weise führt das Prinzip der Totalität zu Qualifikations- und Organisationsfamilien.[365]

Übersicht 17: Hybride Weiterbildung Steuerungstechniker

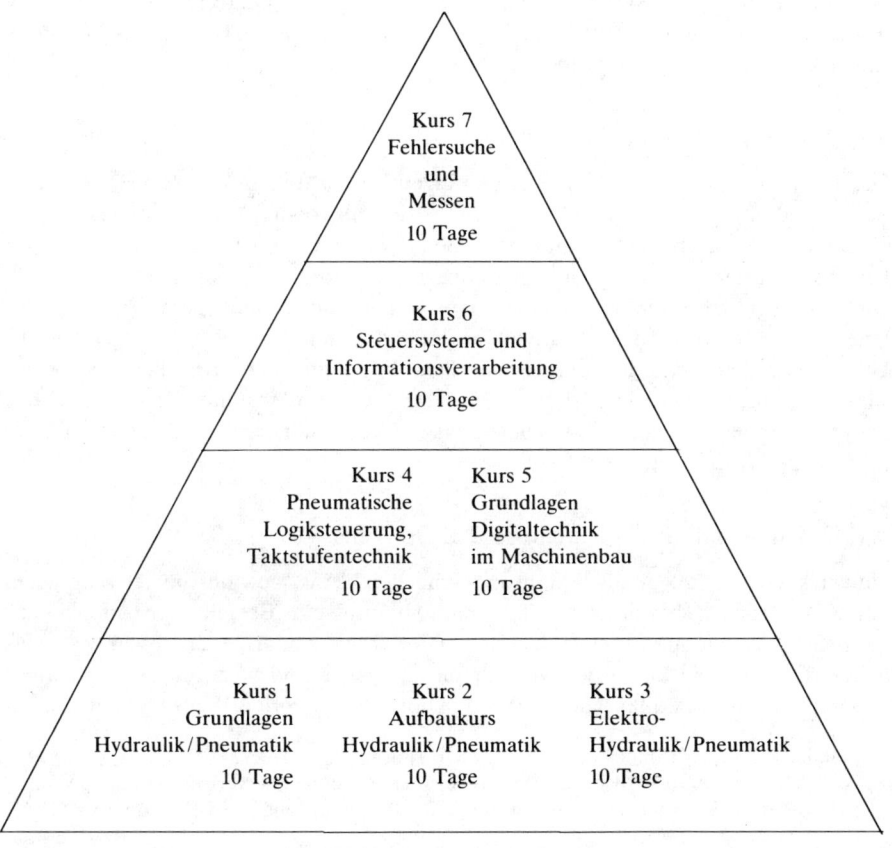

[364] Ambrosy 1984, S. 24 (2 Zitate); hier ist Arbeitspädagogik mit Betriebspädagogik gleichsetzbar.
[365] Es ist bekannt, daß der Japan-Schock diese Vorgehensweise – weil in Japan erfolgreich

5.10 Universalität als das potentiell Ganze

Das Prinzip der Universalität bleibt, bezogen auf eine konkrete Person, unerfüllbar. Individualität jedes Menschen ist historisch beschränkt, Universalität der Erkenntnis einer immer größer werdenden Fülle möglicher Bildungsgüter bleibt ihm versagt. Ballauff verläßt die Ebene individueller Betrachtung, hebt das Prinzip der Universalität in die Ebene einer allgemeinen und ganzheitlichen Denkkategorie: „Das Denken eröffnet immer ein Ganzes",[366] menschliche Bildung als konkretes Gebildet-werden steht in gedachtem Zusammenhang mit der Universalität der Bildung als Seinskategorie. Dieses Verknüpfen des Seins ist nicht summativ faßbar, erwächst auch nicht Sandkörnern gleich, die in ihrer Summe einen Strand bilden, aus der Summation individueller Bildung zum Ganzen der Universalität.

Das Prinzip der Universalität gewinnt vielmehr im Zusammenhang mit der Offenheit möglicher Lebensführungen Bedeutung. Universalität ist als Potentialgröße absolutes Maß der Bildung, sowohl als grenzenlose Bildungslandschaft für das konstitutiv begrenzte Individuum als auch im unendlich ausgebreiteten Terrain für kulturelle Entwicklungen von Gemeinschaften.

5.10.1 Die Vielheit aus der Einheit

Das Universalitätsprinzip erlangt seinen eigentlichen Stellenwert aus der Negation seiner Bedeutung für den individuellen bzw. kollektiven Bildungsvollzug. Er ist dadurch gekennzeichnet, daß mit Universalität zwar ein rationales Prinzip praktischer Erkenntnis konstruierbar ist, doch der einzelne erreicht es prinzipiell nicht. Lediglich das Nichtbegrenztsein im Handeln läßt Universalität ahnen. Aus dem Absoluten der Universalität gewinnt das Relative der Individualität ihre vielschichtige Gestalt. Universalität begründet in axiologischer Sicht die Möglichkeit prinzipieller Selbstbestimmung und Freiheit. Die Vielheit der Charaktere erwächst aus der Universalität. Somit lagert das Gefüge der Universalität auf einer höheren, generelleren Ebene prinzipieller Gültigkeit.

5.10.2 Universalität als Kategorie des Denkens

Universalität, auffaßbar als Axiom menschlichen Seins, gewinnt im teleologischen Sinne Anweisungscharakter für Tun und Unterlassen. Es gilt Vollkommenheit, gewissermaßen die moralische Ausprägung der Universalität, zu erstreben, sei es als dauernde Fortentwicklung der Menschheit auf einen Endzweck, auf die Wahrheit und auf Gott hin.[367] Vollkommenheit bzw. Universalität verleihen als Denkprinzipien

---

praktiziert – in der Bundesrepublik und überhaupt in der westlichen Welt stark begünstigt. Allerdings ist eine deutliche Zurückhaltung der Arbeitnehmervertreter bisher ebenfalls feststellbar, und dies führt nicht selten zu verzögerter Einführung von mehr Autonomie in der Arbeit.

[366] Ballauff 1970, S. 106.

[367] Der Mensch braucht gegen das technizistische Denken, so beschwört Pieper die Lehrer der Realschule, „Begründungen einer Verantwortung über das befristete Leben hinaus" (1976, S. 633). Das klingt durchaus nicht altmodisch; als neuzeitliches Berufsverständnis sieht

dem Leben Maß und Sinn. Wird das Ganze nicht hinreichend bedacht, nimmt es in Gestalt praktikularer Interessen Schaden.

Ohne Universalität als Denkkategorie käme auch die Technik zum Stillstand. Weiter- und Höherentwicklung bedingen erzieherisch, daß sich im menschlichen Denken Technik und Moral „die Waage halten müssen".[368] Die Welt als Ganzes denken, verhindert, sie an allen Enden und Ecken zu zerstören. Universalität im Denken heißt nicht gedankenlos weitermachen, sondern verlangt, sich denkend weiterzuentwickeln. Sie ist das weite Tor der „Unbegrenzbarkeit der Inanspruchnahme des Denkens".[369] Das schafft jedem Menschen Anlässe, individuell in Tempo und Tiefe einzutreten. Erst Universalität als potentielle Weite und Tiefe möglichen Werterlebens bietet Gelegenheit zu individueller Bildung.

Wer kann, der darf, ließe sich vereinfachend sagen. Somit ist Universalität das liberale Prinzip der Einheit stiftenden und Vielheit belassenden Selbstbestimmung des Menschen in Bildung und Arbeit.

5.11 Aktivität als Auseinandersetzung mit Neuem

Aktivität wurde bereits als Prinzip der Arbeit herausgestellt. Bildung fußt in Arbeit, beide bleiben ohne Aktivität unmöglich. Bildung ist in Selbstvollzug zu leisten. Gebildet werden, das Passivum, funktioniert nicht, Bildung umschließt eine durch und durch aktive Kategorie. Im aktiven Auseinandersetzen mit Dingen, Gedanken und Beziehungen gewinnt der Mensch Einsichten und erfährt sich selbst. Er lernt in Schule und Berufsausbildung in der bewährenden Auseinandersetzung mit bisher Unbekanntem seine Leistungsfähigkeit kennen, schätzt seine Kräfte richtig ein, gewinnt Maß und Ziel für weitere Aktivitäten. Aktivität ist der Finalität vorausgesetzt, erst Werken bringt ein Werk hervor. Mühe, Anstrengung und Verzicht „gehören zur Bildung, haben nichts mit Zwang zu tun".[370] Aus Selbsttätigkeit erwachsene Leistung spornt zu neu herausfordernden Taten an.

Doch solche Aktivität ist nur erreichbar, wenn das Ziel der Leistung in freier Selbstbestimmung bzw. kollegialer Mitbestimmung realistisch gesetzt wird, wenn die Autonomie der Wegwahl dem Handelnden überlassen bleibt, wenn das Ergebnis des Lernens und Arbeitens der Urheber zugerechnet erhält. Nur dann tritt er mit seiner Arbeit lernend in einen Dialog.[371] Lernende und Arbeitende müssen sich im gelungenen Werk wiedererkennen. Lernen und Arbeiten erwachsen aus „dem seingebunde-

Baruzzi die Selbstbestimmung des Menschen zur Arbeit, und zwar auf vier Ebenen: „Mit meinem Beruf erwerbe ich aus der Natur das mir Notwendige, bestätige ich mich selbst in meiner Freiheit, beziehe ich einen Stand in der Gesellschaft, um bei den Mitmenschen Anerkennung zu erlangen, und kann ich Gott für mein Heil bestimmen" (1983, S. 53 f.).

[368] Berke 1979, S. 155.

[369] Ballauff 1970, S. 111.

[370] Ballauff im Interview auf Winkels Frage, ob seine Pädagogik antiemanzipatorisch sei (Winkel 1984, S. 457).

[371] Ammen 1978, S. 307.

nen und werkschaffenden Wert- und Zweckzentrum"[372] des Menschen. Wie es Spranger mit seinen idealtypischen Lebensformen sinnfällig herausgearbeitet hat, folgt das individuelle Wert- und Zweckzentrum unterschiedlichen Schwerpunkten. Die Persönlichkeiten sind tendenziell ökonomisch, ästhetisch, theoretisch, politisch, sozial oder religiös orientiert.[373] Aktivitäten gehen daher zwangsläufig verstärkt in die jeweilige Richting individueller Neigung. In der Schule, bei der Berufswahl und in der Arbeit sind die individuellen Schwerpunkte zu erforschen, zu fördern und zu nutzen, aus Veranlagung muß Aktivität erwachsen.

5.11.1 Selbsttätigkeit und Eigenverantwortung

Aktivität in Bildung und Arbeit heißt: Es ist dafür Sorge zu tragen, daß die Bedingungen der Selbsttätigkeit und der Eigenverantwortung günstig gegeben sind, damit sich der einzelne entsprechend seinem Wollen und Können entfalten kann. Freilich darf die pädagogische Sorge um Aufbereitung des Lernklimas nicht übertrieben werden. In Anlehnung an die in zahllosen Industriebetrieben für Auszubildende geschätzten sozialpädagogischen Lehrgänge in Kurzschulen läßt sich Guardinis Vergleich zwischen Segelschiff und Dampfer heranziehen.[374] Aktivität vermeidet deren Gegensatz, die Passivität. Im Erproben der eigenen Kräfte, nicht im Zuschauen, wird Individualität erfahrbar. Strebend weitet sich der Blick für den Mitmenschen, der Aktive denkt und handelt stets im Wissen um ihn. Nicht der Passive verändert sich und die Welt zum Guten, sondern derjenige, den sein Bildungsgang zu aktivem Streben nach immer neu zu erweiternden Einsichten geführt hat. Er bringt sich und damit die Menschheit der Wahrheit näher.

5.11.2 Aktivität als rationales transitives Handeln

Aktivität als vernunftbestimmte Lebensführung entspricht humanem Lebensvollzug. Doch vom rationalen Denken her weiß der Mensch, daß es im Betrieb „keine grenzenlose Durchsetzung der Humanität ... um jeden Preis"[375] geben kann; sie würde alle Lebensmöglichkeiten vernichten. Als allerdings nicht human, sondern als ziellos und ohne eigentlichen Zweck erweist sich bloßer Aktivismus. Arbeit und Bildung – so wurde an anderer Stelle formuliert – sind tätigkeitsgebunden und final orientiert. Einem Beschäftigtsein als lediglich Aktivismus fehlt das Moment der Finalität; ein Arbeitsloser, der seine Zeit mit dieser oder jener Beschäftigung verbringt, ist des Würde, Anerkennung und Selbstzufriedenheit erzeugenden Zwecks der Arbeit beraubt. Solcher Aktivismus ohne Finalität gleicht dem rast- und sinnlosen Rennen des Hamsters im Laufrad. Er ist nur sich selbst Zweck und bindet den Menschen in einen circulus vitiosus unerfüllter Suche nach sich selbst, nach Begeg-

---

[372] Kerschensteiner 1926, S. 454.

[373] Vgl. Spranger 1921, S. 107ff.

[374] Das moderne Schiff hebt die Gefahren immer mehr auf, der Reisende verlebt geruhsame Tage im schwimmenden Hotel; „ist das, auf das Ganze der Existenz bezogen, ein Gewinn oder ein Verlust?" (Guardini 1981, S. 93).

[375] Mellerowicz 1976, S. 252.

126

nung und nach dem Ertrag seines Tuns. Gegen Aktivismus in der Arbeit muß der Mensch Aktivität erlernen.

Aktivität in Bildung und Arbeit heißt: in allen Lebensbereichen für den Zweck des Lebens eigenständig handeln, „denn die Vernunft gebietet mir zu leben".[376] Unter der Ordnung der Vernunft realisiert Aktivität das Dasein auf humane Ziele hin. Blind das Leben den Zufälligkeiten der raum-zeitlichen Bindung der Existenz anheimgeben, das entspräche nur der ersten, der niedrigsten von Fichtes fünf Ansichten der Welt. Leben aktiv auf transitive bzw. transzendentale Zwecke ausrichten beinhalten die dritte bis fünfte Weltansicht,[377] weil dort Vernunftshandeln und Individualverantwortung zum Zuge kommen. In diese Ebene eigenen Handelns statt Behandelt-werden muß die auf Arbeit gerichtete Bildung führen.

Aktivität heißt gestalten, nicht lediglich vergebens anwenden. Entdeckende Bildung, wie sie Kerschensteiner mit der Arbeitsschulidee fordert, begünstigt das pädagogische Verhältnis zwischen Objekt (Lernendem), Subjekt (Lehrendem) und Lerngegenstand. In sinnlicher Breite und intellektuell angepaßter Tiefe erfolgt die lernende Auseinandersetzung mit dem Lernstoff teilnehmerorientiert.

5.11.3 Lebensnähe betrieblicher Bildung und Arbeit

Für die betriebliche Bildung bedeutet das Prinzip der Aktivität, Ausbildung und Weiterbildung zunehmend am Arbeitsplatz, an den konkreten Maschinen und Einrichtungen durchzuführen. Lernaktivität mündet dort ohne Transferverluste unmittelbar in Arbeitsaktivität. Der Lernende erfährt Bestätigung richtiger Handhabung unmittelbar, und er weiß, was ihm noch zu lernen bleibt.

Aktivität, so daseinsnotwendig sie ist, bleibt dennoch in allen Lebensbereichen gefährdet. Numerisch gesteuerte Werkzeugmaschinen erhalten ihre Arbeitsanweisungen von vorprogrammierten Lochstreifen. Dreher, Fräser und Werkzeugmacher degradieren zu Automatenüberwachern. Ein Elektroniker ist als Produktionsüberwacher in vollautomatischen Fertigungshallen nur noch dann aktiv, wenn Defekte zu beheben sind, wenn Stillstand zu vermeiden ist; ansonsten beobachtet er passiv das Geschehen. Die Sekretärin „füttert" ihren Schreibautomaten, optimiert das Format und kann ansonsten zuschauen, wie Computer und Drucker – nicht sie – das gewünschte Schriftstück produzieren.

Bei diesen und allen anderen computergesteuerten Arbeitsvorgängen bestimmt nicht der Mensch das Tempo der Arbeitsgänge. Vom Arbeitstempo der Silicon-Plättchen her wird zwingend eine Standard-Aktivität verlangt. Nicht selten sind in Betrieben aktive Mitarbeiter in Dialogen mit langsameren Computern zu beobachten, wenn sie, natürlich ohne Erfolg, versuchen, die Aktivitäten des Computers mit „nun mach' schon!", „na, wird es bald!" dem menschlichen Denk- und Arbeitstempo anzupassen. Das Übertragen von Routinearbeit an Computer befreit zwar Menschen aus Zwängen, gibt Gestaltungsspielraum für andere, meist anspruchsvollere Tätigkeiten, doch

---

[376] Fichte 1980, S. 108.
[377] Vgl. Fichte 1956, S. 136ff.

muß der einzelne diesen Vorteil erkennen und ihn zu nutzen wissen. Entsprechend verändert Bildung Arbeit zum Positiven. Bleibt der Mensch nur als humane Restgröße in automatenbestimmte Arbeit eingebunden, verfehlt so organisierte Arbeit humanen Fortschritt. Deshalb ist in der Ausbildung vom „oft nur auf ein paar Zentimeter manchen Arbeitsplatzes beschränkten Berufsbegriff zu einer weiteren Berufsauffassung zu führen".[378]

5.11.4 Aktivität contra Passivität

Aktivität gehört als ganzheitliches Anliegen in alle Lebensbereiche. Leider zeigt gerade auch der Privatbereich nachlassende Aktivität. Fernsehen mindert Aktivität. Das Tunlassen statt Selbsttun bindet den Menschen als nur noch Zuschauer täglich für Stunden in seinen Sessel; selbst zur Programmwahl per Fernbedienung braucht niemand mehr aktiv zu werden.

Passivität dirigiert in der Dienstleistungsgesellschaft, auch in sozialen, caritativen und privaten Angelegenheiten. Die Kohlen für die alleinstehende Witwe bringt nicht der zwölfjährige Sohn des Nachbarn im Sinne unabdingbarer gegenseitiger Hilfe vom Keller herauf, diese „Arbeit" übernimmt der Profi vom Sozialamt; das defekte Leitungsrohr im Bad der Großeltern repariert nicht der gerade als Heizungsmonteur ausgebildet Enkel, es wird ein Handwerker mit Rechnungsstellung an die Versicherungsgesellschaft herangezogen – die Beispiele selbstgewollter und selbstverschuldeter Passivität ließen sich fortsetzen. Erkennbar wird der sich ausbreitende Aktivitätsverzicht, obwohl dafür zu bezahlen ist.[379]

Hoher Dienstleistungsstandard benötigt längere eigene Arbeitszeit, nicht selten Zwang zur Berufstätigkeit beider Ehepartner. Die Erziehung der Kinder obliegt vormittags der Schule, am Nachmittag dem Hort. Weitere Dienstleistungen werden selbstverständlich, schließlich bezahlt man ja Gebühren und Steuern. In ganzheitlicher Lebensführung wirkt die zunehmende Passivität der Menschen im Privatbereich in die Arbeit hinein. Selbstgefällige Zufriedenheit mit dem Erreichten mindert Effizienz und Ertrag der Arbeit, Qualifikationserweiterung durch Weiterbildung nimmt der Passive ebenfalls nicht wahr.

5.12 Aktualität konsumtiver Bildung und Arbeit

Der Mensch lebt im hic et nunc, im Hier und Jetzt. Bildung und Arbeit will er auf konkrete Ziele, auf Befriedigung aktuell empfundener Bedürfnisse gerichtet sehen. Was er aus der täglichen Arbeit an konkretem Nutzen erwartet, muß erreichbar sein, sonst erledigt er sie ohne innere Anteilnahme. Arbeitsziele dieser Art sind nach den Erkenntnissen der Bildungstechnikraten und Curriculumkonstrukteure „vorzüglich" operational formuliert und bereiten genau dieses scheinbar positive Ergebnis der

---

[378] Peege 1969, S. 584.
[379] Lachmann (1984, S. 36): „Hier liegt die Not unserer derzeitigen gesellschaftlichen Verfassung".

128

Arbeitsmühe nachvollziehbar auf. Gegen dieses ausschließlich Verständnis von Arbeitsertrag muß sich Bildung wenden.

„Konsumtive Arbeit" nennt Enke seine wirtschaftstheoretische Erörterung der Humanisierung der Arbeitswelt. Er diskutiert dort nicht vornehmlich den aus Arbeitsentgelt möglichen Konsum von Gütern und Diensten, sondern bezeichnet als konsumtiv die sich „aus Freizeitverzicht, Arbeitsmühe und Arbeitsfreude ergebende individuelle Bewertung der eigenen Arbeitsinhalte und -bedingungen".[380] Arbeitsvollzug muß Genuß bereiten – das Tun gewissermaßen auf der Zunge zergehen. Der Arbeitsprozeß selbst muß als sinnvoller Konsumakt erlebbar sein, fehlt der Arbeit dieser Zweck an sich, bleibt auch die Freude am Ergebnis gering. Lernprozesse sind – wie Arbeit auch – durch jeweils aktuelles Auseinandersetzen mit bisher Unbekanntem gekennzeichnet. Entdeckendes Lernen und erfüllendes Arbeiten sind als primäre Motivationsquellen menschlicher Entfaltung in Bildung und Arbeitswelt zu garantieren.

5.12.1 Leistungsfähigkeit als individueller Maßstab

Kerschensteiner verlangt Entsprechung zwischen geforderter Aktivität und Leistungsfähigkeit des Lernenden. Unterforderung führt zu Trägheit, Überforderung zu Unsicherheit und Versagensängsten. Kerschensteiner formuliert als Norm für das Prinzip der Aktualität, das pädagogische Tun stets so einzurichten, „daß das Wert- und Zwecksystem jeder Entwicklungsstufe zu seiner Befriedigung kommt, ohne daß dabei das zukünftig mögliche Wert- und Zwecksystem aus dem Auge gelassen wird".[381] Aktualität gewinnen Lernen und Arbeiten aber nicht aus postulierten Zwecken, aus eingeredeter Motivation. Verstehend lernt und arbeitet der Mensch, wenn er sich in die sich wandelnden Aktualitäten von Wirtschaft und Gesellschaft einbezogen sieht. Wer dank Bildung mehr weiß, hat weniger Schwierigkeiten mit dem Wandel der Zeit, „geringere Angst vor den kommenden Dingen als ... die weniger gut Ausgebildeten".[382] In den Betrieben geben die Ergebnisse regelmäßig durchgeführter Leistungs- und Potentialbeurteilungen den Mitarbeitern Rückmeldungen, wie ihre individuelle Leistungsfähigkeit in konkrete Arbeitsergebnisse umgesetzt werden konnte und welche berufliche Entwicklung als leistbar angesehen wird. Regelmäßige Gespräche über Leistungserwartung und -ergebnis zwischen Vorgesetztem und Mitarbeiter informieren zusätzlich über die aktuelle Leistungsfähigkeit.

5.12.2 Der sensible Augenblick

Im Prinzip der Aktualität liegt pädagogisch der Auftrag, für Bildung zur rechten Zeit zu sorgen. Der Wandel in der Arbeit, noch beschleunigt durch den Siegeszug der Mikroelektronik, verlangt von den für die betriebliche Bildungsarbeit Verantwortlichen stetes Bemühen um rechtzeitige Information über beabsichtigte Veränderun-

---

[380] Enke 1983, S. 17.
[381] Kerschensteiner 1926, S. 415f.
[382] Wiener 1984, S. 12.

gen. Frühaufklärungssysteme sollen sicherstellen, daß bereits parallel zu Planung und Aufbau neuer Produktionsanlagen die erforderliche Weiterbildung für die vom Wandel betroffenen Mitarbeiter geplant und durchgeführt wird. Nur als solche Parallelität, zugleich Bewältigen des technischen Wandels und des Wandels in den Anforderungen an die Mitarbeiter, realisiert sich das Prinzip der Aktualität in der betrieblichen Bildung. Bleibt dagegen das betriebliche Bildungswesen und insbesondere die fachliche Weiterbildung lediglich Reparaturbetrieb für fehlende Qualifikationen und startet sie Anpassungsweiterbildung erst, wenn bereits Mitarbeiter an der neuen Apparatur gescheitert sind, dann versagt Bildung pädagogisch, human und auch ökonomisch. Natürlich muß auch jeder Mitarbeiter – in steter kritischer Reflexion seines Leistungsvermögens und der geforderten Leistungsstandards – sensibel den Augenblick erkennen, in dem seine bisherigen Qualifikationen veraltet sind, und er in freiwillig wahrgenommener Weiterbildung neue Befähigung erwirbt.

5.12.3 Beteiligen und Informieren

Aktualität im pädagogischen Sinne gewährleisten heißt: Vorlaufend zum initiierten Wandel sind Qualifizierungsaktivitäten am Potential und orientiert an den Zielen der Mitarbeiter einzuleiten. Das ist umfassend noch längst nicht der Fall; Wittwer moniert einseitig-enge Zielsetzungen an Betriebszielen ohne Einschluß individueller und gesellschaftlicher Interessen, Schmitz-Dräger erhofft sich endlich Erweiterung des betriebswirtschaftlichen Horizonts um die Ebenen Gesellschaft und Individuum nicht nur in Lehrbüchern.[383] Aktualität ist also am betrieblichen Bildungsbedarf unter Einschluß individueller Bildungswünsche nach Art, Intensität, Zeitpunkt und Ziel orientiert. Sie folgt auch gesellschaftlichen Forderungen, denn Betriebe können ihren ökonomischen Beitrag zur Wohlfahrt der Gesellschaft auf lange Sicht nur optimal leisten, wenn jeder der Produktionsfaktoren, auch der Faktor menschliche Arbeit, optimal zur Erstellung der betrieblichen Leistung zur Verfügung steht. Doch der arbeitende Mensch ist und bleibt der Engpaßfaktor aller Wertschöpfung, weil vor allem sein Potential Quantität und Qualität der betrieblichen Leistung bestimmt. Schlüsseltechnologien resultieren aus Schlüsselqualifikationen, doch über sie herrscht noch weitgehend Uneinigkeit. Selbst die wohl am umfassendsten angelegte Herleitung, Mertens Schlüsselqualifikationen,[384] findet gerade deshalb Kritik, weil sie – so Hielscher – in Betrieben praxisnah nur schwerlich realisierbar sind und nicht zur Identifikation junger Menschen mit dem Beruf führen,[385] weil ihre Zusammensetzung – so Bunk und Flicke – den psychomotorischen Bereich ausspart.[386] „High Tech" erwächst nur aus hoher Qualifikation dank „education permanente", Motivation schöpfen dazu die Mitarbeiter aus dem erwarteten Nutzen ihrer vorgetanenen Bildungsarbeit. Information über den Sinn eigener Produktivität und Vermitteln einsichtiger Motive zu mehr Bildung als Vorgabe für neue Arbeit sind als Voraussetzung für

---

[383] Vgl. Wittwer 1982, S. 231; Schmitz-Dräger 1984, S. 13.
[384] Mertens 1974, S. 41; er nennt „behelfsweise" Basis- und Horizontalqualifikationen, Breitenelemente und Vintage-Faktoren.
[385] Vgl. Hielscher 1983, S. 276.
[386] Vgl. Bunk und Flicke 1979, S. 80.

ausreichende Bildungswilligkeit unerläßlich. Um derart produktiv sein zu wollen und zu können, muß zuvor Bildung den Menschen zum Verständnis dafür hinführen, „was Produktivität bzw. Unproduktivität überhaupt ist und was sie im Leben bedeutet".[387] Insofern währt Aktualität als Anerkennung der werdenden Persönlichkeit im betrieblichen Bildungsgeschehen stetig. Doch Informationen aufnehmen und verarbeiten will gelernt sein, nach Differenzierungsgrad und Integrationsniveau.[388] An keinem nachfolgenden Tag erscheint ein Mitarbeiter als derselbe, der er am Tag zuvor war. Jederzeit verändern Eindrücke und Erlebnisse den Menschen vom ersten Augenblick seines Daseins bis zum letzten. Sind Arbeit und Organisation, Führung und Kommunikation starrer organisiert als es die permanente Veränderung der Menschen durch Selbstbildung und Fremderziehung verträgt, dann resultieren aus solchen Anpassungsdefiziten Konflikte, die Leistung sinkt.

Betriebliche Bildung soll sich in konkreter Arbeit auszahlen, jedoch zugleich nach Riedel „auch die persönliche Produktivität als gleichberechtigtes Erziehungsziel"[389] einschließen. Die pädagogische Beachtung der Polarität von selbstgewolltem Lernen und Arbeiten mit fremdgesetztem Bildungsbedarf und vermittelter Arbeit leitet somit zu den didaktischen Fragen einer ökonomisch-sozialethischen[390] betrieblichen Bildung über. Dann gewährt Parallelität von Bildungsinhalt mit aktuellem Arbeitsinhalt persönliche Zufriedenheit in der Arbeit und aufgrund verwertbarer Qualifikation hohe Produktivität. Solche Parallelität von Bildung und Arbeit erfordert für jeden Einzelfall eine personbezogene und arbeitsplatzorientierte Analyse, um festzustellen, welche fehlenden Qualifikationen welcher Bildung bedürfen. Anforderungs- und Adressatenanalyse, die zwei Säulen ökonomisch-pädagogisch orientierter Bedarfserhebungen,[391] müssen persönliche Qualifikation und betriebliche Leistungserwartung harmonisch zusammenfügen.

5.13 Autorität als Maßstab des Seins

Autorität leitet sich im betrieblichen Bildungsgeschehen wie in der organisierten Arbeit aus der Maßgeblichkeit des Seins ab. Dies meint zweierlei. Zum einen kommt jedem Menschen, weil er ist, existentielle Autorität zu, und alles Beeinflussen in Bildung und Arbeit hat an der natürlichen Autorität jeder menschlichen Existenz ihre Grenze. Zum anderen erwächst Autorität aus der Besonderheit, der Einzigartigkeit, der Einmaligkeit der Individualität als So-Sein. In der ersten Explikation ist Autorität allgemein und absolut gesetzt; im So-Sein der Individualität kommt ihr relative Bedeutung zu.

---

[387] Riedel 1964, S. 105.

[388] Franke schildert anschaulich als niedrigen Differenzierungsgrad das Verhalten der Motte, weil sie sich, nur hell und dunkel unterscheidend, an der Glühbirne verbrennt (vgl. 1974, S. 139).

[389] Riedel 1964, S. 104.

[390] Bokelmann (1964, S. 11) kennzeichnet als ökonomisch-sozialethische Bildung jene Dimension, „in der sich der Mensch innerhalb der hochindustrialisierten Arbeitsgesellschaft verstehen, verhalten und tätig bewähren lernen muß".

[391] Vgl. dazu Leiter u. a. 1982.

Wird Bildung als der Grad aufgefaßt, in dem der einzelne sein So-Sein unter die Autorität der Vernunft zu stellen weiß, dann bedeutet Autorität „die Maßgeblichkeit eines Menschen aufgrund des Denkens".[392] Autorität wird zum Synonym für Bildung. Demnach besitzt im Lern- und Arbeitsprozeß Autorität, wer anderen aufgrund reicherer Erfahrung und Bildung etwas zu sagen hat.

5.13.1 Autorität als mehrseitiges Vernunftabkommen

Als pädagogische Bezugnahme ist Autorität ein Verhältnis, das nicht befohlen werden kann, sondern in der Beziehung zwischen Lehrendem und Lernendem entsteht. Vergleichbar der Abwandlung der Definition für Verträge liegt ein zweiseitiges, ein empfangs- und akzeptanzbedürftiges Vernunftabkommen vor. Der Lernende erfährt, was der Lehrende ihm mitzuteilen hat, bewertet es und akzeptiert die Information als für ihn wissenswert. Er vertraut sich der Autorität des Lehrenden gehorsam, aber freiwillig an. Würde Lernen apodiktisch zur Aneignung befohlen, wäre Autorität Macht und Herrschaft.

5.13.2 Verändertes Führungsverhalten

Der rasche technische und organisatorische Wandel hat die Diskussion des pädagogischen Prinzips der Autorität neu belebt. Für Organisation und Führung ist über Autorität nachzudenken. Wenn im Wissen, in Qualifikation überhaupt, die generelle Quelle der Autorität liegt, dann sind die Unterabteilungen Fachwissen und Organisationswissen in ihrer Bedeutung für die Autorität der betrieblichen Vorgesetzten neu zu bestimmen. Doch hier beginnt die Schwierigkeit: Es ist Seifert zufolge trotz sichtbarer Weiterentwicklung des Human-Relations-Ansatzes nicht möglich, ein Führungsmodell für alle Führungssituationen aufzustellen.[393]

Ein Beispiel hilft zur Erklärung: In überkommener Realität und Denkweise war bisher der Meister dank meisterlichem Können seinen Mitarbeitern Vorbild in der Arbeit. In subsidiärer Arbeitsaufteilung kam er seinen Mitarbeitern in schwierigen Arbeitssituationen als erster unter gleichen, als anerkannter Fachmann unter Fachleuten mit Rat und Tat zu Hilfe. Diese fachliche Autorität wurde durch Amtsautorität ergänzt, niemals von ihr begründet.

Nun hat sich die industrielle Produktion zu einem stets komplexer werdenden, hochtechnisierten System weitgehend automatischer Fertigungsanlagen entwickelt. Der jeweilige Stand der Technik innerhalb einer Meisterei umfaßt einerseits das Wissen von Hunderten von Mann-Jahren technischer und datenverarbeitender Entwicklungsarbeit und hat sich andererseits in solche engen und engsten Tätigkeiten

[392] Ballauff 1963, S. 23. Damit spricht Ballauff Autorität dank Erfahrung an; ähnlich äußert sich Erlinghagen, allerdings leicht spöttisch: „In Sachen Pädagogik glaubt sich jeder berufen, seinen begrenzten Erfahrungshorizont verallgemeinern und absolut setzen und sich selbst, wenn schon nicht als Fachmann der Theorie, so doch der ‚viel wichtigeren' Praxis gerieren zu dürfen" (1973, S. 9).

[393] Vgl. Seifert 1975, Sp. 875.

zergliedert, „für welche die Sprache nicht einmal mehr eine Bezeichnung besitzt".[394] Es gliche für den Meister einem Rennen zwischen Hase und Igel, wollte er unter diesen veränderten Bedingungen auch in Zukunft erster Fachmann seines Verantwortungsbereiches bleiben. Zur ohnehin vorhandenen Über-Macht derjenigen, die über ihm stehen, würde dort verstärkt die Gegen-Macht der Arbeitsgruppe treten.[395] Umdenken in bezug auf die Quelle der Autorität ist für das gesamte technische Führungspersonal unerläßlich.

Der Meister wird in Zukunft verstärkt Organisator und Manager einer Gruppe hochspezialisierter Mitarbeiter sein, verantwortlich für Arbeitseinsatz, Koordination, Betreuung und Förderung seiner Mitarbeiter. Quelle seiner Autorität ist nicht länger ein exzellentes Fachwissen, sondern die Fähigkeit, Mitarbeiter optimal auf die geforderte Leistung einzustimmen. Die von Schwarz für einen Meister, untere Leistungsebene in der industriellen Fertigung,[396] empfohlene Stellenbeschreibung läßt in ihrer Dreiteilung (technischer, wirtschaftlicher, personeller Bereich) diesen Schwerpunkt noch nicht erkennen. Er, der Meister, fungiert jetzt vorrangig als klärende Instanz bei Konflikten, regelt die Details der Administration seines Bereichs, hält Kontakt zu Nachbarabteilungen und wirkt in der hierarchischen Ordnung des Betriebes als Bindeglied.

Fachliche Autorität wird nicht ausgehöhlt, sie verlagert sich vom handwerklichen zum organisatorischen Fachmann. Ein Prozeß hat eingesetzt, den Meister und Mitarbeiter verantwortungsbewußt lernend vollziehen. Gegenseitige Achtung, ausreichende Distanz und notwendige Nähe in der gemeinsamen Arbeit begünstigen das Erkennen und das Anerkennen des Autorität begründenden veränderten Führungswissens. Im Gegenzug muß dieser „Vorgesetzte neuer Art" die fachliche Autorität seiner Mitarbeiter anerkennen. Versuche, verlorene fachliche Autorität durch formale Kontrolle auszugleichen, führen letztlich zum Autoritätsverlust. Wissen im Sinn rationaler Argumentation verleiht demjenigen Autorität, der Anerkennung seiner Erkenntnis durch andere erreicht, notfalls durchsetzt. Diese Grenze zwischen Autorität und verwandten Begriffen wie Einfluß und Kontrolle, Macht und Herrschaft verläuft persönlichkeitsgebunden und situationsabhängig unterschiedlich.[397] Derjenige, der sich als Erzieher und Vorgesetzter als Autorität durchsetzen kann, verzichtet auf den Gebrauch von Macht. Wem Anerkennung seines Denkens und Handelns in freier Anerkenntnis versagt bleibt, erinnert sich der ihm gegebenen Machtmittel. Das Bildungswesen kennt formale Mittel wie Noten und Zertifikate, Lob und Tadel. Im Arbeitsleben drohen einerseits als Mittel der Macht Verweigerung von Arbeit. Macht begünstigt andererseits diejenigen, die sich ihr unterwerfen.

Der Prozeß menschlicher Erziehung beginnt „ als eine Art Herrschaftsautorität"[398] der Eltern. Die offene, noch nicht wertgebundene Individualität des Kindes wird von

[394] Krasensky 1952, S. 56.
[395] Begriffe von Neuberger übernommen (vgl. 1974, S. 75).
[396] Vgl. Schwarz 1979, S. 290 f.
[397] Vgl. Mayer und Neuberger 1975, Sp. 512.
[398] Ballauff 1963, S. 23.

den Erziehern zunächst mit dem unbedingten Anspruch auf Gehorsam erzogen. Mit dem Aufbau der wertbedingten Persönlichkeit muß dann Einsicht in Autorität zunehmend die Macht der Erzieher ersetzen. Autorität erkennen und anerkennen erzeugt bei dem, der so handelt, ebenfalls Autorität. Darin liegt der Sinn autoritätsgeleiteter Bildung und Erziehung. Das Autorität stiftende, weil Autorität fordernde erzieherische Verhältnis zwischen Lehrendem und Lernendem verweist auf ein weiteres Prinzip, auf Sozialität.

5.14 Sozialität als menschliches Miteinander

Begegnung mit dem Mitmenschen geschieht in dauernder Hereinnahme der Handlungen anderer in das eigene Gefüge von Werthaltungen. Begegnung bedarf der Öffnung der eigenen Persönlichkeit für andere. Wollen, Denken, Handeln wird von anderen mit deren Wertvorstellungen bewertet. In solcher steten Reflexion seiner selbst und in fortgesetzter Bezugnahme zum Mitmenschen entfaltet sich die sittlich autonome Persönlichkeit. Dieses Streben setzt sittliche Selbsterkenntnis voraus, gewonnen aus den Erfolgen und Mißerfolgen von Handlungen in der Wertgemeinschaft.[399]

Menschliches Miteinander – die Sozialität des Menschen – ist als axiomatische Bedingung, als conditio sine qua non humener Lebensweise schlechthin unabdingbar. Zum Menschen wird der Mensch nur durch und mit anderen Menschen. Der homo sociologicus ist sich konstitutiv aufgegeben, wenn auch unter der Bedingung seiner Unvollkommenheit.[400] Fromm sieht als wesentlichen Konstruktionsfehler gedeihlichen Miteinanders die Orientierung des Menschen an Rivalität, Antagonismus und Furcht.[401] Eine solche Existenzweise des Habens führt zu Habgier, deren Befriedigung birgt Agressivität und Kampf in sich.[402] Wer hat, will mehr, ohne sich selbst und den Mitmenschen dadurch näherzukommen. Im Gegenteil, der Mitmensch degeneriert zum bloßen seelenlosen Besitz und kann den pädagogischen Akt, „Seele spricht gleichsam zu Seele",[403] nicht in Gang bringen.

Zufriedenheit und gedeihliches Miteinander gewährt dagegen die Existenzweise des Seins. Das Verlangen zu sein ist tief im Menschen verwurzelt. Es findet seine Verwirklichung im aus Bildsamkeit erwachsenen Tätigsein als Aktivität und im Bezug auf andere als Sozialität. Fromm nennt als weitere Voraussetzung der Existenzweise des Seins „Unabhängigkeit, Freiheit und Vorhandensein kritischer Vernunft".[404]

---

[399] Vgl. Kerschensteiner 1926, S. 458. Unverändert sieht auch Dörschel das Jenaplan-Motiv, „selbst tätig zu werden mit anderen zusammen für andere" (1967, S. 74), als berufsschuldominant.

[400] Doch ein Trost besteht: „Schon die nur unvollkommene Teilhabe am Vollkommenen vermag weit zu erheben über die vielen Unzulänglichkeiten unseres Seins" (Meimberg 1951, S. 61).

[401] Vgl. Fromm 1980, S. 111.

[402] Vergleichbar erläutert Schoeck die Zusammenhänge zwischen Aggression, Konflikt und Neid (vgl. 1970, S. 244).

[403] Holzamer 1949, S. 163.

[404] Fromm 1980, S. 89.

Soziale Kompetenz, für gemeinschaftlich zu leistende betriebliche Arbeit unabdingbare Voraussetzung, erwächst aus vielen sich in Begegnung vollziehenden Lernprozessen.

5.14.1 Soziale Handlungskompetenz

Gründe für zu erweiterndes soziales Miteinander sind zahlreich gegeben. Die Menschen in den Industriestaaten erkennen immer mehr die fehlende Sinnhaftigkeit ihres
Lebens aus weitgehend egoistischen, lediglich nutzenorientiertem Dasein. Zudem
zieht fehlende wirtschaftliche Prosperität die Grenzen konsumorientierten Lebens
enger. Real begrenzte Verfügbarkeit über Güter und Dienste sowie die Erfahrung
schwindende Glücksgefühle aus noch so großem Konsum führt zur Neuentdeckung
des eigentlichen und höheren Sinns humanen Daseins: zur Begegnung mit dem
Mitmenschen.[405]

Begegnungen der Menschen in Arbeit und Beruf sind nicht auf rein ökonomische
Verbindungen reduzierbar. Der gesittete Mensch erfaßt Arbeit als etwas Sinnvolles,
von hohem Wert, „er dient mit seinem Werk".[406] Solche Prozesse personaler Bezugnahme setzen soziales Lernen voraus und bleiben als Interaktionen an soziales
Lernen gebunden.

Für das persönliche Handeln liefert Lernen sozialethische Vorgaben in Gestalt der
Normen und Werte. In der Hereinnahme der Erwartungen der situativ mit einem
Handelnden in Beziehung tretenden „Anderen" baut sich soziale Handlungskompe-
tenz auf, bestimmt von eigenen Erwartungen und Interessen, von der Anerkennung
der berechtigten Interessen anderer. Da sich selbstgesetzte und umweltinduzierte
Handlungsvoraussetzungen, -bedingungen und -ziele ständig verändern, ist der
Mensch zu stets anderen Handlungsstrategien genötigt. Der Betriebspädagoge
begünstigt das Erlernen stets neuer Handlungsmuster, bahnt Begegnung an.

5.14.2 Sozialität als lernbare Tugend

Sozialität wird nach Peege als „partnerschaftliches Verhalten zur lehrbaren Tugend
und ist als Vorübung zur Teamarbeit, der in Wirtschaft und Gesellschaft bedeutend
gewordenen Leistungsform, zu verstehen".[407] Lehrbare Sozialität bedingt als lernbare
Tugend vorbildgeleitetes soziales Lernen. Diese Tugend vermögen der Lehrer in der
Schule und der Trainer im Betrieb glaubhaft zu vermitteln, wenn sie fester Bestand-
teil ihrer Charaktere sind. Lehrende müssen – so Kerschensteiner – immer und
überall „Träger des zeitlosen Wertes ‚Bildung' sein und nicht bloß Staatsdiener,
Wissenschaftler, Techniker, Künstler, Pädagogiker, Prediger";[408] derjenige wird zur

---

[405] Vgl. Becker 1981, S. 7. Die Ausführungen zum Prinzip der Sozialität erfolgen hier in
Anlehnung an jene Quelle. Bei Lipsmeier fällt solches Tun als Verharmlosung der Realität
unter die abzubauenden Betriebsideologien (vgl. 1978, S. 107). Wie recht hat Heuß (vgl.
1967, S. 49), wenn er den Terminus Ideologie ins Positive rückt!

[406] Flitner 1980, S. 43 f.

[407] Peege 1967a, S. 118.

[408] Kerschensteiner 1926, S. 464.

erzieherischen Autorität und Kraft – so Flitner –, „der vom Ideellen einer Sache erfüllt ist, der Wert und Bedeutung einer Sozialordnung oder einer Geistestätigkeit kennt".[409]

Sozialität entsteht als personale Haltung im reflexiven sozialen Prozeß entlang der Ordnung begründenden Gebote und Verbote aus Moral und Recht. „Durch sie wird der Wille verpflichtet, das Wohl aller in das eigene Wollen aufzunehmen".[410] In ihrer prinzipiellen Geltung vereinigt Sozialität Demokratie und Partnerschaft als die zwei Ausprägungen sozialen Verhaltens in sich, auf die es in industrieller Arbeit in Zukunft besonders ankommt. Eine wesentliche Norm für partnerschaftliches Verhalten im Betrieb ist mit der Unternehmensverfassung gegeben. In dem von ihr als Verhaltensanweisungen gesteckten Rahmen arbeiten die Mitarbeiter „mit dem gemeinsamen Ziel, ein harmonisches Zusammenwirken aller in Richtung auf das oberste Betriebsziel zu erreichen".[411] In Aufbauorganisationen sind Zuständigkeiten für Teilaufgaben und Kompetenzen festgelegt, Ablauforganisationen bestimmen die Informations- und Kommunikationswege im Unternehmen.

Ertragskraft, Überlebensfähigkeit und innere Stabilität der Unternehmen werden wesentlich dadurch bestimmt, „inwieweit sie sich den ständig variierenden Bedingungen anzupassen"[412] vermögen und inwieweit es gelingt, die individuellen Wünsche und Erwartungen der Mitarbeiter an die Arbeit einerseits und die betrieblichen Anforderungen andererseits in Einklang zu bringen. Als Lösungsmöglichkeit zur Bewältigung des steten Wandels und zur Beherrschung der vielfältigen Konfliktfelder und -ursachen in industrieller Arbeit werden zunehmend Organisationsentwicklungsmodelle propagiert. In ganzheitlicher Auffassung vom Menschen versucht die sozialwissenschaftlich und pädagogisch orientierte Organisationsentwicklung betriebliches Miteinander (Organisationsfamilie) als offenes, soziales und zielgerichtetes System zu erklären und positiv zu verändern.

Dabei versucht Organisationsentwicklung als betriebsumfassender, ganzheitlicher, von der Führung gesteuerter und permanenter Prozeß, die organisatorischen Strukturen und Abläufe sowie die Entwicklung der Einstellungen, Fähigkeiten und Verhaltensweisen der im Unternehmen tätigen Menschen mit zweifacher Zielsetzung zu beeinflussen: verbesserte Effizienz und humanere Arbeit. Organisationsentwicklung als ganzheitliche pädagogische Strategie zur Veränderung von Sozialgebilden in effiziente und humane Stätten der Begegnung und der Leistung klingt verlockend. Allerdings fallen die bisherigen Erfolge bescheidener aus, von einem Durchbruch dieses Ansatzes kann keine Rede sein. Dies hat Gründe. Organisationsentwicklung lebt von Offenheit, von dezentralem Führen und Erledigen, vom Willen und von der Fähigkeit, Probleme kooperativ zu lösen und Veränderungen gemeinsam zu bestehen. Unternehmen dagegen sind oft noch in traditionellem Denken, in autoritären Führungsstrukturen und mannigfachen Egoismen verhaftet. Dies alles behindert

[409] Flitner 1980, S. 45.
[410] Ballauff 1970, S. 136.
[411] Mellerowicz 1976, S. 143.
[412] Rehn 1979, S. 325.

136

gedeihliches Miteinander[413] und optimale Effizienz. Soll Organisationsentwicklung einsetzen, sind partnerschaftliche Verhaltensweisen zunächst zu lernen; verändertes Denken und Handeln begründet dann allmählich eine neue, offene und entwickelte Unternehmensstruktur, ein Klima des Vertrauens entsteht.

Organisationsentwicklung gehört zu den Aufgaben der Betriebspädagogik. Das Verändern der Unternehmenskultur, das Begünstigen partnerschaftlicher Führungsstrategien, das Verändern von inhumanen Arbeitsplätzen in humane, das Beseitigen Kräfte zehrender und Gefahren bergender Arbeitsverfahren, das schöpferische Anpassen des Unternehmens an veränderte Umweltbedingungen und die klimaverbessernde Umgestaltung des Kommunikations- und Sozialverhaltens der Organisationsmitglieder,[414] nennen die wesentlichen Variablen einer pädagogisch-human orientierten Organisationsentwicklungsstrategie. Die Aufgaben für den Betriebspädagogen sind in Ziel, Inhalt und Methode vielfältig gegeben. Dieser betriebspädagogischen Aufgabenstellung folgt auch die von Bennis[415] gegebene Definition für Organisationsentwicklung: „Sie ist eine vielfältige, pädagogische Strategie, mit der man Überzeugungen, Ansichten, Wertvorstellungen und den Aufbau von Organisationen in solcher Weise verändern will, daß sie sich neuen Technologien, Märkten, Ansprüchen und dem schwindelerregenden Ausmaß des Wandels selbst besser anpassen können."

Es zeigt die Diskussion der Prinzipien industrieller Bildung und Arbeit sehr deutlich, daß Unternehmer, Gewerkschafter, Führungskräfte und Betriebspädagogen die positive Entwicklung der Unternehmen dann am besten begünstigen, wenn sie die vorgestellten Prinzipien in Bildung und Arbeit beachten und deren Interdependenz stets respektieren.

5.15 Interdependenz der Bildungsprinzipien

Nochmals sei deutlich hervorgehoben: Die Diskussion bildungsrelevanter Prinzipien[416] erfolgte hier im separierenden Nacheinander. Vor solcher Schwierigkeit der Darstellung steht die Wirtschaftspädagogik noch mehr als Pädagogik schlechthin, soll und will sie doch – die Wirtschaftspädagogik – Ideelles und Pragmatisches, getrennt gedacht, ganzheitlich ins Leben stellen.[417] In der Bildungsrealität wirken Prinzipien auf die ganzheitliche personale Bildung des Menschen als symbiotisches Gesamt. Dabei gestaltet die Ganzheitlichkeit der Wirkungen die Verhältnisse zueinander stets subsidiär und relativ. Autorität etwa begünstigt Individualität, beide Prinzipien fußen in der gewährten oder erkämpften Freiheit. Die Weite der Totalität und die Tiefe der

---

[413] Beckhard weist auf die Rivalitäten und Streitigkeiten zwischen Mitarbeitern und Gruppen hin und stellt fest: „Es wird zum ,Sport', dem anderen eins ,auszuwischen', oder aufzupassen, vom anderen nicht ,reingelegt' zu werden" (1972, S. 59).

[414] Vgl. ebenda, S. 73.

[415] Bennis 1972, S. 14.

[416] Natürlich sind, je nach Systematik mit Über- und Unterordnung, im Schrifttum weitere Prinzipien zu finden. Ballauff nennt Angemessenheit, Relativität, Spontanität.

[417] Vgl. Baumgardt 1967, S. 50.

Universalität fordern zu entdeckender und Einsicht gewährender Aktivität heraus. So ermöglicht die Interdependenz der Prinzipien Bildung, erreichbar aus selbstgewollter Aktualität und eigenverantworteter Auswahl. Pluralität der Befähigung und Unterschiedlichkeit der Charaktere sind grundsätzlich möglich, weil Freiheit als Seinlassendes Prinzip, gewissermaßen als Spuntloch der Bildungsgefäße Totalität, Universalität und Individualität, dem personalen Bildungshandeln räumlich und zeitlich Maß und Ziel verleiht. Müller sieht die betriebspädagogische Forschung auf diese Klärungen zentriert.[418] Auch zeigt sich die Interdependenz der Prinzipien in der Wirkung des einen Prinzips in allen anderen.

Prinzipien sind Möglichkeiten, sie stellen generell Potentiale dar. Ihre Transformation in das konkrete Bildungsgeschehen erfolgt in aktiver Auseinandersetzung mit dem durch sie situativ Gebotenen. Wären alle anderen Prinzipien – Ampeln gleich – auf Grün geschaltet, doch Aktivität bliebe aus, könnte Sein-erhöhendes Lernen nicht stattfinden. Bildung bleibt prinzipiell an Aktivität gebunden.

In „Gemeinschaft mit einem kollektiven geistigen Sein" begegnet der arbeitende Mensch „den Gütern, an denen geistige Werte erlebt werden können".[419] Individualität erwächst und wird erfahren in der Begegnung mit anderen Menschen. Ohne den geistigen Austausch mit anderen wäre es für einen vom Artgenossen abgeschiedenen Menschen unmöglich, in so kurzer Zeit das allgemeine Bildungsniveau seines Volkes zu erreichen. Alle in kollektiver Verfügbarkeit liegende Erfahrung persönlich nachholen zu wollen, bleibt ein der singulären Existenz versagter Bildungsweg. Erst Sozialität eröffnet die Möglichkeiten des individuellen Einstiegs in die Gesellschaft, gewissermaßen im Zeitraffertempo. Solche Skizzierung der interdependent wirksamen Prinzipien gibt – vielleicht noch nicht ausreichend – Antwort auf Kerschensteiners Frage, „ob die aufgestellten Grundprinzipien das Wesen des Bildungsverfahrens erschöpfen",[420] ob ihre Beachtung theoretisch wie praktisch überhaupt sinnvoll und notwendig sei. Auch für die betriebliche Bildung ist die Respektierung der aufgeführten Prinzipien generell in ihrer funktionalen Einheit und im besonderen in ihrer Bedeutung für effiziente und human wertvolle Persönlichkeit unbedingt zu fordern. Jene Kritiker, die der Berufs- und Wirtschaftspädagogik hinsichtlich der Antwort auf die Frage, wie sich berufliches Lernen mit Persönlichkeitsförderung vereinbaren läßt, Versagen vorwerfen,[421] achten die Bedeutung der Prinzipienlehre zu gering. Ohne deren Anerkennung, ohne deren bewußte Einführung leidet praktische Bildungsarbeit Schaden. Personbezogen heißt dies konkret: Der einzelne kann nur durch prinzipiengeleitete Bildung zu der Befähigung gelangen, die er wünscht und zu der er fähig ist.

Zur Notwendigkeit von Prinzipien ist im Hinblick auf die Konstruktion einer bündigen Theorie der Bildung festzustellen, daß praktisch nur gelingen kann, was theore-

---

[418] Vgl. Müller 1973, S. 186f.

[419] Kerschensteiner 1926, S. 148 (2 Zitate).

[420] Ebenda, S. 477. Als weiteres Prinzip, das im letzten Jahrzehnt zu breiter Diskussion führte, sei das „Prinzip der Kritik" genannt (Geißler 1974, S. 77).

[421] Vgl. Eicker 1984, S. 697.

tisch widerspruchsfrei formuliert wurde. Insofern determiniert ein theoretisches Denkgerüst gültiger Bildungsprinzipien die Form konkreter Bildung. Mithin ist es theoretisch notwendig und praktisch sinnvoll, Bildung prinzipiengeleitet zu denken und zu realisieren. Es ist dabei in Anbetracht der Interdependenz und ganzheitlichen Wirkung der Bildungsprinzipien nicht wesentlich, einen umfassenden Katalog von Prinzipien zu erstellen. Beachten Lehrende und Lernende hinreichend viele Prinzipien, werden weitere implizit mitvollzogen: Gelingt es, Freiheit konsequent in das Bildungshandeln einzuführen, fehlt auch Verantwortung nicht. Dabei ist es unerheblich, ob dieses oder jenes Prinzip explizit als wesentlich postuliert wird oder ob es sich in der Beachtung eines anderen Prinzips gewissermaßen implizit einstellt. Verläßlichkeit im Handeln des einzelnen und Kontinuität gesellschaftlicher Entwicklung gründen in der allgemeinen Geltung der das Handeln leitenden Prinzipien. Mangelt es an verbindlichen Normen und Werten, können Bildung und Arbeit weder für den einzelnen noch für die Gesellschaft als Ganzes zufriedenstellend und ertragreich geleistet werden.

Aus solchem menschbezogenem Verständnis der Betriebspädagogik heraus wird Krasenskys Versuch verständlich, „in der Sorge um die Erhaltung des Menschlichen"[422] für die Wiedererweckung des Begriffes Industriepädagogik im Sinn einer Sozialpädagogik zu plädieren.

[422] Krasensky 1965, S. 217.

6. Szenario-Technik als Frühwarnsystem

Wenn es gelingen soll, breite Schichten für einen gesellschaftlichen Aufbruch in eine lebenswerte Zukunft zu gewinnen, dann bedarf es der gleichzeitigen und aufeinander abgestimmten Lösung vieler Probleme. Insellösungen einzelner Betriebe, Branchen und Regionen reichen nicht aus, den Übergang „in die human computerisierte Gesellschaft" zum Wohle der Menschen zu schaffen; „ein Wettbewerb konstruktiver Modelle tut not", es müssen zur menschengerechten Planung der Zukunft gezeichnet und in einen intensiven Wettbewerb zur Bewältigung der Gesamtheit der anstehenden Probleme geschickt werden".[423] Die zukünftigen Strukturen der industriellen Bildungs- und Arbeitslandschaften gestalten sich nicht als homogenes Bild. Das einheitlich strukturierte Entwicklungskonzept wird es nicht geben, viele Lösungen sind möglich. Auf einem qualitativen, quantitativen, zeitlichen und intensitätsmäßig breit angelegten Kontinuum denkbarer Szenarien realisiert sich die Zukunft industrieller Lebensweisen.

Solche Szenarien, definiert als „eine hypothetische Folge von Ereignissen, die für gewöhnlich in die Zukunft verlegt werden",[424] haben mit ihrem Hauptvorteil, „der gleichzeitigen Berücksichtigung unterschiedlicher Aspekte eines sich alternativ entwickelnden Problemfeldes",[425] in den Wissenschaften zunehmend Zustimmung gefunden. Einige Äußerungen seien genannt: Als eine der Techniken kreativen Denkens sehen Appelt und Appelt das Szenario-Verfahren für geeignet an, im Marketing „potentielle Handlungsspielräume aufzuzeigen";[426] Hahn nennt Szenarien in der Unternehmensstrategie „offensichtlich sowohl für die Erarbeitung als auch für die Überprüfung von strategischen Planungen ... von außerordentlicher Bedeutung";[427] Schwebler benutzt die Szenario-Technik, um in der Versicherungswirtschaft mittels solcher „Antizipation künftiger Entwicklungen ... eine möglichst klar und umfassende Sicht der zukünftigen Situation"[428] zu erstellen; Seibert lobt die Szenario-Methode „als nützliches Instrument"[429] für technikintensive Unternehmen; Thumm beginnt seine Gedanken zur Wirtschaftsforschung in Entwicklungsländern mit einer Schilderung über „ein typisches Entwicklungsländerszenario";[430] für Kahn liegt im Aufstellen von Szenarien „die bevorzugte Methode zur Wahrscheinlichkeitsabschätzung möglicher Zukunftsereignisse";[431] Flechtheim beurteilt darüber hinaus aus Einzel-Szenarios zusammengesetzte Gesamt-Szenarios, von ihm „iteration through synopsis"[432] genannt, positiv; Dunkel spricht – wohl die bisher einzige Stimme aus dem

---

[423] Haefner 1984, S. 362f. (3 Zitate).
[424] Kahn 1972, S. 274.
[425] Szenario 1976, S. 581.
[426] Appelt und Appelt 1984, S. 341.
[427] Hahn 1983, S. 23.
[428] Schwebler 1983, S. 583.
[429] Seibert 1982, S. 3.
[430] Thumm 1981, S. 63.
[431] Kahn 1972, S. 274.
[432] Flechtheim 1970, S. 139.

Bereich der Betriebspädagogik –, ohne allerdings das Wort Szenario zu nennen, davon, der Zukunft des Menschen im Betrieb durch eine „Annäherungstechnik ..., Aufsplitterung eines komplexen Problems in Unternehmensprobleme",[433] näherzukommen – die Liste läßt sich bis hin zu Pressemeldungen fortsetzen, denen zufolge Anfang 1985 z. B. die Enquete-Kommission Energiepolitik vier denkbare Pfade tatsächlich vorhandener Sichtweisen analysierte,[434] im Kreml „das Szenario für einen Wechsel an der Spitze"[435] erstellt wurde, sich im Golfkrieg „das Szenario des Grauens"[436] fortsetzte, in Hessen vor der Kommunalwahl „das Szenario ... rot-grüner Mehrheiten"[437] zu Nachdenklichkeit führen sollte.

Absolut begrenzt sind in der hier verfolgten Sicht die möglichen Entwicklungen von einerseits den axiomatisch-elementaren Grundfesten der humanen Verpflichtung zu Bildung und Arbeit und andererseits der humanen Berechtigung auf Bildung und Arbeit. Relativ sind die „szenarischen Schnittmuster" durch die jeweilige situative Geltung der erörterten Prinzipien industrieller Bildung und Arbeit im jeweiligen zukünftigen Betrachtungszeitpunkt festgelegt.

6.1 Die Zukunft beginnt jeden Augenblick neu

Arbeit und Bildung sind gleichermaßen transitiv auf das Eintreten künftiger Ereignisse ausgerichtet. Staatliche und betriebliche Bildung sollen gewährleisten, daß die Menschen jeweils die Qualifikationen besitzen, die eine Volkswirtschaft für Bestand und Prosperität benötigt. Schulen vermitteln jenes Wissen und Können, auf dem junge Menschen ihre Erwerbstätigkeit aufbauen. Betriebliche Ausbildung und Weiterbildung fügen die beruflichen Grundqualifikationen hinzu und erweitern bzw. verändern bereits vorhandene Qualifikationen entsprechend den aktuellen Erfordernissen. Alle diese Anstrengungen weisen in eine – wenn auch unterschiedlich ferne – Zukunft.

Individuell erhofft sich jeder Mensch das Erlangen der Befähigungen, die ihm Eintritt und Aufstieg im gewünschten Beruf ermöglichen. Für jeden einzelnen und für jede Gesellschaft beginnt Zukunft in jedem Augenblick neu, niemals entspricht Kommendes dem Bisherigen. Zukunft bleibt unsicher. Auch Szenarien können nur Annahmen sein, nicht mehr. Erinnert sei an Lenels Zweifel zu Galbraiths Vorgehen, aus dem bisherigen Verlauf auf künftige Entwicklungen zu schließen.[438] Die beste Vorkehrung, die Zukunft zu meistern, liegt in der aktiven Mitgestaltung. Doch aktives Vorwegnehmen der Zukunft, so wie sie werden soll, benötigt Entscheidungskriterien. Die Welt von morgen wird immer nur so sein, wie der Mensch sie denkt.

[433] Dunkel 1980, S. 42.
[434] Vgl. Niederelz 1985, S. 12.
[435] Seidlitz 1985, S. 1.
[436] Kleer 1985, S. 1.
[437] Hessen-Kommunalwahl 1985, S. 5.
[438] Die Textstelle bei Lenel lautet (1968, S. 7): „Soweit ich sehe, hat über die grundsätzliche Entwicklung des technischen Wissens bisher niemand mehr als Hypothesen geäußert"; das gilt weiterhin unverändert.

Damit ist der Kreis geschlossen: In personaler und kollektiver Freiheit denkt der Mensch seine – und nicht nur seine – Zukunft. Sein Denken gewinnt Qualität durch die Bezugnahme zur Welt der Werte. Diese Qualität kann jedoch zum Wohle der Menschen nur dann gelingen, wenn die ethisch-wertende Vorbestimmung dessen, was in Zukunft sein soll, prinzipiengeleitet den humanen Wertkonstanten zu dauerhafter Geltung verhilft. Ethische Bindung allen Fortschritts an Prinzipien ist für die Zukunft imperativ zu fordern, weil anderenfalls die Menschheit nachhaltig und übermäßig gefährdet bleibt, sich mit unkontrolliertem technischem Fortschritt schwerwiegend zu schaden, wenn nicht gar selbst auszulöschen. Aus unbegrenzter Fülle technischer Möglichkeiten erwachsende Macht und der Gebrauch technischer Potentiale müssen durch die Verantwortlichkeit des menschlichen Geistes begrenzt und daran orientiert sein, deren wachsende Unmittelbarkeit, Vernetztheit und Eigendynamik zum eigenen Wohle und im Sinne aller rational und human zu gebrauchen.[439]

Um beurteilen zu können, was für Mensch und Natur in Zukunft verträglich ist, bedarf es veränderter Instrumente der Planung. Bildung und Arbeit lassen sich mit dem Instrument der Szenario-Technik auf die möglichen Entwicklungstendenzen hin überprüfen. Szenarien bieten die Möglichkeit zu breit angelegter demokratischer einzelne und gesellschaftliche Gruppen einschließender Diskussion und Beurteilung möglicher Entwicklungen. Wer am Drehbuch zukünftig mitschreiben will, benötigt dazu sowohl sozial-kommunikative, planerisch-kreative als auch fachliche Kompetenz.

6.2 Strategische Planung mit Szenario-Technik

Für verläßliche Aussagen über die Zukunft industrieller Bildung und Arbeit reichen lediglich Annahmen aus Trendexplorationen der Vergangenheit nicht aus. In wandlungsarmen Zeiten mag die Aussage tröstend gewesen sein, bisher Richtiges habe auch in Zukunft Gültigkeit.[440] Hinreichende Planung ist hiermit für künftige Arbeitsanforderungen nicht zu schaffen. Als Instrument, um jene Faktoren, die künftig Bildung und Arbeit von außen her maßgeblich beeinflussen, und deren sich differenzierende Ausprägungen zu erfassen, dienen Szenarien. In sie gehen die aufgrund von Literaturauswahl, persönlichen Wertvorstellungen und Erfahrungen als anforderungsrelevant erkannten Umfeld- und Umweltfaktoren ein. Solche Entwicklungstrends prognostizieren somit methodisch und inhaltlich nachvollziehbare, letztlich jedoch subjektiv bleibende Entwicklungspfade.[441]

---

[439] Dörschel richtet die Aufmerksamkeit der Wirtschaftspädagogen insbesondere auf die Urbanisierung der ländlichen Räume, in denen somit der ländlichen Berufsschule eine wichtige Zukunftsaufgabe zugewachsen ist (vgl. 1967, S. 42).

[440] In dieser Art hat Löbner 1964 zu voreilig, wie jetzt erkennbar, von den kaufmännischen Berufsfachschulen gesprochen (vgl. 1964, S. 22).

[441] Webers Charakterisierung der Szenario-Technik als „subjektive Vorstellungen von Experten oder Expertengruppen", gewonnen in „sukzessivem und folgerichtigem Durchdenken" (1978, S. 105, 2 Zitate), trifft für qualitative Prognoseverfahren in allen Lebens- und Wissenschaftsbereichen zu.

6.3 Zielsetzung der Szenario-Analyse

Soll betriebliche Bildung die Mitarbeiter rüsten, die Herausforderungen der Zukunft annehmen und meistern zu können, ist in einem ersten Schritt systematisch zu erforschen, „welche wesentlichen Veränderungen in ökonomischer, technischer, sozialer und auch ökologischer Hinsicht ... zu erwarten sind".[442] Eine solche Analyse ist hier in den vorangegangenen Kapiteln für das Geflecht von Arbeit und Bildung versucht worden. Wenn somit eine genauere Vorstellung über den voraussichtlichen Umfang des zu erstellenden Szenarios besteht, lassen sich als zweiter Schritt die Anforderungen ableiten, denen die Mitarbeiter genügen müssen. Es formt sich, zuerst umrißhaft und dann detailliert, das Bild, was Ausbildung und Weiterbildung künftig zu leisten haben werden. Mit der Auswahl der entwicklungsbestimmenden Variablen reiht sich nacheinander Szenenbild an Szenenbild, es formiert sich quantitativ und qualitativ das jeweilige Drehbuch zum ganzheitlichen Szenarium.

Vermag somit das multifaktorielle strategische Planungsinstrument der Szenario-Technik Ausblick auf mögliche Entwicklungen der gesellschaftlichen Schlüsselbereiche Arbeit und Bildung zu gewähren, soll doch nicht verschwiegen sein, daß es gegenüber diesem Weg auch zurückhaltende Beurteilungen gibt: Es ist auf allgemeine Einwände gegenüber vorausschauender Bildungsplanung, z. B. auf die Zweifel von Menges wegen der letzthin erst im Nachhinein gegebenen Überprüfbarkeit[443] und auf Benners Standpunkt zu verweisen,[444] über berufspädagogisches Handeln von der Gegenwart her, nicht von Prognosen über das 21. Jahrhundert aus zu entscheiden; direkt gegen Szenarien könnten Hahns Charakterisierung als „zeitaufwendige Hilfsmittel"[445] und Bönischs Ablehnung aus DDR-Sicht stehen, „bürgerliche Wissenschaftler"[446] seien zur Vorausschau dieser Art unfähig.

6.4 Von der Prognose zum Szenario

Quantitative Methoden empirischer Sozialforschung folgen zur Aufnahme der Realität bzw. des zum Thema erhobenen Realitätsausschnitts sozialer Phänomene den Schritten Zählen, Messen, Beobachten. Dabei ist in Rangstufen (Taxonomien) festgelegt, welche Merkmale und Merkmalsausprägungen empirisch-systematisch aufzunehmen sind, inwieweit Zustände und Vorgänge Veränderungen quantitativ beeinflussen sollen.

Wird Pädagogik als normative Wissenschaft aufgefaßt, dann bedarf es des Vorhandenseins von Leitbildern. Nach ihnen, so formuliert Dörschel auch für die Betriebspädagogik, „richten sich die Art, der Umfang und das Anspruchsniveau der Prinzipien für das Lehren und Lernen, welche die Pädagogik aufstellen muß, damit die

---

[442] Zander 1984, S. 3.
[443] Vgl. Menges 1974, S. 248.
[444] Vgl. Benner 1984, S. 308 f.
[445] Hahn 1983, S. 23.
[446] Bönisch 1971, S. 47. Somit stimmt wohl die Feststellung von Heuß: Nur totalitäre Systeme glauben, die Zukunft im Griff zu haben (vgl. 1967, S. 57).

Praxis Handhaben für ihre Arbeit gewinnt".[447] Deshalb muß zur Tatsachenforschung, also dem quantitativen Bestimmen dessen, was ist, die normativ-orientierte Theorie, d. h. das qualitative Bestimmen dessen, was sein soll, hinzutreten. Nur so sind Ist-Zustand und erwünschter Soll-Zustand in wohlverstandenem Bewahren und in begründetem Reformieren zueinander zu bringen.

Dieses Vorgehen steht weitab von dem Wunschdenken, das progressiven Pädagogogen nicht selten und berechtigt vorgeworfen wird.[448] Es begreift Utopien im Sinne Pichts positiv als aufgeklärte Utopien, als „auf den Bereich der realen Möglichkeiten"[449] eingeschränkte Vorausschau, und erhält als „oftmals Vorläufer sehr ernsthafter Erkenntnisse und Taten"[450] auch Guardinis Zustimmung. Solche Vorhersagen zukünftiger gesellschaftlich und wirtschaftlich relevanter Entwicklungen schreiben quantitativ fest, was bisher als gegeben positiv feststellbar gewesen ist. Mathematische Gesetzmäßigkeiten, in der Vergangenheit gewonnen, bestimmen als Prognose auch die Annahme über den zukünftigen Entwicklungsverlauf. So unterstellt z. B. die Gompertz-Funktion (Übersicht 18) den typischen „Lebenslauf" eines Gutes von der Markteinführung bis zum Erreichen des Sättigungsgrades.[451]

Übersicht 18: Gombertz-Funktion

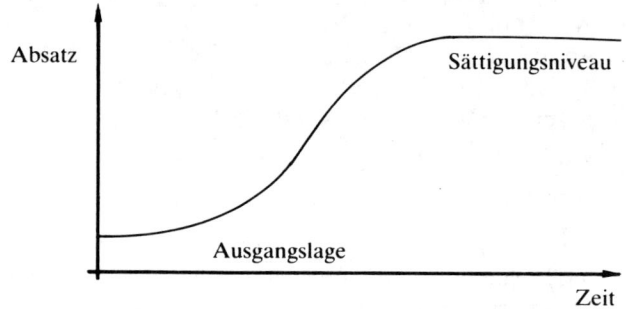

Quantitative Methoden zur Bestimmung künftiger Entwicklungen, etwa zur Planung der Bereiche Arbeit und Bildung, lassen qualitative Faktoren außer Betracht, qualitative Aussagen sind mit den metrischen Methoden dieser positivistischen Modelle nicht erfaßbar. Dies hat Vorteile: die Komplexität der Modelle bleibt begrenzt, die intersubjektive Nachprüfbarkeit wird verbessert. Als großer Nachteil erweist sich die nur eindimensionale Fortschreibung der Vergangenheit in die Zukunft.

[447] Dörschel 1975b, S. 53.
[448] Als Beispiel vgl. Schlaffke 1976, S. 43.
[449] Picht 1967, S. 15.
[450] Guardini 1981, S. 95.
[451] Vgl. Schütz 1975, S. 75–77.

144

Zur inhaltlichen Bestimmung künftiger Entwicklungen von Arbeit und Bildung sind qualitative Faktoren wie politische Entscheidungen, gesellschaftliche Trends, technologische Fortschritte, individuelle und kollektive Wertvorstellungen in die Variablen-Analyse einzubeziehen. Für die Organisation des Bildungswesens ist es z. B. ausschlaggebend, ob kleine elitäre Gruppen die Technik der Zukunft beherrschen werden und der Mehrheit der jetzt Beschäftigten dann lediglich Restarbeiten bleiben. Es reicht nicht zur inhaltlichen Ausgestaltung allgemeiner schulischer und betrieblicher Bildung, den Entwicklungsprognosen gewissermaßen als normativen Vorspann qualitative Aussagen als Prämissen voranzustellen.[452] Da Prämissen für den gesamten Prognosezeitraum konstant bleiben, wären Fehlprognosen dann geradezu vorprogrammiert.[453] Viele sorgfältig und detailliert ausgearbeitete Pläne waren deshalb Geschka und von Reibnitz zufolge lediglich „für den Papierkorb produziert, weil sie externe Einflüsse nicht genügend berücksichtigten"[454] oder von Störereignissen ad absurdum geführt wurden.

Auch die Realität von Arbeit stellt keine Vielheit voneinander unabhängiger Faktoren dar. Sie offenbart sich als ganzheitliches Wirkgefüge aus einer Vielzahl netzartig miteinander verknüpfter quantitativer und qualitativer Faktoren. Abstraktion von der Ganzheit der vernetzten Systeme Arbeit und Bildung verstellt den Blick für die Qualität des Ganzen. Sollen – ein Beispiel – Fische die relevanten Variablen zur Bestimmung industrieller Arbeit veranschaulichen (Übersicht 19), dann kann von der ganzheitlichen Betrachtung aller Faktoren her der Entwicklungstrend jedes einzelnen erkannt werden, systemkonforme und systemwidrige Trends sind unterscheidbar. Die ausschnitthafte Analyse nur einer Variablen (eines Fisches) läßt dagegen nicht erkennen, ob dieser Fisch mit oder gegen den Strom schwimmt, ob – verallgemeinert –, dieser Faktor als Einstellung zur Arbeit definiert, gegenüber anderen Faktoren zukünftiger Arbeit gegensätzliche Entwicklungsrichtung aufweist.[455]Planungsverfahren zur Bestimmung künftiger Arbeit und Bildung können Einseitigkeiten und Fehlprognosen nur vermeiden, wenn sie quantitative und qualitative Einflüsse ganzheitlich berücksichtigen.

Szenario-Technik als Planungsmethode nimmt zur Bestimmung von Zukunftsbildern (Szenarien) sowohl quantiative als auch qualitative Faktoren auf. Das Erfassen künftig möglicher Entwicklungen in Szenarien eröffnet ein Spektrum des Möglichen, läßt Störgrößen zu, bietet mit wachsendem Abstand zur Gegenwart zunehmend viele

---

[452] „Es geht dabei nicht zentral um die Frage, wie die Einführung in Nutzung der Informationstechnik in Schule und Hochschule geübt werden soll", sondern es geht „um die Grundsatzfrage, welche Lerninhalte in den Gehirnen einer Gesellschaft von Bedeutung sind, in der die Informationstechnik mehr und mehr Prozesse übernimmt" (Haefner 1984, S. 83).

[453] So wurde im Gefolge des Korea-Krieges eine ewige Rohstoff-Hausse vorhergesagt, dauernde Schwefelknappheit befürchteten Experten 1951 und eine ewige Dollarlücke 1953, vom Sputnik-Schock 1957 her prognostizierten Politiker das Ende des Amerikanischen Jahrhunderts, 1969 stand angeblich eine dauernde Weltknappheit an Akademikern fest. Beispiele für Prognosen, die alle so nicht Realität geworden sind.

[454] Geschka und von Reibnitz 1983, S. 125.

[455] Die Darstellung ist angelehnt an M. C. Escher (Holländischer Maler 1898–1972), der in seinen Arbeiten die ganzheitliche Sicht- und Denkweise besonders betont.

Übersicht 19: Ganzheitliche und Singuläre Entwicklungstrends

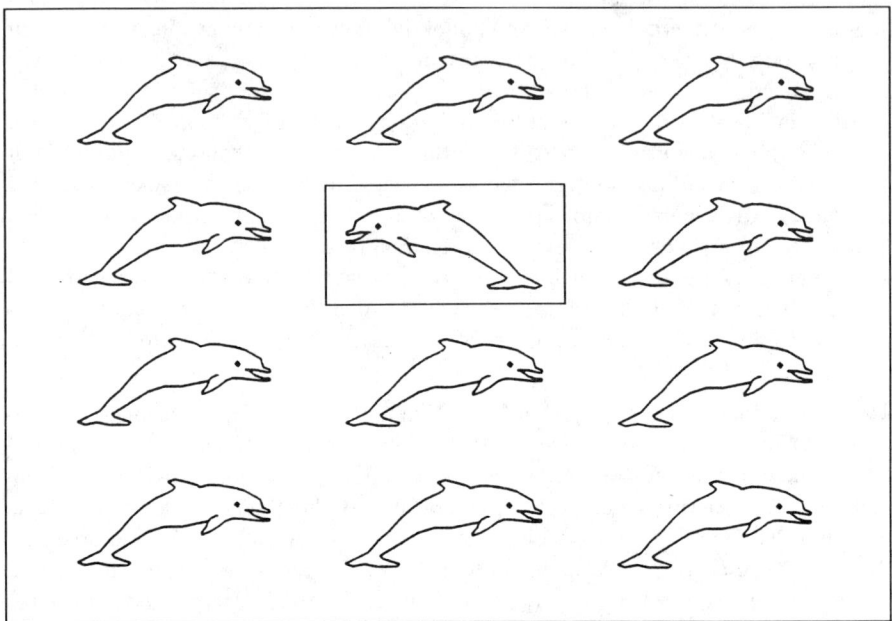

denkbare Zukunftsbilder. Einem Trichter gleich repräsentiert die Schnittfläche für jeden Zeitpunkt zwischen der Gegenwart und der in Zeiteinheiten definierten Zukunft, z.B. in 20 Jahren,[456] die stets wachsende Vielfalt des dann Möglichen.

Die Gegenwart ist mittels der Geltung der gesetzten Normen und der Beachtung der tradierten Werte sowohl im kollektiven Bewußtsein als auch in den individuellen Attitüden und Handlungen qualitativ durchschaubar gegeben. Quantitative Faktoren wie technisches Wissen, Auswahl und Verteilung der Beschäftigten, Produktionsverfahren liegen als statistische Größen vor. Für die Zukunft gelten diese Maßstäbe nicht, sie ist in ihrer Vielzahl potentieller Dann-Gegenwarten stets unsicher (Übersicht 20), mit der Entfernung vom Jetzt zum Dann zunehmend.[457] Störgrößen können bisher solide und kontinuierliche Entwicklungspfade unerwartet knicken. Selbst das bis zum Eintritt eines solchen gravierenden Störereignisses sehr wahrscheinliche Zukunftsbild weicht dann einem veränderten Szenario.

Die Entwicklung möglicher Zukunftsbilder mit Hilfe der Szenario-Technik erfolgt in Anlehnung an Geschka und von Reibnitz in acht Arbeitsschritten (Übersicht 21): Strukturierung und Definition, Identifizierung der Einflußbereiche, Ermittlung der Trendprojektionen, Bildung von Annahmebündeln, Interpretation der Umfeldszena-

---

[456] Ein Zeitraum von 20 Jahren erscheint bereits beachtlich, doch den Stand der Informationstechnik hat Branscomb sogar für 100 Jahre bis zum Jahr 2080 vorausgesagt, „augenzwinkernd sozusagen" (1980, S. 15).

[457] Ulrich spricht von stark streuenden Korridoren und aufgefächerter Spannweite der Entwicklungspfade (vgl. 1980, S. 419).

rien, Auswirkungsanalyse signifikanter Störereignisse, Ausarbeiten der Szenarien, Maßnahmenplanung.[458] In dieser Abfolge sind Aussagen über mögliche künftige Entwicklungen industrieller Arbeit und Bildung herauszuarbeiten.

Übersicht 20: Szenario-Denkmodell

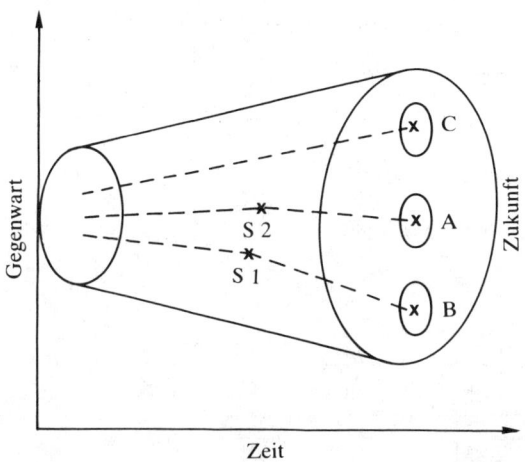

Evolutionäre Weiterentwicklung der Industriegesellschaft

Stagnation bzw. Rückentwicklung der Industriegesellschaft

Revolutionäre Überwindung der Industriegesellschaft

S 1, S 2 = Störereignisse

6.5 Szenarien „Industrielle Arbeit und Bildung"

Das Ziel der Szenarien liegt im hier betrachteten Anwendungsfall darin, aus möglichen Entwicklungen der Umfelder Schlußfolgerungen auf Arbeit und Bildung zu ziehen. Dazu sind leichte Modifizierungen der Vorgehensweise notwendig. Im Schritt 7 werden Probleme und Bedürfnisse abgeleitet, die sich aus den 3 darzulegenden Szenarien ergeben; Schritt 8 wird nicht in konkrete Maßnahmen und Aktivitäten münden, sondern aus den 3 Szenarien zu Schlußfolgerungen und Notwendigkeiten führen.

6.5.1 Strukturierung und Definition

Zur Strukturierung, wie industrielle Arbeit und Bildung in Abhängigkeit von ihren Umfeldern künftig aussehen müssen, ist es notwendig, jene Faktoren darzulegen, die Arbeit und Bildung beeinflussen bzw. überhaupt erst bedingen. Dabei stellt sich die Frage nach den Entwicklungsmöglichkeiten jedes Faktors und deren Auswirkungen auf Arbeit und Bildung. Von dort her läßt sich das Ausmaß des Bildungsbedarfes je Szenarium ableiten.

[458] Andere Autoren gliedern anders; Appelt und Appelt haben zwölf Schritte angegeben, zusammengefaßt in drei Blöcke (vgl. 1984, S. 342).

Übersicht 21: Die 8 Schritte zum Szenario „Industrielle Arbeit und Bildung"

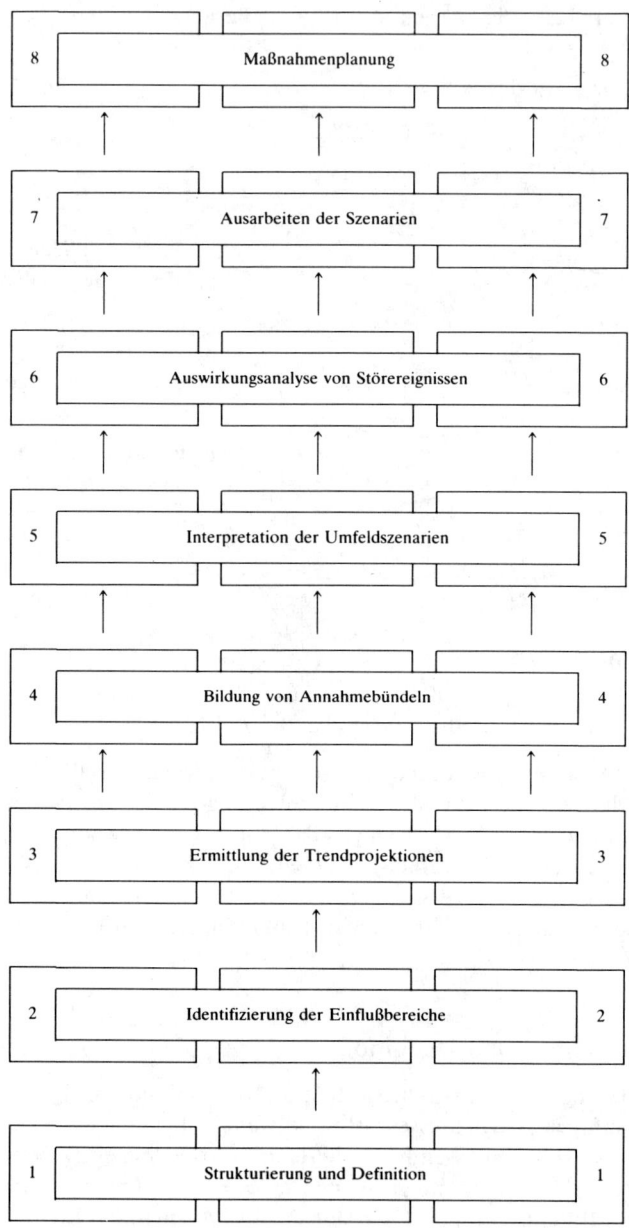

8	Maßnahmenplanung	8
7	Ausarbeiten der Szenarien	7
6	Auswirkungsanalyse von Störereignissen	6
5	Interpretation der Umfeldszenarien	5
4	Bildung von Annahmebündeln	4
3	Ermittlung der Trendprojektionen	3
2	Identifizierung der Einflußbereiche	2
1	Strukturierung und Definition	1

Die systematische Strukturierung erfolgt mit Hilfe des morphologischen Tableaus,[459] das denkbare Konstellationen künftiger Arbeit und Bildung umfaßt. Der Untersuchende solle sich Klarheit verschaffen, welche der für Arbeit und Bildung aufgeführten Kriterien bzw. Parameter künftig anders aussehen könnten. Im hier zusammengestellten morphologischen Tableau sind zwei der möglichen Konstellationen von Arbeit und Bildung als Linienzüge herausgehoben (Übersicht 22).

Die eine geht vom Bild des etwa sechzigjährigen Mannes aus (· · ·), der allein und oft im technischen Bereich eines Industriebetriebes, etwa an einem Schaltpult, Entscheidungen innerhalb der ihm vorgegebenen Maßnahmen wöchentlich über 35 Stunden hinweg zu treffen hat; seine Anspannung gegenüber bisher üblichem Arbeitsinhalt und gewohnter Arbeitsweise ist dann gewachsen, die ihm frei verfügbar bleibende Zeit hat sich vergrößert, Bildungsgang und Bildungsstand sind an diesen Gelegenheiten zu orientieren.

In einer zweiten eingezeichneten Konstellation sind für eine dreißigjährige Frau (-----), die in einem kleinen Produktionsteam ständig und zugleich doch nur nebenher Detailentscheidungen im Rahmen ihr vorgegebener Aufgaben in der 25-Stunden-Woche zu treffen hat, Bildungsmaßnahmen festzulegen, die einer solchen künftigen industriellen Arbeitswelt, zugleich auch den stark vergrößerten Freizeitraum umfassend, gerecht werden. Der von Stooß in einem „Interview im Jahre 2000" aufgezeigte Alltag, „Erwerbsarbeit und selbstgewählte eigenverantwortliche Arbeit miteinander zu kombinieren",[460] entspricht in etwa dieser Linienführung.

Auf diese Weise erhält die Betriebspädagogik aus dem morphologischen Tableau eine Fülle denkbarer Konstellationen.

Obwohl es morphologisches Vorgehen als das Gestalten von Sach- bzw. Sinnzusammenhängen in Sprachwissenschaft und Medizin, in Soziologie und Geographie und Anthropologie gibt, findet es sich in Werken der Pädagogik durchweg nur in den Lehrbüchern zur Didaktik des Biologie- und Sprachunterrichts, von Brinkmann 1914 bis Stichmann 1981; doch dieses Voranschreiten von Einzelheiten zum System,[461] von bloßen Benennungen zu Aussagen[462] und zur Anwendung von zugleich mehreren Kriterien[463] sei nun auch der Betriebspädagogik empfohlen, wenn sie zu begründbaren Aussagen über künftige Zusammenführung von Arbeit und Bildung gelangen will. Dazu bedarf es zuerst des Überblicks über die Einzelbereiche, dann deren Strukturierung in Umfelder und schließlich der Klarheit über Trendrichtungen der Deskriptoren.

---

[459] Hier in Anlehnung an Geschka und von Reibnitz, die für Überlegungen zur Produktion für den Freizeitmarkt Freizeitbeschäftigungen morphologisch entwickelt haben (vgl. 1983, S. 137). Besonders überzeugend ist der Wert solchen Vorgehens an der von Rothenbach aufgezeichneten und bei Flechtheim abgedruckten „Speisekarte als morphologisches Schema" dargelegt, vom Aperitif über Suppe und Hauptgericht bis zum Dessert (vgl. Flechtheim 1970, S. 137).

[460] Stooß 1984, S. 51.

[461] Vgl. Brinkmann 1914, Sp. 845.

[462] Vgl. Kern 1977, S. 211.

[463] Vgl. Stichmann 1981, S. 606 f.

Übersicht 22: Morphologisches Tableau zur Zusammenführung von Arbeit und Bildung

Parameter	Ausprägungen				
Wer arbeitet?					
Alter in Jahren	< 25	25–35	36–45	46–55	56–65
Geschlecht		männlich	weiblich		
Arbeit mit wem?	allein	in kleiner Gruppe		in großer Gruppe	
Arbeit wo?	im kaufmännischen Bereich		im technischen Bereich	im sozialen Bereich	
Wie oft sind Entscheidungen zu treffen?	immer ausschließlich	immer nebenbei	oft	teilweise	nie
Unter welchen Bedingungen?	Vereinbaren von Zielen	Vorgabe von Zielen		Vorgabe von Aufgaben	Vorgabe von Maßnahmen
Arbeitsstunden je Woche?	< 20	20–25	25–30	30–35	35–40

6.5.2 Identifizierung der Einflußbereiche

Die für das Untersuchungsfeld, industrielle Arbeit und Bildung, künftig zu sammelnden und zu strukturierenden Einflußbereiche erscheinen zuerst, erarbeitet im Brainstormingverfahren, als schier unendliche Auflistung.[464] Jeder Begriff ließe sich zu einigen anderen Positionen der Liste als über- oder untergeordnet, als Teilaspekt oder Paralleldeskriptor definieren:

- Geburtenrate
- Bevölkerungsentwicklung
- Wertvorstellungen
- Emanzipationsdenken
- Gesetzgebung
- Bildungssystem
- technischer Fortschritt
- Organisationsstruktur der Unternehmen
- Grad der internationalen Arbeitsteilung
- Kommunikationstechniken

- Weltpolitik
- Gen-Technologie
- Roboter, Computer
- Staatsverschuldung
- EG-Politik
- neue Berufe
- Ressourcen
- Forschung
- Gesellschaft, Gruppen
- Führungskräfte
- Umwelt, Ökologie
- Freizeiteinrichtungen

Übersicht 23: Einflußfaktoren (Umfelder) industrieller Arbeit und Bildung

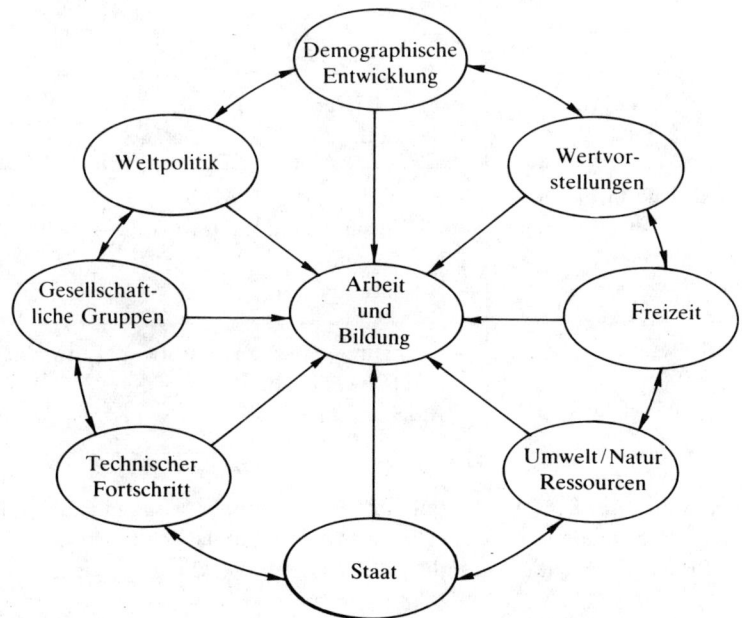

---

[464] Auch Menges greift so weit. Er nannte schon vor 12 Jahren für gesamtwirtschaftliche Prognosen über die eigentlichen Wirtschaftsdaten hinaus den Einbezug von Faktoren wie Umwelt, Freizeit, Gesundheit unerläßlich (vgl. 1974, S. 249).

Übersicht 24: Umfelder und Kritische Deskriptoren

Umfelder	Deskriptoren (Beispiele)
Demographische Entwicklung	– Geburtenrate – Bevölkerungsdichte
Gesellschaftliche Wertvorstellungen	– Meinungsforschungsergebnisse (hauptsächlich: qualitativer Indikator)
Freizeit	– Freizeiteinrichtungen – Kultureinrichtungen – Nutzung dieser Einrichtungen je Bevölkerungsgruppe
Natur, Umwelt Ressourcen	– Luftverschmutzung – Rohstoffverbrauch – Reserven
Staat	– Staatsfinanzen – politisches Klima – Verschuldungsgrad – Eingriffsintensität
Technischer Fortschritt	– Zahl der Innovationen – Verkauf neuer Technologien
Gesellschaftliche Gruppen	– Parteienbildung – Organisationsgrad der Tarifparteien – Mittelstand – Bürgerinitiativen
Weltpolitik	– Verhältnis zwischen Industrie-, Entwicklungs- und Schwellenländern – Blockbildungen

Die Aggregation dieser Einflußfaktoren führt zur Zusammenfassung in als Einflußbereiche zu kennzeichnende Umfelder (Übersicht 23); exemplarisch nennt Übersicht 24
je Umfeld Deskriptoren, die wesentlich die Weiterentwicklung – gleich, in welche
Richtung – bestimmen.

6.5.3 Ermittlung der Trendprojektionen

Ein wert- und trendfreies Aufzählen von Deskriptoren je Umfeld läßt Entwicklungstendenzen noch nicht erkennen. Für einige mag die zu erstellende Trendprognose recht eindeutig ausfallen – etwa Geburtenrate weiterhin sinkend, Technologieaufwand steigend, Freizeit sich ausweitend –, andere wie Energieverfügbarkeit und EG-Gesetzgebung auch im Berufsbildungsbereich lassen unterschiedliche Möglichkeiten vorausschauender Erklärungen zu. Diese im Schrifttum über Szenarien als kritische Faktoren bezeichneten Deskriptoren führen dann zu von einander abweichenden Szenarien.[465] Schon wenige dieser Ausprägungen (Übersicht 25), die bei unterschiedlicher Kombination jeweils andere Szenarien entstehen lassen, deuten die allen Prognosen innewohnenden Schwierigkeiten an. Deshalb konzentriert sich das weitere Vorgehen auf die Bildung von Annahmebündeln.

6.5.4 Bildung von Annahmebündeln

In die Annahmebündel, bei Appelt und Appelt „Ausarbeitung von Grobszenarien"[466] genannt, gehen teils relativ eindeutig bestimmbare, teils schwierig zu prognostizierende Deskriptorenentwicklungen ein. Umfelder wie demographische Entwicklung, gesellschaftliche Wertvorstellungen, Freizeit zeigen in den nebeneinander entstehenden Szenarien im Kern Übereinstimmung und differieren lediglich in der Stärke der jeweiligen Ausprägungen, die anderen (ab Ziffer 4 in Übersicht 21) bestimmen durch teilweise extrem unterschiedlich denkbare Trendentwicklungen, weshalb sich die hier erstellten 3 Szenarien (A, B, C) mit Bezug auf die Industriegesellschaft als Stagnation, Revolution, Evolution kennzeichnen lassen.

6.5.5 Interpretation der Umfeldszenarien

Die in Übersicht 20 (S. 147) eingetragenen sprachlichen Bezeichnungen für die Szenarien A, B und C rücken C in die Position einer Entwicklungswertung,[467] wie sie sich neben dem Szenario stagnierender Entwicklung (A) und dem Szenario revolutionärer Entwicklung (B) ergeben könnte (Übersicht 26):
- Szenario A charakterisiert Stagnation, technikabgewandte Rückwärtsentwicklung der Industriegesellschaft,
- Szenario B charakterisiert die radikale Lösung aus der Industriegesellschaft,
- Szenario C charakterisiert als das statt A und B für wahrscheinlich gehaltene Szenario die evolutionär verlaufende Weiterentwicklung der Industriegesellschaft.

Dennoch liegen auch in diesem C-Szenario wie ohnehin in den beiden anderen in beachtlich konstuierbarer Zahl Möglichkeiten für unvorhersehbar denkbare Störereignisse, denen für Begründungen und Auswirkungen im Zusammenwirken von Arbeit und Bildung Relevanz zukommt.

---

[465] Vgl. Geschka und von Reibnitz 1983, S. 143.

[466] Appelt und Appelt 1984, S. 342.

[467] Als Skizze mehrere Darstellungen möglich: ohne genaue oben-/unten-Festlegung je Szenario (so Hahn 1983, S. 23), zwei andere Szenarien oberhalb des Wunschszenarios (so Geschka und von Reibnitz 1983, S. 129), die beiden anderen unterhalb (so hier).

Übersicht 25: Faktoren mit mehreren Trendprojektionen

Umfelder	Ausgewählte Deskriptoren	Denkbare Entwicklungsrichtungen
Technischer Fortschritt	Innovationen	steigen oder sinken
Natur, Umwelt	Luftverschmutzung	Weiterhin stark und Raubbau an Rohstoffen oder geringere Schädigungen und Schonung von Rohstoffen
Staat	Verschuldungsgrad Interventionshäufigkeit und -intensität	steigend oder ausgewogener Haushalt Annäherung an Planwirtschaft oder nur Hoheitsgewalt
Gesellschaftliche Gruppen	Mitgliederschaft in Gewerkschaften	Organisationsgrad der Arbeitnehmer nimmt zu oder immer weniger Gewerkschaftsmitglieder
Weltpolitik	Blockbildung	verstärkt oder zurückgehend

6.5.6 Auswirkungsanalyse signifikanter Störereignisse

Auswirkungen, die in industrielle Arbeit und Bildung hineinragen, sind für die 3 Szenarien überwiegend unterschiedlich zu sehen (Übersicht 26). Lebens- und Arbeitsveränderungen, weil etwa der Krebs dank intensiver Weiterforschung heilbar geworden ist, kennt die Situation B, in der es keine Forschung gibt, nicht; Weiterbildungsgesetze, die analog zur Schulpflicht von Kindern und Jugendlichen den Erwachsenen eine Weiterbildungspflicht auferlegen, würden nur im Szenario C realisierbar sein; absolute Priorität von Ökologie und Ökonomie dagegen bleibt als politische Konstellation für C undenkbar. Dagegen können andere Störereignisse, wie sie auch Planspiele heute bereits in wirtschafts- und gesellschaftsbezogene Lernaktivitäten einbeziehen,[468] Gegenstand jedes Szenarios sein; die Liste reicht von innerstaatlichen Kontingentierungen für den Autoverkehr bis zu den Außenhandel zerstörende Kriegsereignisse.

[468] Doch hier klafft zwischen Theorie und Praxis eine beträchtliche Lücke: Planspiele finden in der Theorie breites Lob, beispielsweise bei Hertel und bei Manstetten, treten jedoch nach Holzmanns eingehender Untersuchung als Unterrichtsmethode selten auf; vgl. Hertel 1976, S. 343; Manstetten 1983, S. 580; Holzmann 1978, S. 92, 100, 220, 249.

6.5.7 Ausarbeiten der Szenarien

Nachdem festgelegt ist, welche Variablen in die Szenarien aufzunehmen sind (Übersichten 23 und 24), ist in einem weiteren Schritt konkret zu bestimmen, welche für wahrscheinlich erachtete künftige Entwicklung diese Variablen in den Szenarien A, B, C kennzeichnet. Die für alle drei Szenarien gefundenen Entwicklungsmerkmale werden in für die Einzelszenarien typische Merkmalsausprägungen aufgebrochen. In direkter Gegenüberstellung – z. B. des Merkmals „Demographische Entwicklung" – wird festgestellt, daß in Szenario A die Bevölkerung sinkt, in Szenario B ein drastischer Rückgang und in Szenario C eine Stagnation der Bevölkerung zu erwarten sind.

Die konkrete Erarbeitung von Szenarien sollte in Workshops, mit einer Gruppenstärke von 4–6 Personen, erfolgen. Die Leitung obliegt einem erfahrenen Moderator. Zur Vermeidung endloser Diskussionen, mangelnder Effizienz und nachlassender Motivation der Gruppenmitglieder müssen
– die Szenarien der Zahl nach begrenzt sein (höchstens 5)
– die Einflußbereiche operational formuliert sein
– die Merkmalsausprägungen im direkten Vergleich gefunden werden,
– für alle Szenarien gleiche Ausgangssituationen gelten.

Diese Forderungen sind für die hier vorgestellten Szenarien „Industrielle Arbeit und Bildung" erfüllt. Als für alle drei Szenarien gleiche Ausgangssituation wird die gegenwärtige Struktur industrieller Arbeit und Bildung postuliert.

Da Szenarien bewußt qualitative, damit wertende Annahmen zulassen, sollte die Diskussion der Gruppenmitglieder bewußt gefühlsmäßigen Gehalt aufweisen. Äußerungen wie: „So etwas darf nie eintreten!", „Das entspricht genau meinen Vorstellungen!", „..., dann wandere ich aus!", sind erlaubt, ja erwünscht und sollten vom Moderator als Einstieg provoziert werden.

Solche Äußerungen zu persönlichen Wunschszenarien sind im weiteren Verlauf der Szenario-Diskussion auf konkrete Entwicklungsfaktoren zu beziehen, und es ist aus den persönlichen Stellungnahmen der Entwicklungstrend je Variablen und je Szenario zu generieren.

In zielorientierter und szenariozentrierter Diskussion der Ebenen „Jetzt – Dann" und „Wenn – Dann" sollen die Szenario-Schreiber ihre Annahmen über künftige Entwicklungen einbringen. Der Gruppenmoderator – oder die Szenario-Lenkungsgruppe – kann den Prozeß der Datensammlung und insbesondere die Problemsensibilisierung durch vor der Gruppendiskussion erarbeitete Fragenkataloge begünstigen und steuern. Beispielhaft sind nachfolgend Fragen zu den Szenarien A, B und C aufgelistet.

Fragenkatalog zu Szenario A

– Welche Absatzprobleme industrieller Produkte treten bei stagnierender bzw. rückläufiger Nachfrage auf?
– Wie ändert sich der Lebensstil der Menschen bei eingeschränktem Warenangebot?
– Wie werden Entdeckerfreude und Fortschrittswille in einer stationären Wirtschaft genutzt?

Übersicht 26: Szenarien zum Untersuchungsfeld „Industrielle Arbeit und Bildung"

Einflußfaktoren / Szenarien	Szenario A Stagnation bzw. Rückentwicklung der Industriegesellschaft	Szenario B Revolutionäre Überwindung der Industriegesellschaft	Szenario C Evolutionäre Weiterentwicklung der Industriegesellschaft
1. Demographische Entwicklung	Bevölkerungszahl sinkt, geringere Nachfrage nach Industrieproduktion, lokale stationäre Versorgungsgesellschaften statt mobiler Arbeitsgesellschaften	Bevölkerungszahl sinkt rapide, Ballungszentren lösen sich auf, Re-Urbanisierung agrarischer Flächen, absolut stationäre Gesellschaft	Bevölkerungszahl sinkt mittelfristig und stagniert. Weniger Wanderungen, da Informationssysteme Standortwahlen überflüssig machen. Steigende Lebensarbeitszeit, sinkene Wochenarbeitszeit
2. Gesellschaftliche Wertvorstellungen	Wachstum der Industrieproduktion ist verpöhnt, kontemplative Lebensweise mit starkem Sozialbezug erhält Vorrang, geringeres Konkurrenzdenken, Betonung immateriell-kultureller Werte	Radikaler Naturalismus und Antiindustrialismus. Ablehnung gesellschaftlich vermittelter Lebensbezüge, Versorgungsgesellschaft statt Arbeitsgesellschaft	Werte rangieren vor Waren. Qualität vor Quantität, Kooperation, Liberalität und gesunder Menschenverstand regieren Denken und Handeln, blinder Aktivismus ist als inhuman entlarvt
3. Freizeit	Freizeit nimmt langfristig ab, stagniert, da Substitution menschlicher Arbeit durch Maschinen nachläßt, Eigenarbeit nimmt zulasten von Freizeit zu	Elementare Existenzsicherung läßt wesentliche Freizeit nicht zu; ganzheitlich, an Bedürfnissen orientierte Lebensführung hebt Trennung von Arbeit und Freizeit auf	Arbeit und Freizeit sind individuell in höherem Maße bestimmbar, Qualität der Freizeitgestaltung nimmt zu, freie Zeit wächst langsamer, da neue Arbeitsgebiete im tertiären und quartären Bereich entstehen und Bevölkerungszahl sinkt
4. Ressourcen-Verfügbarkeit	Arbeitskräfte billiger, da trotz Bevölkerungsrückgang Angebot zur Nachfrage relativ hoch; Qualifikationen sinken, da nicht verwertbar; geringerer Rohstoffverbrauch, Vorräte reichen länger	Konsum nur zu elementarer Existenzsicherung, Verfügbarkeit von Rohstoffen nahezu bedeutungslos, Eigenarbeit erhält prominenten Rangplatz	Schonung nicht reproduzierbarer Stoffe, Suche nach Substitution, Arbeit nimmt bei abgeflachter Kostensteigerung quantitativ ab und qualitativ zu. Arbeitslosigkeit sinkt nur langfristig

5. Natur und Umwelt	Entlastung für Natur und Umwelt, Spitzenstellung für Lebensraum Natur- und Umweltschutz vermindert sich relativ zur eingeschränkten Güterproduktion, Niveau der Infrastruktur sinkt	Natur gewinnt als Versorgungsbasis an Bedeutung, Verwilderung von Kulturflächen, Umweltschutz entfällt, da langfristige Belastungen abgebaut werden	Umweltschutz greift, Natur kehrt in die Ballungsgebiete zurück, Arbeits- und Erholungszeiten gleichrangig, da Wochenarbeitszeit sinkt und Arbeitszeit verstärkt individuell planbar wird
6. Staat	Staat bildet sich zum Nachtwächter zurück. Staatsfinanzen schrumpfen, Ohnmacht löst Macht ab, Tendenz zu patriarchalischen Systemen	Staat wird total umorganisiert, Naturalisten gewinnen Mehrheiten, Machtkampf zwischen Traditionalisten und Progressiven bestimmt für lange Zeit politisches Klima	Staatliche Aktivitäten auf hoheitliche Aufgaben reduziert, Demokratie und pluralistische Lebensweise gestärkt, Basisentscheidungen nehmen zu, Transparenz steigt
7. Technischer Fortschritt	Wenig technischer Fortschritt, da Erfindungen keine ertragreichen Produktionen ergeben	Kein technischer Fortschritt, da die Gesellschaft auf Weiterentwicklung auf agrarischem, technischem und militärischem Gebiet verzichtet	Verstärkter technischer Fortschritt, Entwicklung und Nutzung neuer Energie- und Rohstoffquellen, Erfindungen bleiben rational kontrolliert, Folgenabschätzungen technischer Erfindungen, Motivation zu lebenserleichternden Entwicklungen
8. Gesellschaftliche Gruppen	Schichtung sinkt, Uniformität steigt, Dynamik aus Wettbewerbs- und Machtkämpfen fehlt, Kräfte jeglicher Weiterentwicklung majorisiert und möglicherweise unterdrückt	Uniformierung der Gesellschaft, latentes Konfliktpotential aus unterdrücker Aktivität, Totalität, Kollektionismus beschränkt Gruppenbildung	Mittelschichten wachsen wegen Anstieg positiver und kreativer Tätigkeiten, Dienstleistungsberufe zuerst Anstieg, dann Abnahme zugunsten von Eigenarbeit, Solidarität und Subsidiarität fungieren als Leitprinzipien
9. Weltpolitik	Weltpolitik findet nicht mehr statt, industrielle Bananenrepubliken bedürfen keiner internationalen Beziehungen, Autarkie löst Aufgeschlossenheit ab	Internationale Grüne Front als Ziel, doch unerreichbar, Regionalismus. Entwicklung zu neuen Machtzentren nicht wirtschaftlicher Art	Weltpolitik gewinnt an Bedeutung, internationale Abhängigkeit und politische Transparenz nehmen zu, Aufblühen wirtschaftlicher Machtzentren auch in Übersee

- Was geschieht mit stillgelegten Industrieanlagen?
- Wo kommt das Geld für Freizeit her?
- Wie kann vorhandene Qualifikation dann sinnvoll genutzt werden?
- Wie kann das natürliche Bildungsbedürfnis der Menschen befriedigt werden, bzw. wer befriedigt es und wofür?

Fragenkatalog zu Szenario B

- Wie und womit können bei radikalem Verzicht auf Technik die Grundbedürfnisse der Menschen gedeckt werden?
- Wie kann ohne Waffen als Drohmittel der Friede erhalten werden?
- Wie können Krankheiten, evtl. Seuchen, bekämpft werden, wenn medizinisches Wissen verlorengeht?
- Wie wird die „Versorgungsgesellschaft" finanziert?
- Führt der Abbau höherer Bedürfnisklassen zu Konflikten?

Fragenkatalog zu Szenario C

- Wie nutzen die Menschen die wachsende Freizeit aus sinnvollem technischem Fortschritt?
- Welche gesellschaftlichen Gruppen kontrollieren den technischen Fortschritt?
- Kann die richtige Bildung bei steigenden Anforderungen gewährleistet werden?
- Wie kann Arbeitslosigkeit trotz verstärkter Technisierung und Automation vermieden werden?
- Führen Individualisierung und Flexibilisierung der Arbeit zu Vereinzelung und Vereinsamung der Menschen?

Durch solche Fragen initiiert, formen sich dann die Landschaften der Szenarien Schritt für Schritt aus. Das Gesamtkataster der 3 Szenarien mit den 8 Einflußbereichen zeigt Übersicht 26 auf.

6.5.8 Maßnahmenplanung

Die beiden Extremszenarien A und B erscheinen nicht völlig unmöglich, weil einige Anzeichen, z. B. alternative Lebensweise, in diese Richtung zielen. Weit mehr jedoch spricht dagegen: Gemäß der Maslowschen Bedürfnispyramide werden höhere Bedürfnisebenen erst nach Befriedigung der unteren relevant. Jegliche Rückentwicklung der Industriegesellschaft verringert jedoch die Produktionen für Grundbedürfnisse, darüber hinaus auch die zur Finanzierung der öffentlichen Sicherheit und der kulturellen Lebenswerte benötigten Steuereinnahmen.

Würde Szenario A eintreten, ergibt sich die Frage nach Bildung kaum noch. Es stellt sich statt dessen schnell ein Bildungsüberhang ein, denn zahlreiche vorhandene Qualifikationen werden nicht mehr benötigt. Ebenfalls erhält Bildung im Szenario B niedrigen Rang; dort verschlingt die Sorge um die Befriedigung der Grundbedürfnisse erst recht die Zeit des Menschen.

Hohe Wahrscheinlichkeit spricht für Szenario C, die evolutionäre Weiterentwicklung industrieller Arbeit und Bildung. Anzeichen dafür sind zahlreich erkennbar: verstärkte Forschung, Entwicklung umweltschützender Anlagen, medizinische Verbesserungen, Gen-Technologie, Einstellungswandel gegenüber der Werteskala materieller und kultureller Lebensbezüge. Vor allem der technische Fortschritt fungiert als Motor, als Gradmesser für Bildung. Er ist es, der hauptsächlich über die Höhe des Bildungsbedarfs entscheidet.

Dieses hier in den Vordergrund zu rückende Szenario C ist ohne Bildung unvorstellbar. Für diese Zukunft wird Bildung zur unbedingten Voraussetzung, denn verstärkt betriebene technische Forschung und neu eintretende Technologien fußen auf erhöhten qualitativen Anforderungen an die Mitarbeiter. Der sich darin und in sich veränderndem Bewußtsein ausdrückende Wandel kann nur lernend bewältigt werden. Evolutionär ist wirtschaftlich-gesellschaftliche Weiterentwicklung nur möglich, wenn die anforderungsadäquaten Qualifikationen, fachlich und persönlich, vorhanden sind.

Da die Zukunft Arbeitszeitverkürzung bringt, wird Bildung zudem in einem umfassenderen Sinn notwendiger denn je. Mit ihrer Hilfe ist ein Verständnis für solche Freizeitgestaltungen zu schaffen, die eine aus kürzerer Arbeitszeit bzw. aus Arbeitslosigkeit erwachsende Frustration wegen Untätigkeit mildert, darüber hinaus schließlich verhindert.

Hier ist der Ort, an dem die für industrielle Arbeit bildungsrelevanten Prinzipien Industriearbeit überschreitende Bedeutung erhalten. Sie seien in Erinnerung gerufen: Individualität, Bildsamkeit, Freiheit, Verantwortung, Totalität, Universalität, Aktivität, Aktualität, Autorität, Sozialität – sie alle umreißen gemeinsam die Kriterien für jene Bildung, die eine Evolution der Industriegesellschaft, nicht die stagnierende oder gar die revolutionäre Entwicklung, mit Blick auf den notwendigen „Umbruch des Verständnisses von Arbeit und Beruf"[469] bewirken wird. Nur in ihr wird die Menschheit zum Einstellungswandel gegenüber Werten fähig sein.

---

[469] Baruzzi 1983, S. 80.

Literaturverzeichnis

Abraham, Karl: Wirtschaftspädagogik. 2. Aufl., Heidelberg 1966.

Abraham, Karl: Erziehung und Industrialismus. Vorschläge für die grundlegende wirtschaftliche Erziehung der Jugend in europäischen Ländern. Freiburg 1970.

Abraham, Karl: Betriebspädagogik. Berlin 1978.

Adorno, Theodor: Freizeit (1969). In: Opaschowski 1973, S. 33–40.

Albert, Hans: Traktat über kritische Vernunft. 3. Aufl., Tübingen 1975.

Ambrosy, Rainer: Betriebswirtschaftslehre und Arbeitswissenschaft. In: Arbeitswissenschaft, Stand und Bedeutung für die Betriebswirtschaftslehre. Ergänzungsheft 1/1984 der Zeitschrift für Betriebswirtschaft, S. 15–35.

Ammen, Alfred: Arbeit und Beruf im Rahmen der Arbeitslehre – Versuch einer Begriffsklärung und Folgerungen für Unterricht und Lehrerausbildung. In: die realschule, Heft 6/1978, S. 301–313.

Antony, Ernst: Die Gestaltung der kaufmännischen Lehre im Hinblick auf typische Grundformen des Lehrbetriebes. Darmstadt 1958.

Appelt, Jutta und Appelt, Horst: Mit Kreativitätstechniken neue Produkte finden. In: Fortschrittliche Betriebsführung und Industrial Engineering, Heft 6/1984, S. 334–343.

Arlt, Fritz: Arbeitsintegrierte Erwachsenenbildung im Betrieb. In: Zukunftsaufgabe Weiterbildung, hrsg. von Lothar Beinke u. a., Bonn 1980, S. 268–276.

Auer, Alfons: Christsein im Beruf. Düsseldorf 1966.

Ballauff, Theodor: Vernünftiger Wille und gläubige Liebe. Interpretation zu Kants und Pestalozzis Werk. Meisenheim 1957.

Ballauff, Theodor: Die Bedeutung der Autorität in der modernen Pädagogik. In: Autorität als Gegenstand und Element wissenschaftlichen Denkens. Mainzer Universitätsgespräche. Mainz 1963, S. 23–28.

Ballauff, Theodor: Philosophische Begründungen der Pädagogik. Berlin 1966.

Ballauff, Theodor: Systematische Pädagogik, 3. Aufl., Heidelberg 1970.

Ballauff, Theodor: Einige pädagogische Konsequenzen aus Kante Philosophie. In: Vierteljahrsschrift für wissenschaftliche Pädagogik, Heft 3/1982, S. 273–294.

Ballauff, Theodor: Funktionen der Schule. Historisch-systematische Analyse zur Scolarisation. 2. Aufl., Köln 1984.

Bammé, Arno u. a.: Maschinen-Menschen, Mensch-Maschinen. Grundrisse einer sozialen Beziehung. Reinbek 1983.

Bartling, Hartwig und Luzius, Franz: Grundzüge der Volkswirtschaftslehre. 4. Aufl., München 1983.

Baruzzi, Arno: Recht auf Arbeit und Beruf? Freiburg 1983.

Baumgardt, Johannes: Die Bedeutung des Ideellen und Pragmatischen in Wirtschaft und Erziehung für die Wirtschaftserziehung. In: Erziehung in einer ökonomisch-technischen Welt. Festschrift für Friedrich Schließer zum 70. Geburtstag, hrsg. von demselben, Freiburg 1967, S. 25–50.

Baumgardt, Johannes: Betriebspädagogik. In: Gaugler 1975, Sp. 642–655.

Baumgardt, Johannes und Heid, Helmut (Hrsg.): Erziehung zum Handeln. Festschrift für Martin Schmiel. Trier 1978.

Baumgardt, Johannes: Beruf und Bildung als wissenschaftliches Problem. In: Müllges 1979, S. 147–203.

Baur-Pantoulier, Florian: Die Bedeutung philosophischen Denkens für die wirtschafts- und berufspädagogische Theoriebildung. Diss. München 1984. Frankfurt 1984.

Beck, Heinrich: Kulturphilosophie der Technik. 2. Aufl., Trier 1979.

Becker, Manfred: Berufswahlvorbereitung. Ein Beitrag zur theoretischen Grundlegung der Berufswahl Jugendlicher. Diss. Mainz 1979 a.

Becker, Manfred: Individualismus und Kollektivismus in der Berufserziehung. In: Wirtschaft und Berufs-Erziehung, Heft 3/1979b, S. 78–83.

Becker, Manfred: Erziehung als Voraussetzung einer humaneren Lebensweise. In: Wirtschaft und Berufs-Erziehung, Heft 6/1980, S. 173–181.

Becker, Manfred: Soziales Lernen als Unterrichtsprinzip in berufsbildenden Schulen. In: Die Wirtschaftsschule, Heft 1–2/1981, S. 7–15.

Becker, Manfred: Gedanken zur Werterziehung in der beruflichen Bildung. In: 1907–1982, 75 Jahre Staatliche Gustav-Stresemann-Wirtschaftsschule Mainz, hrsg. von der Schulleitung. Mainz 1982, S. 48–55.

Beckhard, Richard: Organisationsentwicklung. Strategien und Modelle. Baden-Baden 1972.

Bell, Daniel: Die nachindustrielle Gesellschaft. Frankfurt 1975.

Benner, Hermann: Bereitet die Berufsausbildung auf zukünftige berufliche Anforderungen vor? In: Gewerkschaftliche Bildungspolitik, Heft 11/1984, S. 308–311.

Bennis, Warren: Organisationsentwicklung. Baden-Baden 1972.

Berke, Rolf: Verantwortung durch Einsicht – Wirtschaft und Erziehung auf dem Wege zum Jahr 2000. In: Wirtschaft und Erziehung, Heft 12/1983, S. 407–413.

Bernstein, Richard: Restrukturierung der Gesellschaftstheorie. Frankfurt 1979.

Berufsbildungswerk der Versicherungswirtschaft (Hrsg.): Innerbetriebliche Weiterbildung in der Versicherungswirtschaft. 2. Aufl., Karlsruhe 1981.

Blankertz, Herwig: Berufsbildung und Utilitarismus. Düsseldorf 1963.

Blankertz, Herwig: Die Geschichte der Pädagogik von der Aufklärung bis zur Gegenwart. Wetzlar 1982.

Böhme, Günther: Die philosophischen Grundlagen des Bildungsbegriffs. Kastellaun 1976.

Böll, Heinrich: Was uns Autoren fehlt, ist Stolz. In: Die Zeit, Nr. 51 vom 16.12.1983, S. 41f.

Bönisch, Alfred: Futurologie. Frankfurt 1971.

Bokelmann, Hans: Die ökonomisch-sozialethische Bildung. Heidelberg 1964.

Bokelmann, Hans: Maßstäbe pädagogischen Handelns. Normenkonflikte und Reformversuche in Erziehung und Bildung. Würzburg 1965.

Botkin, James u. a.: Lernen oder Untergehen. In: Lebens-Wandel 1981, S. 41–48.

Branscomb, Lewis: Sind das die nächsten hundert Jahre? In: IBM Nachrichten, Nr. 252 vom Dezember 1980, S. 15–19.

Braun, Walter: Das In-der-Welt-Sein als Problem der Pädagogik. Frankfurt 1983.

Braun, Wolfgang: Wissenschaft und Werturteil. Zu einigen Mißverständnissen einer normativ-kritischen Betriebswirtschaftslehre. In: Steinmann 1978, S. 193–201.

Breuer, Reinhard: Die Forscher lassen denken. Supercomputer auf dem Weg zur künstlichen Intelligenz. In: Die Zeit, Nr. 9 vom 24.2.1984, S. 76.

Brinkmann, M.: Naturunterricht in der Volksschule. In: Roloff, Ernst (Hrsg.): Wörterbuch der Pädagogik. Bd. 3, Freiburg 1914, Sp. 842–858.

Brockard, Hans: Zweck. In: Krings u. a. 1974, Bd. 6, S. 1817–1828.

Bunk, Gerhard: Erziehung und Industriearbeit. Modelle betrieblichen Lernens und Arbeitens Erwachsener. Weinheim 1972.

Bunk, Gerhard: Revision der kaufmännischen Berufsausbildung. Heidelberg 1974.

Bunk, Gerhard und Flicke, Otto: Wirtschaftlich-technischer Wandel und Arbeitsqualifikation in der Industriegesellschaft. In: Müllges 1979, S. 65–93.

Bunk, Gerhard: Einführung in die Arbeits-, Berufs- und Wirtschaftspädagogik. Heidelberg 1982.

Coy, Wolfgang: METH – EMETH. Abenteuer der künstlichen Intelligenz. In: Kursbuch 75, S. 1–11.

Dahrendorf, Ralf: Wenn aus Arbeit sinnvolles Tun wird. In: Die Zeit, Nr. 49 vom 3.12.1982, S 44.

Derschka, Peter und Gottschall, Dietmar: Die Muße als Maß. In: manager magazin, Heft 10/ 1981, S. 148–160.

Diederich, Helmut: Allgemeine Betriebswirtschaftslehre. Bd. 1, 5. Aufl., Stuttgart 1979; Bd. 2, 4. Aufl., Stuttgart 1981.

Dörschel, Alfons: Die Berufsschule in unserer Zeit. Ratingen 1967.

Dörschel, Alfons: Arbeitspädagogik. Berlin 1972.

Dörschel, Alfons: Einführung in die Wirtschaftspädagogik. 4. Aufl., München 1975 a.

Dörschel, Alfons: Betriebspädagogik. Berlin 1975 b.

Duden. Das große Wörterbuch der deutschen Sprache, hrsg. unter Leitung von Günther Drosdowski. Bd. 6, Mannheim 1981.

Dunkel, Dieter: Prognosen über Anforderungen an die Arbeitsplätze von morgen – Thesen aus der Sicht der Wirtschaft. In: Zedler, Reinhard (Hrsg.): Berufliche Bildung und technologischer Wandel. Köln 1980, S. 41–58.

Dunkel, Dieter (Hrsg.): Lernstatt. Modelle und Aktivitäten deutscher Unternehmen. Köln 1983.

Dupré, Wilhelm: Zeit. In: Krings u. a. 1974, Bd. 6, S. 1799–1817.

Eggersdorfer, Franz Xaver: Prinzipienlehre, pädagogische. In: Lexikon der Pädagogik, hrsg. vom Deutschen Institut für wissenschaftliche Pädagogik (Münster) und dem Institut für Vergleichende Erziehungswissenschaft (Salzburg). Bd. 3, Freiburg 1954, Sp. 953·955.

Eicker, Friedhelm: Zur Diskussion über das Handlungslernen in der Berufsbildung. In: Zeitschrift für Berufs- und Wirtschaftspädagogik, Heft 8/1984, S. 694–704.

Engelen-Kefer, Ursula: Weniger Arbeitszeit – mehr Arbeitsplätze? In: UNI Berufswahl-Magazin, Heft 6/1983, S. 9–13.

Enke, Harald: Konsumtive Arbeit. Ein wirtschafts- theoretischer Beitrag zur Humanisierung der Arbeitswelt. Freiburg 1983.

Erlinghagen, Karl: Autorität und Antiautorität. Heidelberg 1973.

Ernst, Heiko: Vorwort. In: Lebens-Wandel 1981, S. 5–7.

Fichtes Freiheitslehre. Eine Auswahl aus seinen Schriften, hrsg. von Theodor Ballauff. Düsseldorf 1956.

Fichte, Johann Gottlieb: Die Bestimmung des Menschen (1800). Über die Würde des Menschen (1794). Wiesbaden 1980.

Fischer, Wolfram: „Den Armen nicht das Brot nehmen". Die Überwindung von Arbeitslosigkeit im Spiegel der Geschichte. In: Frankfurter Allgemeine Zeitung, Nr. 100 vom 30.4.1983, S. 15.

Flechtheim, Ossip: Futurologie. (Berlin 1970).

Flitner, Wilhelm: Allgemeine Pädagogik. Frankfurt 1980.

Franke, Heinz: Informationsverarbeitung als Denkprozeß. In: Macharzina und Rosenstiel 1974, S. 137–145.

Frankena, William: Analytische Ethik. 3. Aufl., München 1981.

Friedmann, Georges: Ou va le travail humain? 2. Aufl., Mayenne 1950.

Friedmann, Georges: Zukunft der Arbeit. Perspektiven der industriellen Gesellschaft. Köln 1953.

Friedrich, Carl Joachim: Die politische Wissenschaft. Freiburg 1961.

Fromm, Erich: Haben oder Sein. Die seelischen Grundlagen einer neuen Gesellschaft. 4. Aufl., München 1980.

Fütterer, Klaus: Streit um die Arbeit. Industriegesellschaft am Scheideweg. Stuttgart 1984.

Gaugler, Eduard (Hrsg.): Handwörterbuch des Personalwesens. Stuttgart 1975.

162

Geißler, Karlheinz: Berufserziehung und kritische Kompetenz. München 1974.

Gergely, Stefan: Mikroelektronik. München 1983.

Gerner, Berthold (Hrsg.): Personale Erziehung. Beiträge zur Pädagogik der Gegenwart. Darmstadt 1965.

Geschka, Horst und Reibnitz, Ute von: Die Szenario-Technik – ein Instrument der Zukunftsanalyse und der strategischen Planung. In: Töpfer, Armin und Afheldt, Heik (Hrsg.): Praxis der strategischen Unternehmensplanung. Frankfurt 1983, S. 125–170.

Gizycki, Rainald von und Weiler, Uwe: Mikroprozessoren und Bildungswesen. München 1980.

Glaeser, Bernhard: Zum Verhältnis von entscheidungsorientierter Betriebswirtschaftslehre und Philosophie. In: Zeitschrift für Betriebswirtschaft, Heft 10/1970, S. 665–676.

Grochla, Erwin (Hrsg.): Betriebswirtschaftslehre. Teil 2: Betriebsführung – Instrumente und Verfahren. Stuttgart 1978.

Groth, Günther: Die pädagogische Dimension im Werke von Karl Marx. Neuwied 1978.

Guardini, Romano: Die Person (1955). In: Gerner 1965, S. 1–32, zitiert als 1965a.

Guardini, Romano: Die Begegnung. In: Derselbe und Bollnow, Otto Friedrich: Begegnung und Bildung. 4. Aufl., Würzburg 1965b, S. 9–24.

Guardini, Romano: Die Technik und der Mensch. Mainz 1981.

Günther, Jürgen (Hrsg.): Quo vadis Industriegesellschaft? Perspektiven zu Führungsfragen von morgen. Heidelberg 1984.

Habermas, Jürgen: Technik und Wissenschaft als „Ideologie". 2. Aufl., Frankfurt 1969.

Haefner, Klaus: Mensch und Computer im Jahre 2000. Ökonomie und Politik für eine human computerisierte Gesellschaft. Basel 1984.

Hahn, Dietger: Stand und Entwicklungstendenzen der strategischen Planung. In: Unternehmensstrategien und Strategische Planung. Sonderheft 15/1983 von Schmalenbachs Zeitschrift für betriebswirtschaftliche Forschung, S. 12–34.

Hax, Karl: Der Mensch und seine Arbeitskraft als betrieblicher Produktionsfaktor. In: Die Deutsche Berufs- und Fachschule, Heft 9/1961, S. 657–669.

Hax, Karl: Personalpolitik und Mitbestimmung. Köln 1969.

Hax, Karl: Sozialorientierte Unternehmensführung. 2. Aufl., Freiburg 1976.

Heinisch, Franz: Politische Bildung – Integration oder Emanzipation? In: Beck, Johannes u. a.: Erziehung in der Klassengemeinschaft. München 1970, S. 155–183.

Heisenberg, Werner: Der Teil und das Ganze. 5. Aufl., München 1981.

Heitger, Marian: Arbeit und Bildung. In: Vierteljahrsschrift für wissenschaftliche Pädagogik, Heft 2/1960, S. 92–103.

Heitger, Marian: Über die Bedeutung der Personalität im pädagogischen Verhältnis (1961). In: Gerner 1965, S. 224–248.

Heldmann, Werner: Planung. In: Wehle 1973, Bd. 2, S. 130–134.

Hentig, Hartmut von: Freizeit als Befreiungszeit (1970). In: Opaschowski 1973, S. 161–193.

Hertel, Hans-Dieter: Systemanalyse betrieblicher Berufsbildung. Frankfurt 1976.

Herzberg, Frederick u. a.: The Motivation to Work. 2. Aufl., New York 1959.

Hessen-Kommunalwahl (o. V.). In: Handelsblatt, Nr. 24 vom 4.2.1985, S. 5.

Hetzler, Hans Wilhelm: Arbeitszufriedenheit. In: Gaugler 1975, Sp. 455–459.

Heuß, Ernst: Die Nationalökonomie als Objekt der Bildung und Ausbildung. In: Peege, Joachim (Hrsg.): Kontakte mit der Wirtschaftspädagogik. Neustadt/Aisch 1967, S. 48–57.

Hielscher, Wolfgang: Berufliche Qualifikation und wirtschaftlicher Strukturwandel. In: Wirtschaftspolitik 1983, S. 269–288.

Höffe, Otfried: Streben. In: Krings u. a. 1974, Bd. 5, S. 1419–1430.

Hölterhoff, Herbert und Becker, Manfred: Ziele beruflicher Weiterbildung aus der Sicht eines Betriebes. In: Woortmann 1984, S. 15–23.

Höltershinken, Dieter: Romano Guradini. In: Speck 1978, S. 156–171.

Holzamer, Karl: Einführung in die Pädagogik. Mainz 1949.

Holzamer, Karl: Würde und Wagnis der menschlichen Person (1953). In: Gerner 1965, S. 140–161.

Holzmann, Klaus-Dieter: Strukturanalyse methodischer Entscheidungen wirtschaftsberuflicher Unterrichtsfächer. Nürnberg 1978.

Horkheimer, M.: Traditionelle und Kritische Theorie. Frankfurt 1970.

Hübner, Kurt: Technik. In: Krings u. a. 1974, Bd. 5, S. 1475–1485.

Jahoda, Marie: Wieviel Arbeit braucht der Mensch? Arbeit und Arbeitslosigkeit im 20. Jahrhundert. 2. Aufl., Weinheim 1983.

Jany, Brigitte und Wallmuth, Lisa: Arbeit und Gesellschaft. Ein Grundkurs in Soziologie. Weinheim 1978.

Johnson, Grant: ... und wenn er Witze macht, sind es nicht die seinen. Dialog mit dem Computer. In: Kursbuch 75, S. 38–56.

Kaddatz, Burckhard: Die Bedeutung von Arbeit und Beruf für Individuum und Gesellschaft. Baustein 6 vom Handbuch der Betriebspädagogik, hrsg. vom Hochschulmodellversuch „Betriebspädagogik". Landau 1982.

Kahn, Herman: Angriff auf die Zukunft. Wien 1972.

Kalverman, Wilhelm: Der christliche Gedanke in der Wirtschaft. Köln 1949.

Kant, Immanuel: Kritik der reinen Vernunft, hrsg. von Wilhelm Weischedel als Werkausgabe. Bde. III und IV, 5. Aufl., Frankfurt 1981.

Kant, Immanuel: Kritik der praktischen Vernunft. Grundlegung zur Metaphysik der Sitten, hrsg. von Wilhelm Weischedel als Werkausgabe. Bd. VII, 6. Aufl., Frankfurt 1982.

Katterle, Siegfried: Normative und explikative Betriebswirtschaftslehre. Göttingen 1964.

Keilhacker, Martin: Die pädagogische Situation der Gegenwart unter dem Einfluß der modernen Technik. In: Röhrs 1967 a, S. 87–97.

Kern, Horst und Schumann, Michael: Das Ende der Arbeitsteilung? München 1984 a.

Kern, Horst und Schumann, Michael: Industriearbeit im Umbruch. Versuch einer Voraussage. In: aus politik und zeitgeschichte, Nr. 45 vom 10.11.1984 b, S. 31–38.

Kern, Peter: Sprachwissenschaft. In: Wilhelm-Institut München – Wien (Hrsg.): Wörterbuch der Pädagogik. Bd. 3, Freiburg 1977, S. 209–212.

Kerschensteiner, Georg: Theorie der Bildung, Leipzig 1926.

Kerschensteiner, Georg: Das Grundaxiom des Bildungsprozesses und seine Folgerungen für die Schulorganisation. 10. Aufl., München 1964.

Kipp, Martin und Seubert, Rolf: Rezension des Buches von Bunk, Erziehung und Industriearbeit. In: Die Deutsche Berufs- und Fachschule, Heft 3/1975, S. 234–237.

Kirsch, Hans-Christian: Bildung im Wandel. Frankfurt 1980.

Klafki, Wolfgang: Theodor Litt. In: Scheuerl 1979 b, S. 241–257.

Kleer, Günter: Inferno. In: Mainzer Allgemeine Zeitung, Nr. 63 vom 15.3.1985, S. 1f.

Kogon, Eugen: Der SS-Staat. Das System der deutschen Konzentrationslager. 13. Aufl., München 1974.

Kramer, Rolf: Sozialethische Grundlagen der Ordnungspolitik. In: Marktwirtschaft 1983, S. 37–51.

Krasensky, Hans: Betriebspädagogik. Die erzieherische Gestaltung der zwischenmenschlichen Beziehungen im Betriebe. Wien 1952.

Krasensky, Hans: Ist Industriepädagogik möglich? In: Jahrbuch für Wirtschafts- und Sozialpädagogik 1965, hrsg. von Karl Abraham u. a., Heidelberg 1965, S. 205–217.

Krasensky, Hans: Zur Systematik der Wirtschaftspädagogik. In: Baumgardt und Heid 1978, S. 165–178.

Krause, Erwin: Grundlagen einer Industriepädagogik. Berlin 1961.

Krings, Hermann: Freiheit. In: Derselbe u. a., Bd. 2, 1973, S. 493–510.

Krings, Hermann u. a. (Hrsg.): Handbuch philosophischer Grundbegriffe. 6 Bde., München 1973 und 1974.

Kröger, Jörn: Der Normativismus in der Betriebswirtschaftslehre. Stuttgart 1981.

Kupsch, Peter: Job Enlargement. In: Gaugler 1975, Sp. 1077–1083.

Kursbuch 75: Computerkultur, hrsg. von Karl Markus Michel und Tilman Spengler. Berlin 1984.

Lachmann, Werner: Ausweg aus der Krise. Fragen eines Christen an Marktwirtschaft und Sozialstaat. Wuppertal 1984.

Langeveld, Martinus Jan: Einführung in die theoretische Pädagogik. 6. Aufl., Stuttgart 1966.

Lebens-Wandel. Die Veränderung des Alltags, hrsg. von der Psychologie Heute-Redaktion. Weinheim 1981.

Leiter, Reinhard, Runge, Thomas, Burschick, Robert, Grausam, Gerhard: Der Weiterbildungsbedarf im Unternehmen. Methoden der Ermittlung. München 1982.

Lempert, Wolfgang: Leistungsprinzip und Emanzipation. Frankfurt 1971.

Lenel, Hans Otto: Die sogenannte Verbundwirtschaft. In: ORDO, Jahrbuch für die Ordnung von Wirtschaft und Gesellschaft. Bd. 13, Düsseldorf 1962, S. 457–463.

Lenel, Hans Otto: Die Bedeutung der großen Unternehmen für den technischen Fortschritt. Tübingen 1968.

Lindenberg, Christoph: Rudolf Steiner. In: Scheuerl 1979b, S. 170–182.

Lipsmeier, Antonius: Didaktik der Berufsausbildung. München 1978.

Lisop, Ingrid: Die Berufs- und Wirtschaftspädagogik in Wissenschaft und Praxis. In: Dieselbe u. a.: Berufs- und Wirtschaftspädagogik. Kronberg 1976, S. 3–64.

Litt, Theodor: Das Bildungsideal der deutschen Klassik und die moderne Arbeitswelt. Bonn 1955.

Litt, Theodor: Technisches Denken und menschliche Bildung. 3. Aufl., Heidelberg 1964.

Loebl, Eugen und Roman, Stephen: Die Verantwortungsgesellschaft. München 1983.

Löbner, Walther: Pädagogische Aufgaben der Unternehmensführung. In: Der Betrieb in der Unternehmung. Festschrift für Wilhelm Rieger, hrsg. von Johannes Fettel und Hanns Linhardt. Stuttgart 1963. S. 268–279.

Löbner, Walther: Bildungsprobleme im Betrieb aus wirtschaftspädagogischer Sicht. In: Betrieb und Bildung. Heft 36 der Schriftenreihe der Bundesvereinigung der Deutschen Arbeitgeberverbände. Köln 1964, S. 11–24.

Löbner, Walther: Über wirtschaftliche Grundbildung. In: Jahrbuch für Wirtschafts- und Sozialpädagogik 1965, hrsg. von Karl Abraham u. a., Heidelberg 1965, S. 113–144.

Löffelholz, Michael: Eduard Spranger. In: Scheuerl 1979, S. 258–276.

Lorenzen, Paul: Konstruktive Wissenschaftstheorie und Praxis. In: Steinmann 1978, S. 13–31.

Lübbe, Hermann: Der Wertewandel und die Arbeitsmoral. In: Frankfurter Allgemeine Zeitung, Nr. 287 vom 10.12. 1983, S. 15.

Lübbe, Hermann: Wertewandel und Arbeitsmoral. In: IBM Nachrichten, Nr. 274 vom Dezember 1984, S. 7–11.

Lüscher, Kurt: Der Prozeß der beruflichen Sozialisation. Stuttgart 1968.

Macharzina, Klaus und Rosenstiel, Lutz von (Hrsg.): Führungswandel in Unternehmen und Verwaltung. Wiesbaden 1974.

Manstetten, Rudolf: Aktions- und Sozialformen. In: Twardy, Martin (Hrsg.): Kompendium Fachdidaktik Wirtschaftswissenschaften, Bd. 3, Teil III, Düsseldorf 1983, S. 533–589.

Marcuse, Herbert: Die Revolte der Lebenstriebe (1979). In: Lebens-Wandel 1981, S. 20–21.

Marktwirtschaft und Gesellschaftsordnung. Wolfgang Schmitz zum 60. Geburtstag, hrsg. von Alfred Klose und Gerhard Merk. Berlin 1983.

Marx, August: Der Wert in der Betriebswirtschaft. Die kulturelle Sendung der Hochschulen in der Gegenwart. Stuttgart 1958.

Marx, August: Zur Theologie der Wirtschaft. Wien 1962.

Marx, Karl und Engels, Friedrich: Werke, hrsg. vom Institut für Marxismus-Leninismus beim ZK der SED. Bd. 25 (nach der Ausgabe „Das Kapital" von 1894), Berlin 1973.

Maurer, Reinhart: Entfremdung. In: Krings u. a. 1973, Bd. 2, S. 348–360.

Mayer, Arthur und Neuberger, Oswald: Autorität im Betrieb. In: Gaugler 1975, Sp. 512–522.

Meimberg, Rudolf: Über die Einseitigkeit. Berlin 1951.

Mellerowicz, Konrad: Sozialorientierte Unternehmensführung. 2. Aufl., Freiburg 1976.

Menges, Günter: Wie gut sind Prognosen? In: Mitteilungen aus der Arbeitsmarkt- und Berufsforschung, Heft 3974, S. 242–250.

Merk, Gerhard: Das Verhältnis von Wirtschaft zu Politik. In: Marktwirtschaft 1983, S. 11–35.

Mertens, Dieter: Schlüsselqualifikationen. Thesen zur Schulung in einer modernen Gesellschaft. In: Mitteilungen aus der Arbeitsmarkt- und Berufsforschung, Heft 1/1974, S. 36–43.

Meyer, Carl W.: Geleitwort. In: Schröder 1978, S. 3–5.

Michel, Ernst: Sozialgeschichte der industriellen Arbeitswelt. 3. Aufl., Frankfurt 1953.

Mock, W.: Gibt es die post-industrielle Gesellschaft noch? In: VDI Nachrichten, Nr. 48 vom 30.11.1984, S. 4.

Müller, Kurt: Entscheidungsorientierte Betriebspädagogik. München 1973.

Müller-Merbach, Heiner: Schönheitsfehler der Betriebswirtschaftslehre. In: Zeitschrift für Betriebswirtschaft, Heft 9/1983, S. 811–830.

Müllges, Udo: Bildung und Berufsbildung. Ratingen 1967.

Müllges, Udo (Hrsg.): Handbuch der Berufs- und Wirtschaftspädagogik. Bd. 1, Düsseldorf 1979.

Müllges, Udo: Geschichtliche Tatbestände und Zusammenhänge der Berufserziehung. In: Derselbe 1979, S. 3–63.

Münch, Joachim: Vom pädagogischen Aspekt der Arbeitsteilung. In: Die Deutsche Berufs- und Fachschule, Heft 1/1961, S. 11–14.

Naudascher, Eduard: Arbeiten wir zum Wohle des Menschen? Reflexion zur Tätigkeit des Ingenieurs. In: Ökologische Konzepte früher Bildung und Gesundheit, hrsg. von der Georg Michael Pfaff Gedächtnisstiftung, Heft 20 (Herbst 1984), S. 5–24.

Nell-Breuning, Oswald von: Gerechtigkeit und Freiheit. Grundzüge katholischer Soziallehre. Wien 1980 a.

Nell-Breuning, Oswald von: Der Arbeitsmarkt in individual- und sozialethischer Sicht. In: Arbeitsmarkt und Menschenwürde. Die Ökonomie auf dem Prüfstand der Ethik. Ansprachen anläßlich der Verleihung der Ehrendoktorwürde an Professor Dr. Oswald von Nell-Breuning S. J., hrsg. vom Fachbereich Wirtschafts- und Sozialwissenschaften der Universität Münster. Münster 1980 b, S. 32–47.

Nell-Breuning, Oswald von: Arbeit vor Kapital. Kommentar zur Enzyklika Laborem exercens von Johannes Paul II. Wien 1983.

Neuberger, Oswald: Wandel des Führungsverhaltens im Wandel der Ziele. In: Macharzina und Rosenstiel 1974, S. 69–82.

Neumann, Gerd: Arbeit. In: Wörterbuch der Erziehung, hrsg. von Christoph Wulf. 3. Aufl., München 1976, S. 30–35.

Nicklisch, Heinrich: Die Betriebswirtschaft. 7. Aufl., Stuttgart 1932.

Niederelz, Peter: Technologiefolgenabschätzung – zentraler Teil der Zukunftsforschung. In: Das Parlament, Nr. 9 vom 2.3.1985, S. 12.

166

Nöll von der Nahmer, Robert: Vom Werden des neuen Zeitalters. Heidelberg 1957.

Nosbüsch, Johannes: Das Personproblem in der gegenwärtigen Philosophie. In: Gerner 1965, S. 33–88.

Opaschowski, Horst (Hrsg.): Freizeitpädagogik in der Leistungsgesellschaft. 2. Aufl., Bad Heilbrunn 1973.

Peege, Joachim: Die Fachschulreife als Problem kaufmännischer Berufserziehung. Neustadt/ Aisch 1967a.

Peege, Joachim: Die Wirtschaftspädagogik im Spannungsverhältnis von Empirie und Normativität (1966). In: Röhrs 1967b, S. 151–161.

Peege, Joachim: Berufliche Leistung in ihrer Bedeutung für Mensch und Wirtschaft. In: Die Deutsche Berufs- und Fachschule, Heft 8/1969, S. 579–593.

Petzelt, Alfred: Personalität (1962). In: Gerner 1965, S. 162–178.

Picht, Georg: Prognose – Utopie – Planung. Die Situation des Menschen in der Zukunft der technischen Welt. Stuttgart 1967.

Pieper, Annemarie: Individuum: In: Krings u.a. 1973a, Bd. 3, S. 728–737.

Pieper, Annemarie: Norm. In: Ebenda, 1973b, Bd. 4, S. 1009–1021.

Pieper, Hubert: Die Denaturierung der Pädagogik durch das technizistische Denken. In: die realschule, Heft 11/1976, S. 627–634.

Pleiß, Ulrich: Wirtschaftspädagogik, Bildungsforschung, Arbeitslehre. Heidelberg 1982 (1964).

Pullig, Karl-Klaus: Personalwirtschaft. München 1980.

Ratz, Erhard: Mensch und Arbeit. Überlegungen zu unserer Situation – Perspektiven. In: Günther 1984, S. 25–38.

Rehn, Götz: Modelle der Organisationsentwicklung. Bern 1979.

Reis, Norbert: Über den christlichen Sinn der Arbeit. In: Saarwirtschaft, Heft 9/1984, S. 468.

Reisch, Peter: Job Enrichment. In: Gaugler 1975, Sp. 1083–1090.

Riedel, Johannes: Menschliche Produktivität. Heidelberg 1964.

Riedel, Manfred: Arbeit. In: Krings u.a. 1973, Bd. 1, S. 125–141.

Robinson, Joan: Die Gesellschaft als Wirtschaftsgesellschaft. München 1971.

Robinsohn, Saul: Bildungsreform als Revision des Curriculum und Ein Strukturkonzept für Curriculumentwicklung. 5. Aufl., Neuwied 1981.

Röhrs, Hermann (Hrsg.): Die Bildungsfrage in der modernen Arbeitswelt. 2. Aufl., Frankfurt 1967a.

Röhrs, Hermann (Hrsg.): Die Wirtschaftspädagogik – eine erziehungswissenschaftliche Disziplin? Frankfurt 1967b.

Röhrs, Hermann: Allgemeine Erziehungswissenschaft. 3. Aufl., Weinheim 1973.

Sachs, Wolfgang: Erziehung – für welche Zukunft? In: Die Zeit, Nr. 1 vom 28.12. 1984, S. 31f.

Sandig, Curt: Betriebswirtschaftspolitik. 2. Aufl., Stuttgart 1966.

Scarbath, Horst: Karl Marx. In: Scheuerl 1979b, S. 7–33.

Schanz, Günther: Organisationsgestaltung. Struktur und Verhalten. München 1982.

Schelsky, Helmut: Die sozialen Folgen der Automatisierung. Düsseldorf 1957.

Scheuerl, Hans (Hrsg.): Klassiker der Pädagogik. 2 Bde., München 1979a, b.

Schilling, Otto: Christliche Wirtschaftsethik. 2. Aufl., München 1954.

Schirmacher, Wolfgang: Jenseits von Freiheit und Würde? Humanismus-Gespräch. In: Mainzer Allgemeine Zeitung, Nr. 236 vom 12.10.1984, S. 15.

Schischkoff, Georgi: Philosophisches Wörterbuch. 19. Aufl., Stuttgart 1974.

Schlaffke, Winfried: Schule im Spannungsfeld von Ökonomie und Pädagogik. In: Schule im Spannungsfeld von Ökonomie und Pädagogik, hrsg. von der Bundesarbeitsgemeinschaft Schule-Wirtschaft. Köln 1976, S. 17–54.

Schlieper, Friedrich: Allgemeine Berufspädagogik. Freiburg 1963.

Schlieper, Friedrich u. a.: Handwörterbuch der Berufserziehung. Köln 1964.

Schlieper, Friedrich: Grundbegriffe der Wirtschaftspädagogik (1954). In: Röhrs 1967 b, S. 54–72.

Schmale, Hugo: Psychologie der Arbeit. Stuttgart 1983.

Schmidtchen, Gerhard: Was wollen die Arbeitnehmer in der Metallindustrie wirklich? Manuskript vom 17.6.1983.

Schmiel, Martin: Berufspädagogik, Teil 1: Grundlagen. Trier 1976.

Schmitz-Dräger, Ralph: Management und Ethik. In: IBM Nachrichten, Nr. 274 vom Dezember 1984, S. 13–19.

Schmude, Jürgen: Vorwort. In: Gizycki und Weiler 1980, S. V und VI.

Schoeck, Helmut: Kleines soziologisches Wörterbuch. 2. Aufl., Freiburg 1970.

Schröder, Klaus: Soziale Verantwortung in der Führung der Unternehmung. Berlin 1978.

Schütz, Waldemar: Methoden der mittel- und langfristigen Prognose. München 1975.

Schwartländer, Johannes: Verantwortung. In: Krings u. a. 1974, Bd. 6, S. 1577–1588.

Schwarz, Horst: Arbeitsplatzbeschreibungen. 7. Aufl., Freiburg 1979.

Schwebler, Robert: Bildung als unternehmerische Funktion. In: Versicherungswirtschaft, Heft 10/1983, S. 583–589.

Seibert, Siegfried: Vorbereitet sein auf den technischen Wandel. In: Blick durch die Wirtschaft, Nr. 180 vom 20.9.1982, S. 3.

Seidlitz, Peter: Lähmung im Kreml. In: Mainzer Allgemeine Zeitung, Nr. 38 vom 14.2.1985, S. 1 f.

Seifert, Karl Heinz: Führungseffizienz. In Gaugler 1975, Sp. 866–875.

Sigwart, Christoph: Vorfragen der Ethik. 2. Aufl., Tübingen 1907.

Simons, Eberhard: Transzendenz. In: Krings u. a. 1974, Bd. 6, S. 1540–1556.

Späth, F.: Anthropologische Aspekte berufspädagogischer Theorien. München 1981.

Speck, Josef und Wehle Gerhard (Hrsg.): Handbuch pädagogischer Grundbegriffe. 2 Bde., München 1970.

Speck, Josef (Hrsg.): Geschichte der Pädagogik des 20. Jahrhunderts. 2 Bde., Stuttgart 1978.

Sperber, Manes: Individuum und Gemeinschaft. Versuch einer sozialen Charakterologie. Frankfurt 1981.

Spranger, Eduard: Lebensformen. Geisteswissenschaftliche Psychologie und Ethik der Persönlichkeit. 2. Aufl., Halle 1921.

Spranger, Eduard: Kulturphatologie? In: Reden bei der feierlichen Eröffnung des Sommersemesters der Universität Tübingen am 23. April 1947. Tübingen 1947, S. 18–41.

Spranger, Eduard: „Das Leben bildet". In: Pädagogische Wahrheiten und Halbwahrheiten kritisch beleuchtet, hrsg. von demselben, Heidelberg 1959, S. 69–129.

Staehle, Wolfgang: Organisation und Führung soziotechnischer Systeme. Grundlagen einer Situationstheorie. Stuttgart 1973.

Steinbuch, Karl: Diese verdammte Technik. München 1980.

Steinbuch, Karl: Können wir auf technischen Fortschritt verzichten? In: Industriegesellschaft und technologische Herausforderung, hrsg. von Winfried Schlaffke und Otto Vogel. Köln 1981, S. 303–325.

Steinmann, Horst (Hrsg.): Betriebswirtschaftslehre als normative Handlungswissenschaft. Wiesbaden 1978.

Stichmann, Wilfried: Schulbiologie auf neuen Wegen. In: Twellmann, Walter (Hrsg.): Handbuch Schule und Unterricht, Bd. 5, Düsseldorf 1981, S. 605–617.

Stiefel, Rolf: Humanistische Management-Schulung. Frankfurt 1975.

Stiefel, Rolf: Webfehler im Denken. In: Die Wirtschaftswoche, Nr. 34 vom 19.8.1983, S. 66–68.

Stooß, Friedemann: Nach der Berufsgesellschaft. In: Mitteilungen aus der Arbeitsmarkt- und Berufsforschung, Heft 1/1984, S. 48–51.

Stratmann, Karlwilhelm: Rezension (Dörschel, Arbeitspädagogik). In: Die Deutsche Berufs- und Fachschule, Heft 11/1974, S. 881 f.

Stratmann, Karlwilhelm: Georg Kerschensteiner. In: Speck 1978, S. 57–71.

Szenario, (o. V.). In: Brockhaus Enzyklopädie. 17. Aufl., Bd. 23, Wiesbaden 1976, S. 581.

Then, Werner: Konturen der neuen Arbeitswelt. In: Personalführung, Heft 10/1984, S. 258–261.

Thiele, Albert: Untersuchung zur betriebsbezogenen Weiterbildung von Führungskräften. Diss. Köln 1982.

Thompson, E. P.: Zeit, Arbeitsdisziplin und Industriekapitalismus (1967). In: Gesellschaft in der industriellen Revolution, hrsg. von Rudolf Braun u. a., Köln 1973, S. 81–112.

Thumm, Ulrich: Planung und Prognose in der Entwicklungspolitik. In: Rogge, Peter und Timmermann, Manfred (Hrsg.): Prognose – Planung – Entscheidung. Stuttgart 1981, S. 61–70.

Ulrich, Erhard: Technikprognosen. In: Mitteilungen aus der Arbeitsmarkt- und Berufsforschung, Heft 3/1980, S. 409–425.

Urbschat, Fritz: Die Bedeutung der Wirtschaftspädagogik im Rahmen der Wirtschaftswissenschaften (1955). In: Röhrs 1967b, S. 44–53.

Volmerg, Ute: Identität und Arbeitserfahrung. Eine theoretische Konzeption zu einer Sozialpsychologie der Arbeit. Frankfurt 1978.

Voss, Rüdiger von (Hrsg.): Ethik und Politik. Köln 1980.

Weber, Karl: Prognoseverfahren. In: Grochla, Erwin 1978, S. 104–111.

Weber, Max: Wirtschaft und Gesellschaft. 5. Aufl., Tübingen 1972.

Weber, Wilhelm: Ethik der Arbeit. In: Gaugler 1975, Sp. 826–834.

Weddigen, Walter: Wirtschaftsethik. System humanitärer Wirtschaftsmoral. Berlin 1951.

Wehle, Gerhard (Hrsg.): Pädagogik aktuell. Lexikon pädagogischer Schlagworte und Begriffe. 2 Bde., München 1973.

Weidner, Walter: Organisation in der Unternehmung. München 1982.

Weinert, Ansfried: Lehrbuch der Organisationspsychologie. München 1981.

Weinstock, Heinrich: Arbeit und Bildung. Die Rolle der Arbeit im Prozeß um unsere Menschwerdung. Heidelberg 1954.

Weischedel, Wilhelm (Hrsg.): Werkausgabe Kant 1981 und 1982, siehe: Kant.

Weizenbaum, Joseph: Die Macht der Computer und die Ohnmacht der Vernunft. Frankfurt 1984.

Wellmann, Burkhard: Arbeit, Existenzsicherung und Lebenswert. In: Voss 1980, S. 119–150.

Welter, Erich: Die wirtschaftspolitische Bildungsaufgabe. In: Einaudi, L. u. a.: Wirtschaft ohne Wunder. Erlenbach-Zürich 1953, S. 340–356.

Wiener, Oswald: Turings Test. Vom dialektischen zum binären Denken. In: Kursbuch 75, S. 12–37.

Willareth, Adolf: Ausbildung der Diplom-Handelslehrer. In: Die Wirtschaftshochschule Mannheim. Sondernummer des Forum Academicum, Universität Heidelberg und Wirtschaftshochschule Mannheim. Heidelberg 1953, S. 42–45.

Winkel, Rainer: Liegt die Wahrheit bei den Ketzern? Gespräch mit Theodor Ballauff. In: Westermanns Pädagogische Rundschau, Heft 9/1984, S. 454–457.

Wirth, Harry: Bildungsarbeit im Industrieunternehmen. München 1969.

Wirtschaftspolitik in weltoffener Wirtschaft. Festschrift für Rudolf Meimberg, hrsg. von Manfred Feldsieper und Richard Groß. Berlin 1983.

Wittwer, Wolfgang: Weiterbildung und betriebliches Interesse. In: Gewerkschaftliche Bildungspolitik, Heft 8/1982, S. 230–234.

Woller, R.: Unser täglich Brot ... In: Zeitungskolleg 1983, S. 110–113.

Woortmann, Geerd (Hrsg.): Weiterbildungsmodelle und Weiterbildungspraxis in Industrie, Handel, Banken, Versicherungen und Fremdenverkehr. München 1984.

Wurzbacher, Gerhard: Sozialisation – Enkulturation – Personalisation. In: Der Mensch als soziales und personales Wesen, hrsg. von demselben, Stuttgart 1963, S. 1–36.

Zabeck, Jürgen: Die Wirtschaftspädagogik als wissenschaftliche Disziplin in ihrem Selbstverständnis. In: Speck und Wehle 1970, Bd. 1, S. 113–123.

Zabeck, Jürgen: Didaktik der Berufserziehung. Heidelberg 1984.

Zander, Ernst: Was müssen die Mitarbeiter morgen können? Wie verändern sich Berufs- und Tätigkeitsbilder? In: Blick durch die Wirtschaft, Nr. 188 vom 11.10.1984, S. 3.

Zeitungskolleg Mensch und Technik, hrsg, vom Deutschen Institut für Fernstudien. Tübingen 1983.

Zohlnhöfer, Werner: Zur Politischen Ökonomie des neuen Protektionismus. In: Wirtschaftspolitik 1983, S. 143–163.

Namensregister

Sachregister

SCHRIFTENREIHE WIRTSCHAFTSDIDAKTIK
Berufsbildung und Konsumentenerziehung

1. **Wirtschaftspädagogik, Bildungsforschung, Arbeitslehre.** Von Univ. Prof. Dr. Ulrich Pleiß, 1982, 281 Seiten, DM 17,80.
ISBN 3-87116-176-4

2. **Sonderregelungen zur Berufsbildung Behinderter gemäß Berufsbildungsgesetz und Handwerksordnung.** Von Dipl.-Päd. Dr. Robert Weichlein, 1982, 450 Seiten, DM 27,50.
ISBN 3-87116-177-2

3. **Die Förderung der Berufsreife und der Berufswahlreife.** Von Dipl.-Hdl. Dr. Wolfgang Müller, 1983, 420 Seiten, DM 27,50.
ISBN 3-87116-179-9

4. **Differenzierung der Berufsausbildung.** Von Dipl.-Hdl. Dr. Bernd Weibel 1984, 340 Seiten, DM 27,50.
ISBN 3-87116-180-2

5. **Die Normenorientiertheit von Wirtschaftserziehung.** Von Dipl.-Hdl. Dr. Johannes Lakkermair, 1984, 230 Seiten, DM 30,00.
ISBN 3-87116-182-9

6. **Didaktik der Berufserziehung.** Von Professor Dr. Jürgen Zabeck, 1984, 252 Seiten, DM 25,00.
ISBN 3-87116-183-7

7. **Ludwig Kiehn: Berufs- und Wirtschaftspädagogik auf anthropologischer Grundlage.** Gesammelte Abhandlungen. Herausgegeben und eingeleitet von Jürgen Zabeck, 1986, XXXII, 285 Seiten, DM 39,80.
ISBN 3-87116-172-1

8. **Begriffliche Studien zur Konsumentenerziehung.** Wirtschaftspädagogische Überlegungen zur Verwendung fachwissenschaftlicher Konsumbegriffe als leitende didaktische Lernzielkategorie. Von Univ. Prof. Dr. Ulrich Pleiß, 1987. IX, 113 Seiten, DM 19,80.
ISBN 3-87116-191-8

9. **Unternehmenskultur und Sozialisation.** Bericht über einen Workshop an der Freien Universität Berlin. Herausgegeben von Walter Dürr, Hans Merkens, Folker Schmidt, 1987. VIII, 188 Seiten, DM 29,80.
ISBN 3-87116-192-6

10. **Der Betrieb im dualen System der Berufsbildung.** Von Univ. Prof. Dr. Joachim Peege, 1987. IV, 266 Seiten, DM 34,—.
ISBN 3-87116-611-1

11. **Industrielle Arbeit und Bildung.** Gegenseitige Abhängigkeiten, Gestaltungskriterien und Entwicklungstendenzen. Von Dr. habil. Manfred Becker, 1988. XII, 182 Seiten, DM 36,—.
ISBN 3-87116-613-8

12. **Die Berufsschule im dualen System der Berufsbildung.** Von Univ. Prof. Dr. Joachim Peege, 1988. IV, 274 Seiten, etwa DM 40,—.
ISBN 3-87116-624-3

13. **Personalentwicklung und Weiterbildung in der Unternehmenskultur.** Herausgegeben von Walter Dürr, Detlev Liepmann, Hans Merkens, Folker Schmidt. 1988, VIII, 164 Seiten, etwa DM 30,—.
ISBN 3-87116-625-1

Preisänderungen vorbehalten!

Die Schriftenreihe wird fortgesetzt. Sie steht für Autoren des deutschsprachigen Bereiches für Fragen der Wirtschaftserziehung (Berufspädagogische Forschungsergebnisse, Ökonomische Bildung, Konsumentenerziehung, Hauswirtschaftliche Bildung) zur Verfügung. Interessenten setzen sich bitte mit Herausgeber oder Verlag in Verbindung.

 **Pädagogischer Verlag
Burgbücherei Schneider GmbH**